해커스 주택관리사 1차 기출문제집 민법

기출유형특강 단과강의 20% 할인쿠폰

FBFD39FC96B2CAE5

JN419267

해커스 주택관리사 사이트(house.Hackers.com)에 접속 후 로그인
▶ [나의 강의실 – 결제관리 – 쿠폰 확인] ▶ 본 쿠폰에 기재된 쿠폰번호 입력

1. 본 쿠폰은 해커스 주택관리사 동영상 강의 사이트 내 2026년도 기출유형특강 단과강의 결제 시 사용 가능합니다.
2. 본 쿠폰은 1회에 한해 등록 가능하며, 다른 할인수단과 중복 사용 불가합니다.
3. 쿠폰사용기한 : **2026년 12월 31일**(등록 후 7일 동안 사용 가능)

무료 온라인 전국 실전모의고사 응시방법

해커스 주택관리사 사이트(house.Hackers.com)에 접속 후 로그인
▶ [수강신청 – 전국 실전모의고사] ▶ 무료 온라인 모의고사 신청

* 기타 쿠폰 사용과 관련된 문의는 해커스 주택관리사 동영상강의 고객센터(1588-2332)로 연락하여 주시기 바랍니다.

해커스 주택관리사 인터넷 강의 & 직영학원

인터넷 강의
1588-2332
house.Hackers.com

강남학원
02-597-9000
2호선 강남역 9번 출구

해커스 주택관리사

오직, 해커스 회원에게만 제공되는
6가지 무료혜택!

전과목 강의 0원

스타 교수진의 최신강의
100% 무료 수강
* 7일간 제공

합격에 꼭 필요한 교재 무료배포

최종합격에 꼭 필요한
다양한 무료배포 이벤트
* 비매품

기출문제 해설특강

시험 전 반드시 봐야 할
기출문제 해설강의 무료

온라인 전국모의고사 8회분 무료

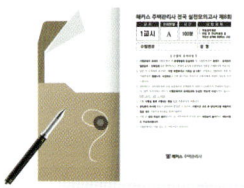

실전모의고사 8회와
해설강의까지 무료 제공

개정법령 업데이트 서비스

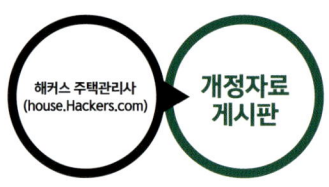

계속되는 법령 개정도
끝까지 책임지는 해커스!

무료 합격전략 설명회

한 번에 합격을 위한
해커스의 합격노하우 무료 공개

주택관리사 1위 해커스
지금 무료가입하고 이 모든 혜택 받기

해커스 주택관리사
기출문제집

1차 민법

해커스 주택관리사

민희열

약력

현 | 해커스 주택관리사학원 민법 대표강사
해커스 주택관리사 민법 동영상강의 대표강사

전 | 해커스 공인중개사 민법 강사 역임
EBS · 랜드프로(노원) · 새롬 공인중개사(강남, 송파, 분당, 주안 등)
강사 역임

저서

공인중개사 판례특강, 민법 및 민사특별법, 해커스패스, 2020~2022
공인중개사 7일완성 회차별 기출문제집(민법), 해커스패스, 2022
공인중개사 시험에 꼭 나오는 핵심테마 정리, 민법 및 민사특별법, 해커스패스, 2020
공인중개사 핵심을 잡는 민법 체계도, 민법 및 민사특별법, 해커스패스, 2022
주택관리사 1차 기초입문서(민법), 해커스패스, 2025~2026
주택관리사 1차 기본서 민법, 해커스패스, 2025~2026
주택관리사 1차 핵심요약집 민법, 해커스패스, 2025~2026
주택관리사 1차 기출문제집 민법, 해커스패스, 2025~2026
주택관리사 1차 출제예상문제집 민법, 해커스패스, 2025

2026 해커스 주택관리사 1차 기출문제집
민법

초판 1쇄 발행	2026년 1월 5일
지은이	민희열, 해커스 주택관리사시험 연구소
펴낸곳	해커스패스
펴낸이	해커스 주택관리사 출판팀
주소	서울시 강남구 강남대로 428 해커스 주택관리사
고객센터	1588-2332
교재 관련 문의	house@pass.com
	해커스 주택관리사 사이트(house.Hackers.com) 1:1 수강생 상담
학원/동영상강의	house.Hackers.com
ISBN	979-11-7404-643-7 (13360)
Serial Number	01-01-01

주택관리사 시험 전문,
해커스 주택관리사 house.Hackers.com
ᴛᴴᵀ 해커스 주택관리사

• 해커스 주택관리사학원 및 인터넷강의
• 해커스 주택관리사 무료 온라인 전국 실전모의고사
• 해커스 주택관리사 무료 학습자료 및 필수 합격정보 제공
• 해커스 주택관리사 동영상 기출유형특강 단과강의 20% 할인쿠폰 수록

합격을 이끄는 명쾌한 비법,
필수 기출문제와 풍부한 해설을 한 번에!

주택관리사(보) 시험에서는 기출문제가 반복해서 출제되기도 하고, 약간 변형되어 출제되기도 합니다. 따라서 기출문제는 출제경향을 파악하고 학습계획을 세우는 데 있어 나침반과 같은 역할을 합니다. 본 해커스 주택관리사(보) 민법 기출문제집은 이러한 점을 고려하여 최근에 출제된 문제를 철저하게 분석한 후 이에 대한 상세한 해설을 제시하였고, 관련 핵심내용을 정리하였습니다.

본 교재가 주택관리사(보) 시험을 준비하는 수험생에게는 최고의 길라잡이가 될 수 있으며, 시험준비를 마무리하는 수험생에게는 효과적인 마지막 복습자료로 부족함이 없을 것입니다.

본 교재로 시험을 준비하는 분들의 합격을 위하여 다음에 주안점을 두고 집필하였습니다.

1 최근 7개년 기출문제들 중에서 출제가능성이 높은 문제를 엄선하여 수록하였으며, 최신의 개정 법령을 빠짐없이 반영하였습니다.

2 편별 출제비중 및 장별 기출문제 수를 그래프로 제시하여 출제경향을 가시적으로 확인할 수 있도록 분석하고, 그에 대한 학습방향과 수험대책을 수립할 수 있도록 하였습니다.

3 문제의 난이도를 상·중·하로 표시하여 난이도에 따른 대비를 할 수 있도록 하였습니다.

4 톺아보기를 통해서 문제의 핵심을 파악하고, 관련 논점을 완벽히 정리할 수 있도록 하였습니다.

더불어 주택관리사(보) 시험 전문 해커스 주택관리사(house.Hackers.com)에서 학원 강의나 인터넷 동영상 강의를 함께 이용하여 꾸준히 수강한다면 학습효과를 극대화할 수 있을 것입니다.

해커스 주택관리사(보) 민법 기출문제집을 선택하여 공부하는 수험생 여러분에게 본 교재가 합격을 향한 믿음직한 동반자가 되기를 바라며, 합격의 영광이 함께하기를 응원하겠습니다.

2025년 11월
민희열, 해커스 주택관리사시험 연구소

이 책의 차례

학습플랜

4주 완성 학습플랜

- 한 과목씩 집중적으로 공부하고 싶은 수험생에게 추천합니다.
- 7일마다 한 과목씩 회독하고 마지막 4주째에는 전체 과목을 한 번 더 회독할 수 있어 4주 동안 2회독을 할 수 있는 플랜입니다.
- 4주 마지막 주에는 과목별 취약 파트를 중점적으로 학습해 주세요.

구분	월	화	수	목	금	토	일
[1주] 회계원리	1편 1장~3장	1편 4장~5장	1편 6장	1편 7장~9장	1편 10장~14장	1편 15장~ 2편 2장	2편 3장~6장
[2주] 시설개론	1편 1장~3장	1편 4장~5장	1편 6장~9장	1편 10장~11장	2편 1장~3장	2편 4장~8장	2편 9장~10장
[3주] 민법	1편 1장~ 3장 26번	1편 3장 27번~4장	1편 5장 1번~40번	1편 5장 41번~7장	2편 1장~4장	2편 5장~ 3편 5장	4편
[4주] 1차 과목	회계원리	회계원리	시설개론	시설개론	민법	민법	약점과목

7일 완성 학습플랜

- 시험 직전 반복적으로 회독하고 싶은 수험생에게 추천합니다.
- 각 차수별로 7일 동안에 1회독하는 방법으로 요약집의 모든 내용을 꼼꼼하게 회독하는 것이 아닌 자주 틀리는 파트, 정확하게 이해하지 못하고 있는 파트를 중심으로 학습해주세요.

구분	월	화	수	목	금	토	일
[7일]	회계원리	회계원리	시설개론	시설개론	민법	민법	약점파트

학습플랜 이용 Tip

- 본인의 학습 진도와 상황에 따라 적합한 학습플랜을 선택한 후, 매일·매주 단위의 학습량을 학습합니다.
- 목표한 분량을 완료한 후에는 전체 학습진도를 스스로 점검합니다.

이 책의 구성

교재 미리보기

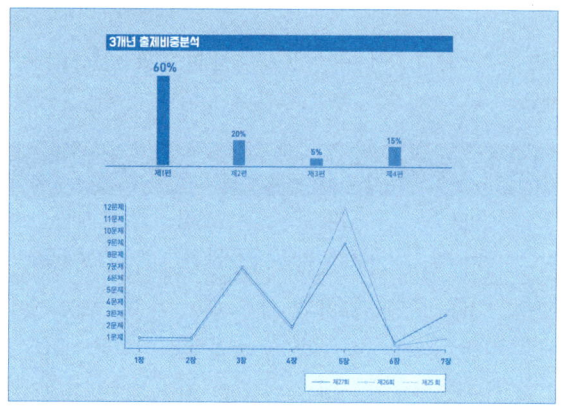

출제비중분석

최근 3개년의 편별 출제비중 및 장별 기출문제 수를 그래프로 제시하여 본격적으로 문제풀이를 시작하기 전에 해당 편·장의 중요도를 한눈에 확인할 수 있도록 구성하였습니다.

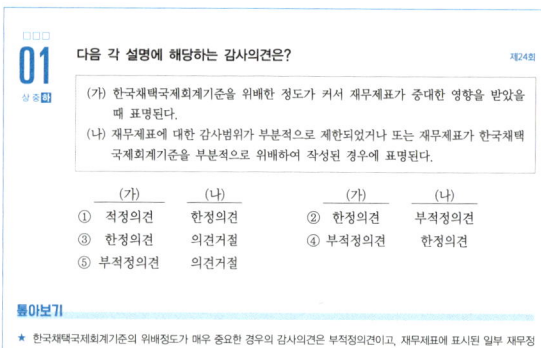

필수 기출문제

• 7개년 기출문제 중 출제가능성이 높은 문제를 엄선하여 수록하였고, 수험생들의 학습 편의성을 고려하여 문제에 최신 개정 법령을 반영하였습니다.

• 본인의 학습 수준에 맞는 문제를 선택하여 풀어볼 수 있도록 문제별로 난이도를 표시하였고, 반복학습이 중요한 기출문제의 특성을 고려하여 회독표시를 할 수 있도록 구성하였습니다.

풍부한 톺아보기

• 톺아보기란 '샅샅이 더듬어 뒤지면서 찾아보다'라는 순우리말로 단순히 정답과 해설만 제시하는 것이 아닌, 기출문제를 깊이 있게 이해할 수 있도록 학습에 도움이 되는 자세하고 풍부한 해설을 제공하였습니다.

• 톺아보기 코너 중 '더 알아보기'에서 관련 내용의 추가 설명 및 표를 활용하여 다양한 요소로 학습의 이해도를 높일 수 있도록 구성하였고, 주요 지문에 ★ 표시를 하여 전략적으로 시험에 대비할 수 있도록 하였습니다.

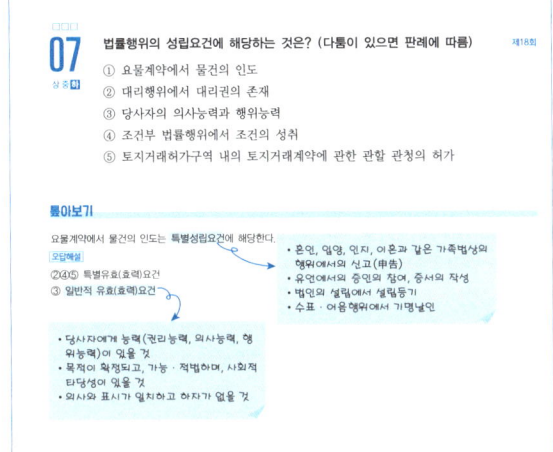

합격으로 이끄는 나만의 맞춤 교재 만들기

한 걸음

난이도 하~중의 문제를 중심으로 풀이하고 톺아보기를 확인하는 과정을 통하여 자신의 실력이 어느 정도인지를 파악합니다.

두 걸음

실력을 보강하기 위하여 추가 학습할 부분은 기본서에서 꼼꼼히 확인하고 필요한 내용을 메모하여 학습의 기반을 다집니다.

세 걸음

난이도 상의 문제를 풀어보는 것을 통하여 향상된 실력을 확인하고, 문제풀이를 반복적으로 진행하여 실전에 대비합니다.

주택관리사(보) 안내

주택관리사(보)의 정의

주택관리사(보)는 공동주택을 안전하고 효율적으로 관리하고 공동주택 입주자의 권익을 보호하기 위하여 운영 · 관리 · 유지 · 보수 등을 실시하고 이에 필요한 경비를 관리하며, 공동주택의 공용부분과 공동소유인 부대시설 및 복리시설의 유지 · 관리 및 안전관리 업무를 수행하기 위하여 주택관리사(보) 자격시험에 합격한 자를 말합니다.

주택관리사의 정의

주택관리사는 주택관리사(보) 자격시험에 합격한 자로서, 다음의 어느 하나에 해당하는 경력을 갖춘 자로 합니다.

① 사업계획승인을 받아 건설한 50세대 이상 500세대 미만의 공동주택(「건축법」 제11조에 따른 건축허가를 받아 주택과 주택 외의 시설을 동일 건축물로 건축한 건축물 중 주택이 50세대 이상 300세대 미만인 건축물을 포함)의 관리사무소장으로 근무한 경력이 3년 이상인 자
② 사업계획승인을 받아 건설한 50세대 이상의 공동주택(「건축법」 제11조에 따른 건축허가를 받아 주택과 주택 외의 시설을 동일 건축물로 건축한 건축물 중 주택이 50세대 이상 300세대 미만인 건축물을 포함)의 관리사무소 직원(경비원, 청소원, 소독원은 제외) 또는 주택관리업자의 직원으로 주택관리 업무에 종사한 경력이 5년 이상인 자
③ 한국토지주택공사 또는 지방공사의 직원으로 주택관리 업무에 종사한 경력이 5년 이상인 자
④ 공무원으로 주택 관련 지도 · 감독 및 인 · 허가 업무 등에 종사한 경력이 5년 이상인 자
⑤ 공동주택관리와 관련된 단체의 임직원으로 주택 관련 업무에 종사한 경력이 5년 이상인 자
⑥ ①~⑤의 경력을 합산한 기간이 5년 이상인 자

주택관리사 전망과 진로

주택관리사는 공동주택의 관리 · 운영 · 행정을 담당하는 부동산 경영관리분야의 최고 책임자로서 계획적인 주택관리의 필요성이 높아지고, 주택의 형태 또한 공동주택이 증가하고 있는 추세로 볼 때 업무의 전문성이 높은 주택관리사 자격의 중요성이 높아지고 있습니다.

300세대 이상이거나 승강기 설치 또는 중앙난방방식의 150세대 이상 공동주택은 반드시 주택관리사 또는 주택관리사(보)를 채용하도록 의무화하는 제도가 생기면서 주택관리사(보)의 자격을 획득 시 안정적으로 취업이 가능하며, 주택관리시장이 확대됨에 따라 공동주택관리업체 등을 설립 · 운영할 수도 있고, 주택관리법인에 참여하는 등 다양한 분야로의 진출이 가능합니다.

공무원이나 한국토지주택공사, SH공사 등에 근무하는 직원 및 각 주택건설업체에서 근무하는 직원의 경우 주택관리사(보) 자격증을 획득하게 되면 이에 상응하는 자격수당을 지급받게 되며, 승진에 있어서도 높은 고과점수를 받을 수 있습니다.

정부의 신주택정책으로 주택의 관리측면이 중요한 부분으로 부각되고 있는 실정이므로, 앞으로 주택관리사의 역할은 더욱 중요해질 것입니다.

① 공동주택, 아파트 관리소장으로 진출
② 아파트 단지 관리사무소의 행정관리자로 취업
③ 주택관리업 등록업체에 진출
④ 주택관리법인 참여
⑤ 주택건설업체의 관리부 또는 행정관리자로 참여
⑥ 한국토지주택공사, 지방공사의 중견 간부사원으로 취업
⑦ 주택관리 전문 공무원으로 진출

주택관리사의 업무

구분	분야	주요업무
행정관리업무	회계관리	예산편성 및 집행결산, 금전출납, 관리비 산정 및 징수, 공과금 납부, 회계상의 기록유지, 물품구입, 세무에 관한 업무
	사무관리	문서의 작성과 보관에 관한 업무
	인사관리	행정인력 및 기술인력의 채용 · 훈련 · 보상 · 통솔 · 감독에 관한 업무
	입주자관리	입주자들의 요구 · 희망사항의 파악 및 해결, 입주자의 실태파악, 입주자 간의 친목 및 유대 강화에 관한 업무
	홍보관리	회보발간 등에 관한 업무
	복지시설관리	노인정 · 놀이터 관리 및 청소 · 경비 등에 관한 업무
	대외업무	관리 · 감독관청 및 관련 기관과의 업무협조 관련 업무
기술관리업무	환경관리	조경사업, 청소관리, 위생관리, 방역사업, 수질관리에 관한 업무
	건물관리	건물의 유지 · 보수 · 개선관리로 주택의 가치를 유지하여 입주자의 재산을 보호하는 업무
	안전관리	건축물설비 또는 작업에서의 재해방지조치 및 응급조치, 안전장치 및 보호구설비, 소화설비, 유해방지시설의 정기점검, 안전교육, 피난훈련, 소방 · 보안경비 등에 관한 업무
	설비관리	전기설비, 난방설비, 급 · 배수설비, 위생설비, 가스설비, 승강기설비 등의 관리에 관한 업무

주택관리사(보) 시험안내

응시자격

1. **응시자격**: 연령, 학력, 경력, 성별, 지역 등에 제한이 없습니다.
2. **결격사유**: 시험시행일 현재 다음 중 어느 하나에 해당하는 사람은 주택관리사 등이 될 수 없으며, 그 자격이 상실됩니다.
   - 피성년후견인 또는 피한정후견인
   - 파산선고를 받은 사람으로서 복권되지 아니한 사람
   - 금고 이상의 실형을 선고받고 그 집행이 끝나거나(집행이 끝난 것으로 보는 경우 포함) 집행이 면제된 날부터 2년이 지나지 아니한 사람
   - 금고 이상의 형의 집행유예를 선고받고 그 유예기간 중에 있는 사람
   - 주택관리사 등의 자격이 취소된 후 3년이 지나지 아니한 사람
3. 주택관리사(보) 자격시험에 있어서 부정한 행위를 한 응시자는 그 시험을 무효로 하고, 당해 시험시행일로부터 5년간 시험 응시자격을 정지합니다.

시험과목

구분	시험과목	시험범위
1차 (3과목)	회계원리	세부과목 구분 없이 출제
	공동주택시설개론	• 목구조 · 특수구조를 제외한 일반 건축구조와 철골구조, 장기수선계획 수립 등을 위한 건축적산 • 홈네트워크를 포함한 건축설비개론
	민법	• 총칙 • 물권, 채권 중 총칙 · 계약총칙 · 매매 · 임대차 · 도급 · 위임 · 부당이득 · 불법행위
2차 (2과목)	주택관리관계법규	다음의 법률 중 주택관리에 관련되는 규정 「주택법」, 「공동주택관리법」, 「민간임대주택에 관한 특별법」, 「공공주택 특별법」, 「건축법」, 「소방기본법」, 「소방시설 설치 및 관리에 관한 법률」, 「화재의 예방 및 안전관리에 관한 법률」, 「승강기 안전관리법」, 「전기사업법」, 「시설물의 안전 및 유지관리에 관한 특별법」, 「도시 및 주거환경정비법」, 「도시재정비 촉진을 위한 특별법」, 「집합건물의 소유 및 관리에 관한 법률」
	공동주택관리실무	시설관리, 환경관리, 공동주택 회계관리, 입주자관리, 공동주거관리이론, 대외업무, 사무 · 인사관리, 안전 · 방재관리 및 리모델링, 공동주택 하자관리(보수공사 포함) 등

*시험과 관련하여 법률 · 회계처리기준 등을 적용하여 정답을 구하여야 하는 문제는 시험시행일 현재 시행 중인 법령 등을 적용하여 그 정답을 구하여야 함
*회계처리 등과 관련된 시험문제는 한국채택국제회계기준(K-IFRS)을 적용하여 출제됨

시험시간 및 시험방법

구분		시험과목 수	입실시간	시험시간	문제형식
1차 시험	1교시	2과목(과목당 40문제)	09:00까지	09:30~11:10(100분)	객관식 5지 택일형
	2교시	1과목(과목당 40문제)		11:40~12:30(50분)	
2차 시험		2과목(과목당 40문제)	09:00까지	09:30~11:10(100분)	객관식 5지 택일형 (과목당 24문제) 및 주관식 단답형 (과목당 16문제)

* 주관식 문제 괄호당 부분점수제 도입
  1문제당 2.5점 배점으로 괄호당 아래와 같이 부분점수로 산정함
  • 3괄호: 3개 정답(2.5점), 2개 정답(1.5점), 1개 정답(0.5점)
  • 2괄호: 2개 정답(2.5점), 1개 정답(1점)
  • 1괄호: 1개 정답(2.5점)

원서접수방법

1. 한국산업인력공단 큐넷 주택관리사(보) 홈페이지(www.Q-Net.or.kr/site/housing)에 접속하여 소정의 절차를 거쳐 원서를 접수합니다.
2. 원서접수 시 최근 6개월 이내에 촬영한 탈모 상반신 사진을 파일(JPG 파일, 150픽셀×200픽셀)로 첨부하여 인터넷 회원가입 후 접수합니다.
3. 응시수수료는 1차 21,000원, 2차 14,000원(제28회 시험 기준)이며, 전자결제(신용카드, 계좌이체, 가상계좌) 방법을 이용하여 납부합니다.

합격자 결정방법

1. **제1차 시험**: 과목당 100점을 만점으로 하여 모든 과목 40점 이상이고, 전 과목 평균 60점 이상의 득점을 한 사람을 합격자로 합니다.
2. **제2차 시험**
   • 1차 시험과 동일하나, 모든 과목 40점 이상이고 전 과목 평균 60점 이상의 득점을 한 사람의 수가 선발예정인원에 미달하는 경우 모든 과목 40점 이상을 득점한 사람을 합격자로 합니다.
   • 2차 시험 합격자 결정 시 동점자로 인하여 선발예정인원을 초과하는 경우 그 동점자 모두를 합격자로 결정하고, 동점자의 점수는 소수점 둘째 자리까지만 계산하며 반올림은 하지 않습니다.

최종합격자 발표

시험시행일로부터 1차 약 1달 후, 2차 약 2달 후 한국산업인력공단 큐넷 주택관리사(보) 홈페이지(www.Q-Net.or.kr/site/housing)에서 확인 가능합니다.

출제경향분석

제28회 시험 총평

제28회 주택관리사(보)의 민법은 기존의 출제비중에 따라서 민법총칙 24문항, 물권법 8문항, 채권법 8문항이 출제되었습니다. 다만, 민법총칙 문제로 출제되었더라도 내용은 물권법, 채권법 내용을 포함한 것이 많다는 것을 알아야 합니다. 또한 전통적인 조문·판례 문제와 이론을 결합한 문제들이 출제되어서 어렵게 느껴지기도 했습니다. 물권법·채권법에서는 기존에 주택관리사 시험에는 출제되지 않았던 민법상 중요한 제도들이 출제되어서 어렵게 느껴지기도 하였습니다. 앞으로도 이런 출제경향은 계속 유지되리라고 보여집니다.

하지만 학습 커리큘럼을 꾸준히 따라온 수험생들은 좋은 결과를 기대하셔도 될 것입니다.

7개년 출제경향분석

단원구분		제22회	제23회	제24회	제25회	제26회	제27회	제28회	계	비율
민법총칙	민법총칙 서론	1	1	1	1	1	1	1	7	2.5
	권리와 법률관계		2	2	2	1	2	2	11	3.92
	권리의 주체	8	7	7	7	7	7	7	50	17.85
	물건	2	2	2	2	2	2	1	13	4.6
	법률행위	10	9	10	10	12	9	11	71	25.3
	기간	1	1						2	0.71
	소멸시효	2	2	2	2	1	3	2	14	5
물권법	물권법 서론			1			1	1	3	1.07
	물권의 변동	2	2	1	2	2	1	1	11	3.92
	기본물권(점유권·소유권)	2	1	1	3	3	2	3	15	5.35
	용익물권	2	2	2	1	1	2	1	11	3.92
	담보물권	2	3	3	2	3	2	2	17	6.07
채권총론	채권법 서론									
	채권의 목적				1				1	0.35
	채권의 효력	1	2	1			1	1	6	2.14
	다수당사자의 채권관계					1	1	1	3	1.07
	채권양도와 채무인수				1	1			2	0.71
	채권의 소멸	1		1				1	3	1.07
채권각론	채권의 발생			1					1	0.35
	계약총론	2	3	2	1	1	1		10	3.75
	계약각론	3	1	2	3	2	3	3	17	6.07
	부당이득		1		1	1	1	1	5	1.78
	불법행위	1	1	1	1	1	1	1	7	2.5
총계		40	40	40	40	40	40	40	280	100

7개년 평균 편별 출제비중 * 총문제 수: 40문제

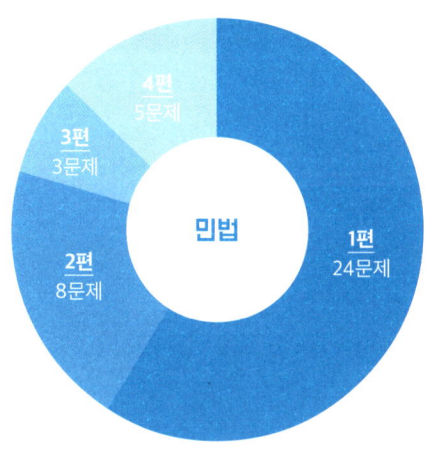

민법

- 4편 5문제
- 3편 3문제
- 2편 8문제
- 1편 24문제

제29회 수험대책

1편
민법총칙은 주택관리사(보) 1차 시험 합격과 민법 공부의 기초가 되는 부분으로, 주택관리사(보) 시험에서 총 24문제가 출제되는 만큼 철저히 학습해야 합니다. 민법총칙은 물권법과 채권법의 기본 원리를 담고 있으므로, 이 세 영역을 체계적으로 연계하여 공부하는 것이 중요한데, 특히 민법총칙 문제 중 상당수는 물권법과 채권법에 대한 이해를 바탕으로 해야 풀 수 있다는 점에 유념하여 체계적으로 학습하도록 합니다.

2편
물권법은 일반적으로 총론에서 2문제, 각론에서 6문제 등 총 8문제가 출제됩니다. 물권법정주의의 특성상 조문과 판례를 반복 학습하면 높은 점수를 얻을 수 있습니다. 다만, 중요도에 따른 강약 조절이 필요하므로, 출제경향분석표를 참고하고 강의를 통해 중요도에 따른 학습전략을 세우는 것이 효과적입니다.

3편 / 4편
채권법은 학습범위가 매우 방대합니다. 따라서 출제비중이 높은 부분을 중심으로 전략적인 학습이 필요합니다.
주의할 점은 과거 기출문제에 나오지 않은 내용도 민법총칙과 연계된 문제로 출제될 수 있다는 것입니다. 채권법의 광범위한 내용을 효율적으로 습득하기 위해서는 체계적인 강의를 통한 전략적 학습이 반드시 필요합니다.

3개년 출제비중분석

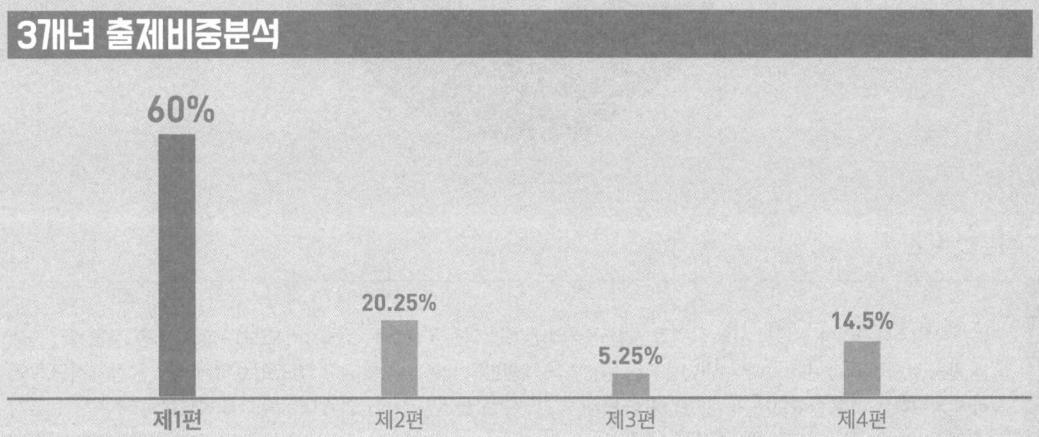

60%

20.25%

5.25%

14.5%

제1편   제2편   제3편   제4편

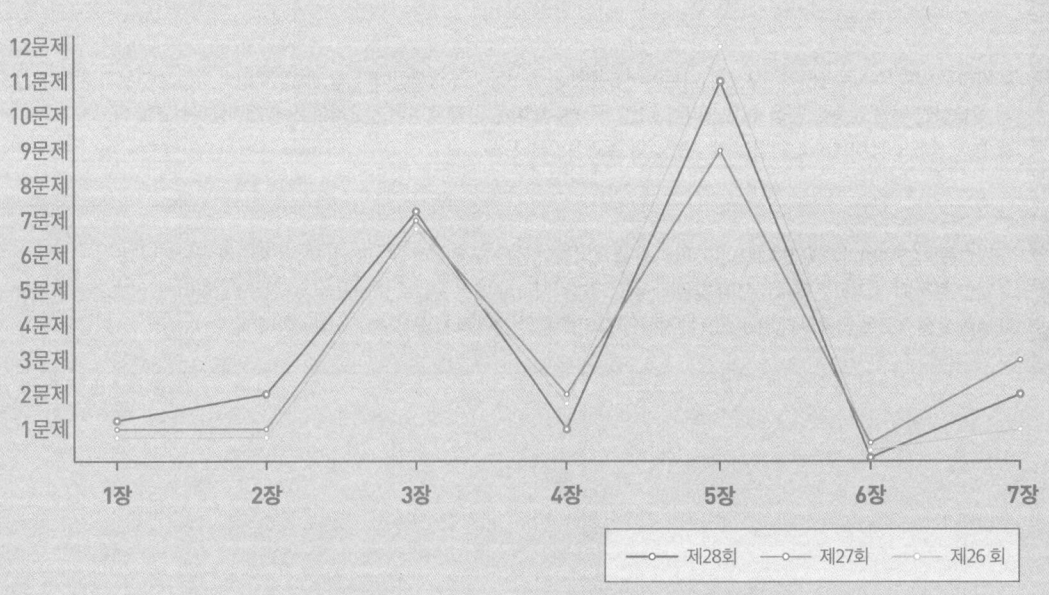

12문제
11문제
10문제
9문제
8문제
7문제
6문제
5문제
4문제
3문제
2문제
1문제

1장   2장   3장   4장   5장   6장   7장

제28회   제27회   제26회

제1편

민법총칙

제1장 / 민법총칙 서론

01

상**중**하

민법의 법원(法源)에 관한 설명으로 옳지 않은 것은? (다툼이 있으면 판례에 따름)

제28회

① 헌법에 의하여 체결·공포된 조약이 민사에 관한 것이면 민법의 법원이 될 수 있다.
② 대법원이 제정한 부동산등기규칙은 민법의 법원이 될 수 있다.
③ 관습법은 당사자의 주장·증명이 없으면 법원(法院)이 직권으로 이를 확정할 수 없다.
④ 종중 구성원의 자격을 성년 남자만으로 제한하는 종래의 관습법은 법적 효력을 상실하였다.
⑤ 민사에 관하여 법률에 규정이 없으면 관습법에 의하고 관습법이 없으면 조리에 의한다.

톺아보기

법령과 같은 효력을 갖는 관습법은 당사자의 주장·입증을 기다림이 없이 법원이 직권으로 이를 확정하여야 하고 사실인 관습은 그 존재를 당사자가 주장·입증하여야 하나, 관습은 그 존부자체도 명확하지 않을 뿐만 아니라 그 관습이 사회의 법적 확신이나 법적 인식에 의하여 법적 규범으로까지 승인되었는지의 여부를 가리기는 더욱 어려운 일이므로, 법원이 이를 알 수 없는 경우 결국은 당사자가 이를 주장·입증할 필요가 있다(대판 1983.6.14, 80다3231).

02

상**중**하

민법의 법원(法源)에 관한 설명으로 옳지 않은 것은? (다툼이 있으면 판례에 따름)

제27회

① 일반적으로 승인된 국제법규가 민사에 관한 것이면 민법의 법원이 될 수 있다.
② 민사에 관한 대통령의 긴급재정명령은 민법의 법원이 될 수 없다.
③ 법원(法院)은 관습법에 관한 당사자의 주장이 없어도 직권으로 이를 확정할 수 있다.
④ 법원(法院)은 관습법이 헌법에 위반되는지 여부를 판단할 수 있다.
⑤ 사실인 관습은 사적 자치가 인정되는 분야에서 법률행위 해석기준이 될 수 있다.

톺아보기

★ 제1조의 법률은 모든 성문법(제정법)을 뜻한다. 명령(대통령의 긴급명령, 긴급재정·경제명령 포함)과 대법원규칙, 조례·규칙(자치법규), 비준·공포된 조약과 일반적으로 승인된 국제법규도 민사에 관한 것일 경우에는 법률과 동일한 효력을 가지므로 민사에 관한 법원이 된다(헌법 제6조 제1항).

📖 더 알아보기

법령과 같은 효력을 갖는 관습법은 당사자의 주장·입증을 기다림이 없이 법원이 직권으로 이를 확정하여야 하고 사실인 관습은 그 존재를 당사자가 주장·입증하여야 하나, 관습은 그 존부자체도 명확하지 않을 뿐만 아니라 그 관습이 사회의 법적 확신이나 법적 인식에 의하여 법적 규범으로까지 승인되었는지의 여부를 가리기는 더욱 어려운 일이므로, 법원이 이를 알 수 없는 경우 결국은 당사자가 이를 주장·입증할 필요가 있다(대판 1983.6.14, 80다3231).

03

상중하

법원(法源)에 관한 설명으로 옳지 않은 것은? (다툼이 있으면 판례에 따름) 제24회

① 민사에 관하여 법률과 관습법이 없는 경우에는 사실인 관습에 의한다.
② 법률의 규정을 집행하기 위해 세칙을 정하는 집행명령이 민사에 관한 것이면 민법의 법원이 된다.
③ 관습법이 사회질서의 변화로 인하여 적용 시점의 전체 법질서에 반하게 된 때에는 법적 규범으로서의 효력이 부정된다.
④ 관습법은 당사자의 주장·증명이 없더라도 법원(法院)이 직권으로 이를 확정하여야 한다.
⑤ 헌법에 의해 체결·공포된 조약 중 민사에 관한 것은 민법의 법원이 된다.

톺아보기

★ 민사에 관하여 법률에 규정이 없으면 관습법에 의하고 관습법이 없으면 조리에 의한다(제1조). 사실인 관습은 법률행위의 해석기준이다.

04

상**중**하

민법의 법원(法源)에 관한 설명으로 옳지 않은 것은? (다툼이 있으면 판례에 따름)

제25회

① 일반적으로 승인된 국제법규가 민사에 관한 것이면 민법의 법원이 될 수 있다.

② 민사에 관하여 법률에 규정이 없으면 관습법에 의하고 관습법이 없으면 조리에 의한다.

③ 사실인 관습은 사적 자치가 인정되는 분야에서 법률행위 당사자의 의사를 보충하는 기능을 한다.

④ 민사에 관한 대법원규칙은 민법의 법원이 될 수 있다.

⑤ 관습법은 당사자가 그 존재를 주장·증명해야만 법원(法院)이 이를 적용할 수 있다.

톺아보기

★ 관습법은 당사자의 주장·입증을 기다림이 없이 법원이 직권으로 이를 확정하여야 하고, 사실인 관습은 그 존재를 당사자가 주장·입증하여야 한다(대판 1983.6.14, 80다3231).

📑 더 알아보기

관습법에 의해 인정되는 것으로는 분묘기지권(대판 2001.8.21, 2001다28367), 법정지상권 등 관습법에 의해 인정되는 물권과 명인방법이라는 공시방법 등이 있다.

05

상중**하**

관습법에 관한 설명으로 옳지 않은 것은? (다툼이 있으면 판례에 따름)

제23회

① 물권은 관습법에 의해서도 창설할 수 있다.

② 미등기 무허가건물의 양수인에게는 소유권에 준하는 관습상의 물권이 인정된다.

③ 사실인 관습은 관습법과는 달리 법령의 효력이 없는 단순한 관행으로서 법률행위 당사자의 의사를 보충함에 그친다.

④ 민사에 관하여 법률에 규정이 없으면 관습법에 의하고 관습법이 없으면 조리에 의한다.

⑤ 관습법으로 승인되었던 관행이 그러한 관습법을 적용해야 할 시점에서의 전체 법질서에 부합하지 않게 되었다면, 그 관습법은 법적 규범으로서의 효력이 부정된다.

톺아보기

미등기 무허가건물의 양수인이라도 그 소유권이전등기를 경료하지 않는 한 그 건물의 소유권을 취득할 수 없고, 소유권에 준하는 관습상의 물권이 있다고도 할 수 없다(대판 2006.10.27, 2006다49000).

□□□
06
상중 하

관습법과 사실인 관습에 관한 설명으로 옳은 것은? (다툼이 있으면 판례에 따름)

제26회

① 물권은 관습법에 의하여 창설될 수 없다.

② 사실인 관습은 법령에 저촉되지 않는 한 법칙으로서의 효력을 갖는다.

③ 사실인 관습은 당사자의 주장·증명이 없더라도 법원이 직권으로 확정하여야 한다.

④ 관습법이 사회질서의 변화로 인하여 적용 시점의 전체 법질서에 반하게 되면 법적 규범으로서의 효력이 부정된다.

⑤ 사실인 관습은 사회생활규범이 사회의 법적 확신에 의하여 법적 규범으로 승인된 것을 말한다.

톺아보기

★ ④ 사회의 거듭된 관행으로 생성된 사회생활규범이 관습법으로 승인되었다고 하더라도 사회구성원들이 그러한 관행의 법적 구속력에 대하여 확신을 갖지 않게 되었다거나, 사회를 지배하는 기본적 이념이나 사회질서의 변화로 인하여 그러한 관습법을 적용하여야 할 시점에 있어서의 전체 법질서에 부합하지 않게 되었다면 그러한 관습법은 법적 규범으로서의 효력이 부정될 수밖에 없다(대판 2005.7.21, 2002다1178 전합).

오답해설

① 물권은 법률 또는 관습법에 의하는 경우 외에는 임의로 창설하지 못한다(제185조).

② 관습법은 법원(法源)으로서 법령에 저촉되지 아니하는 한 법칙으로서의 효력이 있다(대판 2005.7.21, 2002다1178 전합).

★ ③ 관습법은 당사자의 주장·입증을 기다림이 없이 법원이 직권으로 이를 확정하여야 하고 사실인 관습은 그 존재를 당사자가 주장·입증하여야 한다(대판 1983.6.14, 80다3231). 한편, 사실인 관습은 경험칙이므로 법관 스스로 직권에 의하여 판단할 수 있다(대판 1976.7.13, 76다983).

⑤ 관습법이란 사회의 거듭된 관행으로 생성한 사회생활규범이 사회의 법적 확신과 인식에 의하여 법적 규범으로 승인·강행되기에 이른 것을 말한다(대판 2005.7.21, 2002다1178 전합).

제2장 / 권리와 법률관계

기본서 p.34~56

01 권리에 관한 설명으로 옳지 않은 것은? (다툼이 있으면 판례에 따름)   제28회

상**중**하

① 점유권은 절대권이다.
② 저당권은 지배권이다.
③ 지상권자의 지상물매수청구권은 형성권이다.
④ 매매에서의 일방예약완결권은 형성권이다.
⑤ 상속회복청구권은 형성권이다.

톺아보기

상속회복청구권이란 상속권이 진정하지 않은 상속인, 즉 참칭상속인에 의하여 침해되었을 때 일정한 기간 내에 그 회복을 청구할 수 있는 권리이다.

02 권리를 분류할 때 그 연결이 옳지 않은 것은?   제25회

상중하

① 상계권 – 청구권
② 소유권 – 지배권
③ 사원총회에서의 결의권 – 사원권
④ 계약해제권 – 형성권
⑤ 소유권이전등기청구권 – 재산권

톺아보기

★ 민법이 규정하고 있는 상계는 상대방 있는 단독행위로서, 상계권은 형성권이다.

더 알아보기

형성권으로는 권리자의 의사표시만 있으면 법률관계의 변동이 일어나는 것(예 법률행위의 동의권, 취소권, 추인권, 상계권, 계약의 해지·해제권, 매매의 일방예약완결권, 상속포기권 등)과 그 권리의 행사가 제3자에 대하여 중대한 영향을 미치기 때문에 법원의 판결이 있어야 비로소 법률관계의 변동이 일어나는 것(예 채권자취소권, 재판상 이혼권 등)의 두 유형이 있다.

03

상 중 하

형성권이 아닌 것은? (다툼이 있으면 판례에 따름)

제27회

① 계약의 해제권
② 법률행위의 취소권
③ 점유자의 유익비상환청구권
④ 매매의 일방예약완결권
⑤ 토지임차인의 지상물매수청구권

톺아보기

점유자의 유익비상환청구권은 청구권이다.

더 알아보기

공유물분할청구권(제268조), 지료증감청구권(제286조), 지상물매수청구권(제283조, 제285조), 부속물매수청구권(제316조), 매매대금감액청구권(제572조), 차임증감청구권(제628조) 등은 법문상 청구권으로 표현되어 있지만 형성권으로 해석한다(다수설).

04
상**중**하

형성권에 해당하는 것을 모두 고른 것은? (다툼이 있으면 판례에 따름) 제24회

> ㉠ 전세권자의 전세금반환채권
> ㉡ 점유자의 유익비상환청구권
> ㉢ 매매예약상 권리자의 일방예약완결권
> ㉣ 지상권자의 지상물매수청구권

① ㉠, ㉡   ② ㉠, ㉣
③ ㉡, ㉢   ④ ㉡, ㉣
⑤ ㉢, ㉣

톺아보기

㉠ 전세권자의 전세금반환채권과 ㉡ 점유자의 유익비상환청구권은 청구권이다.
㉢ 매매예약의 완결권은 일방의 의사표시만으로 매매를 성립시키는 점에서 형성권에 속한다(대판 2018.11.29, 2017다 247190).
㉣ 지상권자의 지상물매수청구권은 형성권으로서 지상권자가 이를 행사하므로 인하여 지상물에 관하여 매매계약 관계가 성립된다(대판 1967.12.18, 67다2355).

05
상**중**하

형성권이 아닌 것은? 제23회

① 취소권   ② 상계권
③ 채권자대위권   ④ 계약의 약정해지권
⑤ 매매의 일방예약완결권

톺아보기

채권자대위권은 채권자가 자기채권의 보전을 위하여 그의 채무자가 제3채무자에 대하여 가지는 채권을 채무자에 갈음하여 행사할 수 있는 권리이다(제404조). 구체적으로는 일종의 법정재산관리권이고 형성권은 아니다. 참고로 채권자취소권은 재판상 행사하여야 하는 형성권이다.

06
상**중**하

권리와 의무에 관한 설명으로 옳은 것은? (다툼이 있으면 판례에 따름) 제26회

① 매매예약완결권의 법적 성질은 청구권이다.

② 주된 권리가 시효로 소멸하면 종된 권리도 소멸한다.

③ 채권자취소권은 권리자의 의사표시만으로 그 효과가 발생한다.

④ 연기적 항변권의 행사는 상대방의 청구권을 소멸시킨다.

⑤ 임대인의 임대차계약해지권은 행사상 일신전속권이다.

톺아보기

② 종된 권리는 주된 권리에 의존하고 그와 법률적 운명을 같이하기 때문에, 주된 권리가 이전되면 종된 권리도 이전되며, 주된 권리가 시효로 소멸하면 종된 권리도 소멸한다(제183조).

오답해설

★ ① 매매예약의 완결권은 일방의 의사표시만으로 매매를 성립시키는 점에서 형성권에 속한다(대판 2018.11.29, 2017다247190).

★ ③ 채무자가 채권자를 해함을 알고 재산권을 목적으로 한 법률행위를 한 때에는 채권자는 그 취소 및 원상회복을 법원에 청구할 수 있다(제406조 제1항). 즉 채권자취소권은 채권자가 자기의 이름으로 수익자 또는 전득자를 피고로하여 재판상 행사하여야 한다.

④ 항변권이란 상대방의 청구권의 행사에 대해 그 작용을 저지할 수 있는 권리를 말한다(반대권이라고도 한다).

⑤ 임대인의 임대차계약해지권은 오로지 임대인의 의사에 행사의 자유가 맡겨져 있는 행사상의 일신전속권에 해당하는 것으로 볼 수 없다(대판 2007.5.10, 2006다82700·82717).

07

상**중**하

권리 상호간의 관계에 관한 설명으로 옳은 것을 모두 고른 것은? (다툼이 있으면 판례에 따름)

제25회

> ○ 일방 당사자의 잘못으로 인해 상대방 당사자가 계약을 취소하거나 불법행위로 인한 손해배상을 청구할 수 있는 경우, 계약 취소로 인한 부당이득반환청구권과 불법행위로 인한 손해배상청구권은 경합하여 병존한다.
> ○ 공무원이 공권력의 행사로 그 직무를 행함에 있어 고의 또는 과실로 위법하게 타인에게 손해를 가한 경우, 국가가 부담하는 민법상 불법행위책임과 국가배상법상 배상책임은 경합하여 병존한다.
> ○ 매매의 목적물에 물건의 하자가 있는 경우, 매도인의 하자담보책임과 채무불이행책임은 별개의 권원에 의하여 경합하여 병존할 수 있다.

① ㉠

② ㉢

③ ㉠, ㉡

④ ㉠, ㉢

⑤ ㉠, ㉡, ㉢

톺아보기

○ 공무원이 그 직무를 집행함에 있어서 불법행위를 한 경우에는 제756조가 적용되지 않고, 그에 대한 특칙인 국가배상법 제2조가 적용된다(대판 1996.8.23, 96다19833).

08

상 중**하**

신의성실의 원칙(신의칙) 및 그 파생원칙에 관한 설명으로 옳지 않은 것은? (다툼이 있으면 판례에 따름)

제28회

① 신의칙 위반은 당사자의 주장이 없더라도 법원이 직권으로 판단할 수 있다.

② 법령에 위반되어 무효임을 알면서 법률행위를 한 자가 강행법규 위반을 이유로 그 무효를 주장하는 것은 특별한 사정이 없는 한 신의칙에 반한다.

③ 인지청구권은 포기가 허용되지 않으므로 실효의 법리가 적용될 여지가 없다.

④ 아파트 분양자는 아파트단지 인근에 공동묘지가 조성되어 있는 사실을 수분양자에게 고지할 신의칙상 의무를 부담한다.

⑤ 사용자는 근로계약에 수반되는 신의칙상의 부수적 의무로서 근로자의 안전에 대한 보호의무를 부담한다.

톺아보기

특별한 사정이 없는 한, 법령에 위반되어 무효임을 알고서도 그 법률행위를 한 자가 강행법규 위반을 이유로 무효를 주장한다 하여 신의칙 또는 금반언의 원칙에 반하거나 권리남용에 해당한다고 볼 수는 없다(대판 2003.4.22., 2003다2390 · 2406).

09 신의성실의 원칙에 관한 설명으로 옳지 않은 것을 모두 고른 것은? (다툼이 있으면 판례에 따름)

상**중**하   제23회

> ○ 법령에 위반되어 무효임을 알고서도 법률행위를 한 자가 강행법규 위반을 이유로 무효를 주장하는 것은 특별한 사정이 없는 한 신의칙에 반한다.
> ○ 신의성실의 원칙에 반하는 것은 강행규정에 위배되는 것이다.
> ○ 일반보증의 경우에도 채권자의 권리행사가 신의칙에 반하여 허용될 수 없는 때에는 예외적으로 보증인의 책임을 제한할 수 있다.
> ○ 아파트 분양자는 아파트단지 인근에 대규모 공동묘지가 조성되어 있는 사실을 수분양자에게 고지할 신의칙상의 의무를 부담한다.

① ○   ② ○
③ ○, ○   ④ ○, ○
⑤ ○, ○

톺아보기

★ ○ 특별한 사정이 없는 한, 법령에 위반되어 무효임을 알고서도 그 법률행위를 한 자가 강행법규 위반을 이유로 무효를 주장하는 것이 신의칙 또는 금반언의 원칙에 반하거나 권리남용에 해당한다고 볼 수는 없다(대판 2006.6.29, 2005다11602 · 11619).

더 알아보기

권리의 행사가 신의칙에 위배되더라도 신의칙보다 상위에 있는 민법의 기본이념에 배치되지 않는 경우에는 이러한 권리행사는 허용된다. 예컨대, 제한능력을 이유로 의사표시를 취소하는 것은 권리남용에 해당한다고 할 수 없다. 특히 강행규정에 반하는 행위를 한 자가 강행규정 위반을 이유로 무효를 주장하는 것은 신의칙 위반이 아니다.

10 상중하

신의성실의 원칙과 그 파생원칙에 관한 설명으로 옳은 것은? (다툼이 있으면 판례에 따름)

제27회

① 권리의 행사와 의무의 이행은 신의에 좇아 성실히 하여야 한다.
② 권리를 남용한 경우 그 권리는 언제나 소멸한다.
③ 신의성실의 원칙에 반하는지의 여부는 법원이 직권으로 판단할 수 없다.
④ 신의성실의 원칙은 사법관계에만 적용되고, 공법관계에는 적용될 여지가 없다.
⑤ 사정변경의 원칙에서 사정은 계약의 기초가 된 일방 당사자의 주관적 사정을 의미한다.

톺아보기

오답해설

② 권리남용에 해당하더라도 권리가 종국적으로 박탈되지 않는 것이 원칙이나, 법률규정에 의해 권리를 박탈하는 경우가 있다(예 제924조의 친권상실의 선고).

★ ③ 신의성실의 원칙에 반하는 것 또는 권리남용은 강행규정에 위배되는 것이므로, 당사자의 주장이 없더라도 법원은 직권으로 판단할 수 있다(대판 1989.9.29, 88다카17181).

★ ④ 신의성실의 원칙은 오늘날 민법의 모든 분야뿐만 아니라 상법 등 사법 모든 분야에서 적용된다. 또한 민사소송법·헌법·행정법·세법 등 공법 분야에 있어서도 적용된다.

⑤ 여기에서 말하는 사정이라 함은 계약의 기초가 되었던 객관적인 사정으로서, 일방 당사자의 주관적 또는 개인적인 사정을 의미하는 것은 아니다(대판 2007.3.29, 2004다31302).

11

신의성실의 원칙(이하 '신의칙')에 관한 설명으로 옳지 않은 것은? (다툼이 있으면 판례에 따름)　　　　　　　　　　　　　　　　　　　제24회

① 세무사와 의뢰인 사이에 약정된 보수액이 부당하게 과다하여 신의칙에 반하는 경우, 세무사는 상당하다고 인정되는 범위의 보수액만 청구할 수 있다.

② 계속적 보증계약의 보증인은 주채무가 확정된 이후에는 사정변경을 이유로 보증계약을 해지할 수 없다.

③ 병원은 입원계약에 따라 입원환자들의 휴대품이 도난되지 않도록 할 신의칙상 보호의무를 진다.

④ 인지청구권은 포기할 수 없는 권리이므로 실효의 원칙이 적용되지 않는다.

⑤ 관련 법령을 위반하여 무효인 편입허가를 받은 자에 대하여 오랜 기간이 경과한 후 편입학을 취소하는 것은 신의칙 위반이다.

톺아보기

학생에 대한 학교의 편입학 허가, 대학교 졸업 인정, 대학원 입학, 공학석사학위 수여 등이 그 자격요건을 규정한 교육법 제111조, 제112조, 제115조에 위반되어 무효라면 이와 같은 당연무효의 행위를 학교법인이 취소하는 것은 그 편입학 허가 등의 행위가 처음부터 무효이었음을 당사자에게 통지하여 확인시켜 주는 것에 지나지 않으므로 여기에 신의칙 내지 신뢰의 원칙을 적용할 수 없고 그러한 뜻의 취소권은 시효로 인하여 소멸하지도 않는다(대판 1989.4.11, 87다카131).

□□□ 01 상 중 하

권리능력에 관한 설명으로 옳은 것은?

제28회

① 법인은 유증을 받을 수 있는 능력이 없다.
② 청산법인의 권리능력은 청산은 목적범위 내로 제한되지 않는다.
③ 태아는 채무불이행으로 인한 손해배상청구권에 관하여 이미 출생한 것으로 본다.
④ 태아는 대습상속에 관하여 이미 출생한 것으로 본다.
⑤ 사람의 권리능력은 당사자의 합의에 의하여 제한할 수 있다.

톺아보기

④ 태아는 상속순위에 관하여 이미 출생한 것으로 본다(제1000조 제3항). 대습상속(제1001조) 및 유류분권(제1118조)에 관하여도 태아의 권리능력을 인정할 것이다(통설).

[오답해설]
① 법인은 유증을 받을 수 있는 능력이 있다. 특히 포괄유증을 받음으로서 상속과 동일한 결과를 얻을 수 있다(제1078조).
② 해산한 법인은 청산의 목적범위 내에서만 권리가 있고 의무를 부담한다(제81조).
③ 태아는 불법행위로 인한 손해배상의 청구권에 관하여는 이미 출생한 것으로 본다(제762조). 그러나 태아는 채무불이행으로 인한 손해배상청구권은 권리능력이 인정되지 않는다.
⑤ 권리능력에 관한 규정은 강행규정으로서 당사자의 합의가 있더라도 그 적용을 배제할 수가 없다.

02

상중 하

권리능력에 관한 설명으로 옳지 않은 것은? (다툼이 있으면 판례에 따름) 제24회

① 자연인의 권리능력을 제한하는 약정은 무효이다.
② 반려동물은 위자료청구권의 귀속주체가 될 수 없다.
③ 태아는 증여와 유증에 관하여 이미 출생한 것으로 본다.
④ 사산한 태아에게는 포태시 그에게 가해진 불법행위에 대한 손해배상청구권이 인정되지 않는다.
⑤ 2인 이상이 동일한 위난으로 사망한 경우에는 동시에 사망한 것으로 추정한다.

톺아보기

★ 유증에 관하여 태아는 이미 출생한 것으로 본다(제1064조). 그러나 판례는 의용민법하의 사건에 관하여 태아의 수증능력을 인정하지 않는다(대판 1982.2.9, 81다534).

📖 더 알아보기

정지조건설이나 해제조건설 모두 태아가 최소한 살아서 출생하는 것을 전제로 권리능력을 인정하며, 태아가 사산된 때에는 어느 경우에도 권리능력을 갖지 못한다.

권리능력에 관한 설명으로 옳은 것은? (다툼이 있으면 판례에 따름) 제26회

① 태아는 법정대리인에 의한 수증행위를 할 수 있다.
② 실종선고가 있더라도 당사자가 생존하는 한 권리능력이 상실되는 것은 아니다.
③ 인정사망 후 그에 대한 반증만으로 사망의 추정력이 상실되는 것은 아니다.
④ 출생 후 그 사실이 가족관계등록부에 기재되어야 권리능력이 인정된다.
⑤ 2인 이상이 동일한 위난으로 사망한 경우에는 동시에 사망한 것으로 간주된다.

톺아보기

★ ② 자연인에게는 사망이 유일한 권리능력의 소멸사유이다. 따라서 인정사망이나 실종선고가 있더라도 당사자가 생존하고 있는 한 권리능력을 잃게 되지 않는다.

[오답해설]

① 판례는 태아의 수증능력을 인정하지 않는다(대판 1982.2.9, 81다534). 따라서 법정대리인에 의한 수증행위도 불가능하다.
③ 인정사망은 사망의제의 효력이 없으며 강한 사망추정적 효과가 있다. 따라서 반증에 의하여 이를 번복할 수 있다.
④ 사람의 권리능력은 출생으로 시작된다. 사람이 출생하면 출생신고를 하며, 이 출생신고는 보고적 신고이다.
⑤ 2인 이상이 동일한 위난으로 사망한 경우에는 동시에 사망한 것으로 추정한다(제30조).

🔖 더 알아보기

실종선고와 인정사망의 비교

구분	실종선고	인정사망
규정	민법 제27조 이하	가족관계의 등록 등에 관한 법률 제87조
청구요부	○	×
공시최고요부	○	×
기간경과요부	○	×
사망의 의미	사망간주	사망추정
발생시기	실종기간 만료시	가족관계등록부 사망기재일
번복	가정법원의 실종선고 취소로 번복	사실의 증명으로 번복

04 상중하

태아의 권리능력에 관한 설명으로 옳은 것은? (다툼이 있으면 판례에 따름) 제22회

① 태아는 유류분권에 관하여 이미 출생한 것으로 본다.

② 태아인 동안에는 모(母)가 법정대리인으로서 법률행위를 할 수 있다.

③ 태아가 타인의 불법행위로 인하여 사산된 경우, 태아의 손해배상청구권은 그 법정상속인에게 상속된다.

④ 태아를 피보험자로 하는 상해보험계약은 그 효력이 인정되지 않는다.

⑤ 태아에 대한 유증이 그 방식을 갖추지 못하여 무효이더라도 증여로서의 효력은 인정된다.

톺아보기

① 유증에 관하여 태아는 이미 출생한 것으로 본다(제1064조). 유류분권도 같다.

오답해설

★ ② 판례는 정지조건설이다(대판 1976.9.14, 76다1365). 정지조건설은 태아로 있는 동안에는 아직 권리능력을 취득하지 못하나 살아서 출생한 때에는 권리능력 취득의 효과가 문제의 사건이 발생한 시기까지 소급한다고 하고(인격소급설), 태아인 동안에는 법정대리인이 있을 수 없다고 한다.

③ 판례는 "태아로 있는 동안은 권리능력을 취득할 수 없으므로, 살아서 출생한 때에 출생시기가 문제의 사건의 시기까지 소급하여 그 때에 태아가 출생한 것과 같이 법률상 보아준다고 해석하여야 상당하다."라고 하여 정지조건설의 입장이다(대판 1976.9.14, 76다1365; 대판 1982.2.9, 81다254). 즉, 태아가 최소한 살아서 출생하는 것을 전제로 하며, 태아가 사산된 경우에는 태아의 손해배상청구권은 인정되지 않으므로, 모(母)가 상속할 수 없다.

④ 상해보험계약을 체결할 때 약관 또는 보험자와 보험계약자의 개별 약정으로 태아를 상해보험의 피보험자로 할 수 있다. 따라서 계약자유의 원칙상 태아를 피보험자로 하는 상해보험계약은 유효하고, 그 보험계약이 정한 바에 따라 보험기간이 개시된 이상 출생 전이라도 태아가 보험계약에서 정한 우연한 사고로 상해를 입었다면 이는 보험기간 중에 발생한 보험사고에 해당한다(대판 2019.3.28, 2016다211224).

★ ⑤ 증여에 관하여는 태아의 수증능력이 인정되지 않고, 또 태아인 동안에는 법정대리인이 있을 수 없으므로 법정대리인에 의한 수증행위도 할 수 없다(대판 1982.2.9, 81다534).

05

상중하

민법상 자연인의 능력에 관한 설명으로 옳지 않은 것은? (다툼이 있으면 판례에 따름)

제27회

① 법원은 인정사망이나 실종선고에 의하지 않고 경험칙에 의거하여 사람의 사망사실을 인정할 수 없다.

② 의사능력의 유무는 구체적인 법률행위와 관련하여 개별적으로 판단되어야 한다.

③ 의사무능력을 이유로 법률행위의 무효를 주장하는 자는 의사무능력에 대하여 증명책임을 부담한다.

④ 의사무능력을 이유로 법률행위가 무효로 된 경우, 의사무능력자는 그 행위로 인해 받은 이익이 현존하는 한도에서 상환할 책임이 있다.

⑤ 태아가 불법행위로 인해 사산된 경우, 태아는 가해자에 대하여 자신의 생명침해로 인한 손해배상을 청구할 수 없다.

톺아보기

★ 판례는 갑판원이 시속 30노트 정도의 강풍이 불고 파도가 5~6미터 가량 높게 일고 있는 등 기상조건이 아주 험한 북태평양의 해상에서 어로작업 중 갑판 위로 덮친 파도에 휩쓸려 바다에 추락하여 행방불명이 되었다면 비록 시신이 확인되지 않았다 하더라도 그 사람은 그 무렵 사망한 것으로 확정함이 우리의 경험칙과 논리칙에 비추어 당연하다고 본다(대판 1989.1.31, 87다카2954).

더 알아보기

의사능력의 유무는 구체적인 법률행위와 관련하여 개별적으로 판단되어야 할 것이다(대판 2006.9.22, 2006다29358). 이때 의사무능력자는 현존이익만 반환하면 된다(대판 2009.1.15, 2008다58367).

□□□ 06 상중하

미성년자에 관한 설명으로 옳지 않은 것은? (다툼이 있으면 판례에 따름) 제25회

① 미성년자가 제한능력을 이유로 자신의 법률행위를 취소한 경우, 악의인 미성년자는 받은 이익에 이자를 붙여 반환해야 한다.
② 미성년자는 타인의 임의대리인이 될 수 있다.
③ 법정대리인이 범위를 정하여 처분을 허락한 재산은 미성년자가 임의로 처분할 수 있다.
④ 미성년자의 법률행위에 대한 법정대리인의 동의는 묵시적으로도 할 수 있다.
⑤ 미성년자는 법정대리인으로부터 허락을 얻은 특정한 영업에 관하여 성년자와 동일한 행위능력이 있다.

톺아보기

★ 제한능력자는 선의·악의를 묻지 않고 취소된 행위에 의하여 받은 이익이 현존하는 한도에서 반환할 책임이 있다(제141조 단서).

□□□ 07 상중하

미성년자가 단독으로 행한 행위 중 제한능력자의 행위임을 이유로 취소할 수 있는 것은? 제24회

① 만 17세 5개월 된 자의 유언행위
② 대리권을 수여받고 행한 대리행위
③ 법정대리인의 허락을 얻은 특정한 영업행위
④ 시가 300만원 상당의 물품을 100만원에 매수한 행위
⑤ 미성년자가 속임수를 써서 자신을 능력자로 상대방이 오신하게 하여 이루어진 법률행위

톺아보기

어떤 행위에 의하여 미성년자가 권리만을 얻거나 의무만을 면하는지는 경제적인 관점이 아니고, 오직 '법률적인 결과'만을 가지고 판단한다. 따라서 경제적으로 유리한 쌍무계약의 체결은 단독으로 할 수 없다.

08 상중하

17세인 甲은 2020년 6월 10일 법정대리인 乙의 동의 및 처분허락 없이 자신의 노트북을 丙에게 50만원에 팔기로 하는 매매계약을 체결하였다. 이에 관한 설명으로 옳은 것은?

제23회

① 甲은 성년이 되기 전에는 매매계약을 취소할 수 없다.

② 乙은 甲이 성년이 되기 전에는 매매계약을 추인할 수 없다.

③ 2020년 6월 20일 丙은 甲에게 매매계약에 대한 추인 여부의 확답을 촉구할 수 있다.

④ 丙이 매매계약 체결 당시에 甲이 미성년자임을 알았던 경우에는 乙에게 추인 여부의 확답을 촉구할 수 없다.

⑤ 丙이 매매계약 체결 당시에 甲이 미성년자임을 몰랐다면 추인이 있기 전에 丙은 甲에 대하여도 철회의 의사표시를 할 수 있다.

톺아보기

★ ⑤ 선의의 상대방이 제한능력자와 계약을 체결한 경우에, 제한능력자 쪽에서 추인이 있을 때까지 상대방이 그 의사표시를 철회할 수 있다. 다만, 상대방이 계약 당시에 제한능력자임을 알았을 경우에는 철회권이 인정되지 않는다(제16조 제1항). 이 철회의 의사표시는 '제한능력자'에게도 할 수 있다(제16조 제3항).

오답해설

① 미성년자·피성년후견인·피한정후견인 등 제한능력자는 단독으로 법률행위를 취소할 수 있다(제140조).

② 추인은 추인권자가 취소원인이 소멸된 후에 하여야 하고(제144조 제1항), 그렇지 않으면 추인의 효력이 없다(대판 1982.6.8, 81다107). 그러나 법정대리인 또는 후견인은 언제라도 추인할 수 있다(제144조 제2항).

★ ③ 제한능력자는 능력자가 된 후에만 확답촉구의 상대방이 될 수 있고(제15조 제1항), 아직 능력자가 되지 못한 경우에는 그의 법정대리인이 상대방이 된다(제15조 제2항). 확답촉구의 상대방이 아닌 자(제한능력자)에 대한 확답촉구는 무효이다.

★ ④ 제한능력자의 상대방은 선의·악의를 불문하고 확답촉구권을 행사할 수 있다(제15조 제1항).

핵심조문

제15조 【제한능력자의 상대방의 확답을 촉구할 권리】 ① 제한능력자의 상대방은 제한능력자가 능력자가 된 후에 그에게 1개월 이상의 기간을 정하여 그 취소할 수 있는 행위를 추인할 것인지 여부의 확답을 촉구할 수 있다. 능력자로 된 사람이 그 기간 내에 확답을 발송하지 아니하면 그 행위를 추인한 것으로 본다.

② 제한능력자가 아직 능력자가 되지 못한 경우에는 그의 법정대리인에게 제1항의 촉구를 할 수 있고, 법정대리인이 그 정하여진 기간 내에 확답을 발송하지 아니한 경우에는 그 행위를 추인한 것으로 본다.

③ 특별한 절차가 필요한 행위는 그 정하여진 기간 내에 그 절차를 밟은 확답을 발송하지 아니하면 취소한 것으로 본다.

09
상 중 하

17세인 甲은 법정대리인 乙의 동의 없이 丙으로부터 고가의 자전거를 구입하는 계약을 체결하였다. 이에 관한 설명으로 옳은 것은? 제26회

① 甲이 성년자가 되더라도 丙은 甲에게 계약의 추인 여부에 대한 확답을 촉구할 수 없다.

② 甲은 乙의 동의 없이는 자신이 미성년자임을 이유로 계약을 취소할 수 없다.

③ 乙은 甲이 미성년자인 동안에는 계약을 추인할 수 없다.

④ 丙이 계약체결 당시 甲이 미성년자임을 알았다면, 丙은 乙에게 추인 여부의 확답을 촉구할 수 없다.

⑤ 丙이 계약체결 당시 甲이 미성년자임을 몰랐다면, 丙은 추인이 있기 전에 甲에게 철회의 의사표시를 할 수 있다.

톺아보기

⑤ 선의의 상대방이 제한능력자와 계약을 체결한 경우에, 제한능력자 쪽에서 추인이 있을 때까지 상대방이 그 의사표시를 철회할 수 있다. 다만, 상대방이 계약 당시에 제한능력자임을 알았을 경우에는 철회권이 인정되지 않는다(제16조 제1항).

오답해설

① 제한능력자는 능력자가 된 후에만 확답촉구의 상대방이 될 수 있고(제15조 제1항), 아직 능력자가 되지 못한 경우에는 그의 법정대리인이 상대방이 된다(제15조 제2항).

★ ② 미성년자·피성년후견인·피한정후견인 등 제한능력자는 단독으로 법률행위를 취소할 수 있다(제140조).

★ ③ 법정대리인 또는 후견인은 취소의 원인이 소멸하기 전에도 추인할 수 있다(제144조 제2항). 따라서 법정대리인 乙은 甲이 미성년자인 동안에도 추인할 수 있다.

④ 제한능력자의 상대방은 선의·악의를 불문하고 확답촉구권을 행사할 수 있다. 이때 1개월 이상의 기간을 정하여 그 취소할 수 있는 행위를 추인할 것인지 여부의 확답을 요구하여야 한다(제15조 제1항).

10 상중하 미혼인 18세의 甲은 친권자인 모(母) 乙과 생계를 같이 하고 있으며, 이웃의 丙을 친아버지처럼 의지하며 살고 있다. 이에 관한 설명으로 옳은 것은? (다툼이 있으면 판례에 따름) 제22회

① 丙의 甲에 대한 수권행위가 있더라도 甲이 丙의 대리인으로 행한 법률행위는 미성년임을 이유로 취소할 수 있다.

② 甲은 자신의 재산을 丙에게 준다는 유언을 할 수 없다.

③ 乙이 甲에게 특정한 영업을 허락하였다면, 乙은 그 영업에 관한 법정대리권을 상실하므로 더 이상 그 영업에 대한 허락을 취소할 수 없다.

④ 甲이 법정대리인의 동의를 요하는 법률행위를 乙의 동의 없이 하였다면, 甲은 乙의 동의 없음을 이유로 그 행위를 취소할 수 없다.

⑤ 甲이 법정대리인의 동의를 요하는 법률행위를 하면서 상대방에게 단순히 자신이 능력자라고 사언(詐言)한 경우라면, 乙의 동의 없음을 이유로 그 행위를 취소할 수 있다.

톺아보기

★ ⑤ 속임수의 의미에 관하여 판례는 '적극적인 기망수단'을 쓴 것을 말하며, '성년자로 군대 갔다 왔다'고 말하거나 '자기가 사장이라고 말한 것'만 가지고는 속임수(사술)라고 할 수 없다(대판 1955.3.31, 4287민상77; 대판 1971.12.14, 71다2045).

오답해설

★ ① 대리인은 행위능력자임을 요하지 않는다(제117조). 따라서 대리권을 가진 미성년자는 대리행위를 단독으로 유효하게 할 수 있으며, 그 대리행위는 취소할 수 없다.

② 만 17세에 달한 미성년자는 단독으로 유언을 할 수 있다(제1061조).

③ 법정대리인은 그가 준 영업의 허락을 취소 또는 제한할 수 있다(제8조 제2항 본문).

★ ④ 미성년자가 법정대리인의 동의 없이 법률행위를 한 경우, 그 법률행위는 일단은 유효하지만(유동적 유효), 미성년자나 그의 법정대리인이 취소할 수 있고(제5조 제2항, 제140조), 이 경우 그 법률행위는 소급하여 무효가 된다(제141조).

11

상중 하

자연인의 행위능력에 관한 설명으로 옳지 않은 것은? (다툼이 있으면 판례에 따름)

제28회

① 미성년자가 혼인을 한 때에는 성년자로 본다.
② 미성년자가 타인의 대리인으로서 대리행위를 하기 위해서는 법정대리인의 승낙을 얻어야 한다.
③ 가정법원은 취소할 수 없는 피성년후견인의 법률행위의 범위를 정할 수 있다.
④ 가정법원은 피한정후견인이 한정후견인의 동의를 받아야 하는 행위의 범위를 정할 수 있다.
⑤ 성년후견개시의 청구가 있더라도, 가정법원은 필요하다면 한정후견을 개시할 수 있다.

톺아보기

대리인은 행위능력자임을 요하지 아니한다(제117조). 미성년자가 타인의 대리인으로서 대리행위를 하기 위해서는 법정대리인의 승낙을 요하지 않는다.

행위능력에 관한 설명으로 옳지 않은 것은? (다툼이 있으면 판례에 따름) 제27회

① 가정법원은 성년후견개시의 심판을 할 때 본인의 의사를 고려하여야 한다.
② 가정법원은 성년후견개시의 청구가 있더라도 필요하다면 한정후견을 개시할 수 있다.
③ 가정법원은 피한정후견인이 한정후견인의 동의를 받아야 하는 행위의 범위를 정할 수 있다.
④ 가정법원은 특정후견의 심판을 하는 경우에는 특정후견의 기간 또는 사무의 범위를 정하여야 한다.
⑤ 가정법원은 본인의 의사에 반하더라도 특정사무에 관한 후원의 필요가 있으면 특정후견심판을 할 수 있다.

톺아보기

★ 특정후견은 본인의 의사에 반하여 할 수 없다(제14조의2 제2항). 그렇다고 하여 본인이 적극적으로 동의하여야 하는 것은 아니다.

13 제한능력자에 관한 설명으로 옳은 것은?

상중**하**

제26회

① 특정후견의 심판이 있으면 피특정후견인의 행위능력이 제한된다.

② 피성년후견인이 법정대리인의 동의서를 위조하여 주택 매매계약을 체결한 경우, 성년후견인은 이를 취소할 수 있다.

③ 가정법원은 피한정후견인에 대하여 한정후견의 종료심판 없이 성년후견개시의 심판을 할 수 있다.

④ 의사능력이 없는 자는 성년후견개시의 심판 없이도 피성년후견인이 된다.

⑤ 피한정후견인이 동의를 요하는 법률행위를 동의 없이 하였더라도 그 후 한정후견 심판이 종료되었다면 그 법률행위는 취소할 수 없다.

톺아보기

★ ② 미성년자나 피한정후견인이 법정대리인의 동의가 있는 것으로 믿게 하려고 한 경우에는 그 행위를 취소할 수 없다 (제17조 제2항). 반면에 피성년후견인은 법정대리인의 동의를 얻었더라도 단독으로 유효한 행위를 할 수 없으므로 언제나 취소할 수 있다.

오답해설

① 특정후견의 심판이 있어도 피특정후견인은 행위능력에 전혀 영향을 받지 않는다.

★ ③ 가정법원이 피한정후견인에 대하여 성년후견개시의 심판을 할 때에는 종전의 한정후견의 종료심판을 한다(제14조 의3 제1항).

④ 피성년후견인은 '질병, 장애, 노령 그 밖의 사유로 인한 정신적 제약으로 사무를 처리할 능력이 지속적으로 결여된 사람'으로서 일정한 자의 청구에 의하여 가정법원으로부터 '성년후견개시의 심판'을 받은 자이다(제9조 제1항). 사 무처리능력이 지속적으로 결여된 사람이라도 성년후견개시의 심판을 받기 전에는 피성년후견인이 아니다(대판 1992.10.13, 92다6433 참조).

⑤ 한정후견인의 동의가 필요한 법률행위를 피한정후견인이 한정후견인의 동의 없이 하였을 때에는 그 법률행위를 취소할 수 있다(제13조 제4항). 다만, 한정후견심판이 종료하고 3년과 법률행위를 한 날로부터 10년의 두 기간 가 운데 먼저 만료되는 기간에 취소권은 소멸한다.

14 상중하 제한능력자 등에 관한 설명으로 옳은 것은?

제22회

① 성년후견인은 원칙적으로 피성년후견인의 재산상 법률행위에 대한 동의권, 대리권 및 취소권이 있다.

② 피성년후견인의 법률행위는 일상생활에 필요하고 그 대가가 과도하지 않은 것이라도 성년후견인은 취소할 수 있다.

③ 한정후견인은 피한정후견인의 모든 법률행위에 대한 동의권, 대리권 및 취소권이 있다.

④ 특정후견심판으로 특정후견인이 선임되더라도 피특정후견인의 행위능력은 제한되지 않는다.

⑤ 특정후견의 심판을 하는 경우에 특정후견의 기간이나 사무범위를 정할 필요는 없다.

톺아보기

④ 특정후견의 심판이 있어도 피특정후견인은 행위능력에 전혀 영향을 받지 않는다. 그리고 특정한 법률행위를 위하여 특정후견인이 선임되고 법정대리권이 부여된 경우에도 행위능력은 제한되지 않는다.

오답해설

★ ① 성년후견인은 원칙적으로 동의권은 없고(제10조 제1항), 대리권만 가진다(제949조). 그러나 예외적으로 일정한 친족법상의 행위에 관하여는 동의권도 가진다. 그 외에 취소권도 있다(제10조 제1항, 제140조).

★ ② 피성년후견인의 법률행위는 원칙적으로 취소할 수 있다(제10조 제1항). 그러나 일용품의 구입 등 일상생활에 필요하고 그 대가가 과도하지 아니한 법률행위는 성년후견인이 취소할 수 없다(제10조 제4항).

③ 한정후견인은 원칙적으로 법률행위의 동의권·취소권이 없다. 그러나 동의가 유보된 경우에는 동의권과 취소권을 가진다. 그리고 대리권도 원칙적으로 없으며, 대리권을 수여하는 심판이 있을 경우에만 대리권을 가진다.

⑤ 가정법원이 특정후견의 심판을 하는 경우에는 특정후견의 기간 또는 사무의 범위를 정하여야 한다(제14조의2 제3항).

제한능력자에 관한 설명으로 옳지 않은 것은?

① 제한능력자의 단독행위에 대한 거절의 의사표시는 제한능력자에게도 할 수 있다.

② 가정법원은 취소할 수 없는 피성년후견인의 법률행위의 범위를 정할 수 있다.

③ 가정법원은 한정후견개시심판을 할 때 본인의 의사를 고려해야 한다.

④ 제한능력자와 계약을 맺은 상대방은 계약 당시에 제한능력자임을 알았을 경우에는 그 의사표시를 철회할 수 없다.

⑤ 피성년후견인이 적극적으로 속임수를 써서 자기를 능력자로 믿게 한 경우에는 그 행위를 취소할 수 있다.

톺아보기

제한능력자(피성년후견인도 포함)가 속임수로써 자기를 능력자로 믿게 한 경우에는 그 행위를 취소할 수 없다(제17조 제1항).

🗔 더 알아보기

속임수의 의미에 관하여, 판례는 '적극적인 기망수단'을 쓴 것을 말하며, '성년자로 군대 갔다 왔다'고 말하거나 '자기가 사장이라고 말한 것'만 가지고는 속임수(= 사술)라고 할 수 없다(대판 1955.3.31, 4287민상77; 대판 1971.12.14, 71다2045).

주소에 관한 설명으로 옳지 않은 것은?

① 주소는 동시에 두 곳 이상 있을 수 없다.

② 주소를 알 수 없으면 거소를 주소로 본다.

③ 당사자는 특정한 행위에 관하여 가주소를 정할 수 있다.

④ 법인의 주소는 그 주된 사무소의 소재지에 있는 것으로 한다.

⑤ 국내에 주소가 없는 자에 대하여는 국내에 있는 거소를 주소로 본다.

톺아보기

주소는 동시에 두 곳 이상 있을 수 있다(제18조 제2항). 민법은 주소에 관하여 실질주의, 복수주의를 채택하고 있다.

17

제27회

부재자의 재산관리에 관한 설명으로 옳지 않은 것은? (다툼이 있으면 판례에 따름)

① 법원이 선임한 재산관리인은 법정대리인이다.
② 부재자는 성질상 자연인에 한하고 법인은 해당하지 않는다.
③ 법원이 선임한 재산관리인의 권한초과행위에 대한 법원의 허가는 사후적으로 그 행위를 추인하는 방법으로는 할 수 없다.
④ 재산관리인을 정한 부재자의 생사가 분명하지 아니한 경우, 그 재산관리인이 권한을 넘는 행위를 할 때에는 법원의 허가를 얻어야 한다.
⑤ 법원의 부재자 재산관리인 선임결정이 취소된 경우, 그 취소의 효력은 장래에 향하여서만 생긴다.

톺아보기

★ 법원이 선임한 재산관리인의 초과행위결정의 효력은 그 허가받은 재산에 대한 장래의 처분행위뿐만 아니라 기왕의 처분행위를 추인하는 행위로도 할 수 있다(대판 1982.12.14, 80다1872 · 1873).

18

제26회

부재자의 재산관리에 관한 설명으로 옳지 않은 것은? (다툼이 있으면 판례에 따름)

① 법원은 그가 선임한 재산관리인에 대하여 부재자의 재산으로 보수를 지급할 수 있다.
② 법원이 선임한 재산관리인은 언제든지 사임할 수 있다.
③ 법원이 선임한 재산관리인이 부재자의 사망을 확인하였다면, 그 선임결정이 취소되지 않아도 재산관리인은 권한을 행사할 수 없다.
④ 재산관리인을 둔 부재자의 생사가 분명하지 않은 경우, 법원은 재산관리인의 청구에 의하여 재산관리인을 개임할 수 있다.
⑤ 법원이 선임한 재산관리인이 법원의 허가 없이 부재자 소유의 부동산을 매각한 후 법원의 허가를 얻어 소유권이전등기를 마쳤다면 그 매각행위는 추인된 것으로 본다.

★ 재산관리인의 권한은 그의 선임결정이 취소되지 않는 한 설사 부재자에 대한 실종기간이 만료되거나(대판 1981.7.28, 80다2668), 부재자의 사망이 확인된 후에도 소멸하지 않는다(대판 1991.11.26, 91다11810).

□□□
19
상 중 **하**

부재자에 관한 설명으로 옳지 않은 것은? (다툼이 있으면 판례에 따름) 제23회

① 법인은 부재자에 해당하지 않는다.

② 법원이 선임한 부재자의 재산관리인은 일종의 법정대리인이다.

③ 법원에 의하여 재산관리인이 선임된 후에도 부재자는 스스로 재산관리인을 정할 수 있다.

④ 재산관리인이 법원의 처분허가를 얻어 부재자의 재산을 처분한 후 그 허가결정이 취소된 경우, 처분행위는 소급하여 효력을 잃는다.

⑤ 법원에 의하여 선임된 재산관리인이 있는 경우, 부재자 본인을 상대로 한 공시송달은 그 효력이 인정되지 않는다.

톺아보기

★ 가정법원의 처분명령의 취소의 효력은 소급하지 않고 장래에 향하여서만 생기는 것이다(대판 1970.1.27, 69다719). 따라서 관리인이 법원의 허가를 얻어 부재자의 재산을 매각한 후, 법원이 관리인 선임결정을 취소하여도 관리인의 처분행위는 유효하며, 재산처분이 있은 뒤 법원의 허가결정이 취소된 때에도 마찬가지이다(대판 1960.2.4, 4291민상636).

부재와 실종에 관한 설명으로 옳은 것은? (다툼이 있으면 판례에 따름) 제24회

① 생존하고 있음이 분명한 자는 부재자가 될 수 없다.

② 법원이 선임한 부재자의 재산관리인은 일종의 법정대리인이므로 자유로이 사임할 수 없다.

③ 법원이 선임한 부재자의 재산관리인은 법원에 의한 별도의 허가가 없더라도 부재자의 재산에 대한 처분행위를 자유롭게 할 수 있다.

④ 실종선고를 받은 자가 종전의 주소에서 새로운 법률행위를 하기 위해서는 실종선고를 취소하여야 한다.

⑤ 잠수장비를 착용하고 바다에 입수한 후 행방불명이 되었다고 하여 이를 특별실종의 원인이 되는 사유에 해당한다고 할 수 없다.

톺아보기

⑤ 판례에서 사망의 원인이 될 위난이라고 함은 화재 · 홍수 · 지진 · 화산 폭발 등과 같이 일반적 · 객관적으로 사람의 생명에 명백한 위험을 야기하여 사망의 결과를 발생시킬 가능성이 현저히 높은 외부적 사태 또는 상황을 가리킨다. 따라서 잠수장비를 착용한 채 바다에 입수하였다가 부상하지 아니한 채 행방불명이 되었다 하더라도, 이는 "사망의 원인이 될 위난"이라고 할 수 없다(대결 2011.1.31, 2010스165).

오답해설

① 부재자란 종래의 주소 또는 거소를 떠나 용이하게 돌아올 가능성이 없어서 그의 재산을 관리하여야 할 필요가 있는 자를 말한다. 따라서 부재자는 실종선고의 경우와는 달리 반드시 생사불명일 필요는 없다(대판 1971.10.22, 71다1636).

② 부재자의 재산관리인은 일종의 법정대리인이다. 재산관리인은 언제든지 사임할 수 있고, 법원도 언제든지 재산관리인을 개임할 수 있다(가사소송규칙 제42조).

③ 재산관리인이 관리행위를 넘는 행위, 즉 처분행위를 할 경우에는 법원의 허가를 얻어야 한다(제25조).

★ ④ 신주소에서의 법률관계나 돌아온 후의 법률관계에 관하여는 사망의 효과가 미치지 않으며, 공법상의 법률관계는 실종선고와는 관계없이 결정된다.

21

상**중**하

부재와 실종에 관한 설명으로 옳은 것은? (다툼이 있으면 판례에 따름)

① 법원이 선임한 재산관리인은 법원의 허가 없이도 민법 제118조에서 정한 권한을 넘는 행위를 할 수 있다.

② 법원이 선임한 재산관리인에 대하여 법원은 부재자의 재산을 보존하기 위하여 필요한 처분을 명할 수 없다.

③ 부재자의 제1순위 상속인이 있는 경우에 제4순위의 상속인은 그 부재자에 대한 실종선고를 청구할 수 없다.

④ 실종선고가 확정되면 실종선고를 받은 자는 실종선고시에 사망한 것으로 본다.

⑤ 보통실종의 실종기간은 3년이다.

톺아보기

★ ③ 이해관계인이란 실종선고로 인하여 권리를 취득하거나 의무를 면하게 되는 자이며, 단순히 사실상의 이해관계만을 갖는 자는 포함되지 않는다. 부재자의 제1순위 상속인이 있는 경우에 후순위의 상속인(부재자의 형이나 자매 등)은 이해관계인이 될 수 없다(대결 1986.10.10, 86스20).

오답해설

① 재산관리인이 관리행위를 넘는 행위, 즉 처분행위를 할 경우에는 법원의 허가를 얻어야 한다(제25조).

② 재산관리인의 권한은 법원의 명령에 의해 정해지지만, 그 정함이 없는 경우에는 제118조에 정한 이른바 관리행위만을 할 수 있는 것이 원칙이다.

④ 실종선고가 확정되면 실종선고를 받은 자, 즉 실종자는 실종기간 만료시에 사망한 것으로 간주된다(제28조).

★ ⑤ 보통실종의 실종기간은 5년이며, 부재자의 생존을 증명할 수 있는 최후의 시기(최후의 소식이 있은 때)를 기산점으로 한다(제27조 제1항). 특별실종의 실종기간은 1년이다.

22
상**중**하

부재와 실종에 관한 설명으로 옳지 않은 것은? (다툼이 있으면 판례에 따름) 제22회

① 외국에 장기체류하더라도 그 소재가 분명하고 소유재산을 타인을 통하여 직접 관리하고 있는 자는 민법상 부재자라고 할 수 없다.

② 부재자에게 1순위 상속인이 있는 경우에 2순위 상속인은 특별한 사정이 없는 한, 실종선고를 청구할 수 있는 이해관계인이 아니다.

③ 실종선고를 받은 자가 생존해 있더라도 실종선고가 취소되지 않는 한 그 사망의 효과는 지속된다.

④ 부재자가 실종선고를 받은 경우에 그 실종자는 그 선고일까지 생존한 것으로 본다.

⑤ 부재자가 돌아올 가망이 전혀 없는 경우에도 생존해 있다는 사실이 증명되었다면 실종선고를 받을 수 없다.

톺아보기

실종선고가 확정되면 실종선고를 받은 자, 즉 실종자는 실종기간 만료시에 사망한 것으로 간주된다(제28조). 따라서 실종자는 그가 사망한 것으로 간주되는 시기(실종기간 만료시)까지는 생존한 것으로 간주된다(대판 1977.3.22, 77다81·82).

23
상중하

배우자 乙과 누나 丙이 있는 X부동산의 소유자 甲은 2020. 1. 1. 해외 출장을 위해 탑승한 항공기의 추락으로 생사불명이 되었다. 이에 관한 설명으로 옳은 것은? (다툼이 있으면 판례에 따름) 제28회

① 乙은 2025. 1. 1.이 경과하지 않으면 법원에 실종선고를 청구할 수 없다.

② 乙이 실종선고를 청구하지 않을 경우, 丙은 상속에 관한 이해관계인으로서 법원에 실종선고를 청구할 수 있다.

③ 이해관계인인 乙과 丙이 있으므로 검사는 법원에 실종선고를 청구할 수 없다.

④ 실종선고의 청구를 받은 가정법원은 6개월 이상 공시최고를 하여야 하며, 그 기간 내에 甲의 생사 여부에 관한 신고가 없는 때에는 실종을 선고하여야 한다.

⑤ 법원이 실종을 선고하면 甲은 2020. 1. 1.에 사망한 것으로 본다.

톺아보기

④ 실종선고의 청구를 받은 가정법원은 6개월 이상 공시최고를 하여야 하며, 그 기간 내에 甲의 생사 여부에 관한 신고가 없는 때에는 실종을 선고하여야 한다(제28조).

오답해설

① 항공기의 추락으로 생사불명이 된 경우, 특별실종의 원인이다. 배우자 乙은 이해관계인으로서 2021. 1. 1.이 경과하지 않으면 법원에 실종선고를 청구할 수 없다.

②③ 부재자의 제1순위 상속인이 있는 경우에 후순위의 상속인(부재자의 형이나 자매 등)은 이해관계인이 될 수 없다(대결 1986.10.10, 86스20). 따라서 乙이 실종선고를 청구하지 않을 경우, 丙은 법원에 실종선고를 청구할 수 없다.

⑤ 실종자는 실종기간 만료시에 사망한 것으로 간주된다(제28조). 법원이 실종을 선고하면 甲은 2021. 1. 1.에 사망한 것으로 본다.

□□□
24
상 중 하

민법상 법인에 관한 설명으로 옳은 것은? (다툼이 있으면 판례에 따름) 제24회

① 재단법인은 항상 비영리법인이다.

② 사단법인 설립행위는 법률행위이므로 특별한 방식이 요구되지 않는다.

③ 사단법인은 주무관청의 허가 없이 자유롭게 설립할 수 있다.

④ 재단법인 설립행위는 단독행위이므로 출연자라 하더라도 착오를 이유로 출연의 의사표시를 취소할 수 없다.

⑤ 법인이 목적 이외의 사업을 하더라도 주무관청은 설립허가 자체를 취소할 수 없다.

톺아보기

① 사단법인은 영리법인과 비영리법인이 있다. 그러나 재단법인은 언제나 비영리법인이다.

오답해설

② 사단법인을 설립하려면, 2인 이상의 설립자가 일정한 사항을 기재한 정관을 작성하여 기명날인하여야 한다(제40조). 기명날인이 없는 정관은 무효이다.

③ 학술, 종교, 자선, 기예, 사교 기타 영리 아닌 사업을 목적으로 하는 사단 또는 재단은 주무관청의 허가를 얻어 이를 법인으로 할 수 있다(제32조).

★ ④ 재단법인의 출연자가 착오를 원인으로 취소를 한 경우에는 출연자는 재단법인의 성립 여부나 출연된 재산의 기본재산인 여부와 관계없이 그 의사표시를 취소할 수 있다(대판 1999.7.9, 98다9045).

⑤ 비영리법인이 설립된 이후에 있어서의 그 법인에 대한 설립허가의 취소는 민법 제38조에 해당하는 경우에 한하여 가능하다 할 것이고, 민법 제38조에는 설립허가취소사유로서 법인이 목적 이외의 사업을 하거나 설립허가의 조건에 위반하거나 기타 공익을 해하는 행위를 한 때라고 규정하고 있다(대판 1982.10.26, 81누363).

비법인사단에 관한 설명으로 옳은 것을 모두 고른 것은? (다툼이 있으면 판례에 따름)

제28회

> ⊙ 비법인사단에 대표자가 있으면 그 사단의 이름으로 민사소송의 당사자가 될 수 있다.
> ⓒ 비법인사단의 대표자가 그 사단이 타인간의 금전채무를 보증한다는 내용의 계약을 체결하면서 사원총회의 결의를 거치지 않았더라도 특별한 사정이 없는 한 그 계약은 유효하다.
> ⓒ 비법인사단의 채권자가 채권자대위권에 기하여 비법인사단의 총유재산에 대한 권리를 대위행사하는 경우에는 사원총회의 결의 등 비법인사단의 내부적 의사결정 과정을 거쳐야 한다.

① ⊙

② ⓒ

③ ⊙, ⓒ

④ ⓒ, ⓒ

⑤ ⊙, ⓒ, ⓒ

톺아보기

⊙ 법인이 아닌 사단이나 재단은 대표자 또는 관리인이 있는 경우에는 그 사단이나 재단의 이름으로 당사자가 될 수 있다(민사소송법 제52조).

ⓒ 민법 제275조, 제276조 제1항에서 말하는 총유물의 관리 및 처분이라 함은 총유물 그 자체에 관한 이용·개량행위나 법률적·사실적 처분행위를 의미하는 것이므로, 비법인사단이 타인간의 금전채무를 보증하는 행위는 총유물 그 자체의 관리·처분이 따르지 아니하는 단순한 채무부담행위에 불과하여 이를 총유물의 관리·처분행위라고 볼 수는 없다. 따라서 비법인사단인 재건축조합의 조합장이 채무보증계약을 체결하면서 조합규약에서 정한 조합 임원회의 결의를 거치지 아니하였다거나 조합원총회 결의를 거치지 않았다고 하더라도 그것만으로 바로 그 보증계약이 무효라고 할 수는 없다. 다만, 이와 같은 경우에 조합 임원회의의 결의 등을 거치도록 한 조합규약은 조합장의 대표권을 제한하는 규정에 해당하는 것이므로, 거래상대방이 그와 같은 대표권 제한 및 그 위반 사실을 알았거나 과실로 인하여 이를 알지 못한 때에는 그 거래행위가 무효로 된다고 봄이 상당하며, 이 경우 그 거래상대방이 대표권 제한 및 그 위반 사실을 알았거나 알지 못한 데에 과실이 있다는 사정은 그 거래의 무효를 주장하는 측이 이를 주장·입증하여야 한다(대판 2007.4.19, 2004다60072·60089 전합).

ⓒ 비법인사단이 총유재산에 관한 소를 제기할 때에는 정관에 다른 정함이 있는 등의 특별한 사정이 없는 한 사원총회의 결의를 거쳐야 하지만(대판 2011.7.28, 2010다97044), 이는 비법인사단의 대표자가 비법인사단 명의로 총유재산에 관한 소를 제기하는 경우에 비법인사단의 의사결정과 특별수권을 위하여 필요한 내부적인 절차이다. 채권자대위권은 채무자가 스스로 자기의 권리를 행사하지 아니하는 때에 채권자가 채무자에 대한 채권을 보전하기 위하여 채무자의 의사와는 상관없이 채무자의 권리를 대위하여 행사할 수 있는 권리로서 그 권리행사에 채무자의 동의를 필요로 하는 것은 아니므로, 비법인사단이 총유재산에 관한 권리를 행사하지 아니하고 있어 비법인사단의 채권자가 채권자대위권에 기하여 비법인사단의 총유재산에 관한 권리를 대위행사하는 경우에는 사원총회의 결의 등 비법인사단의 내부적인 의사결정절차를 거칠 필요가 없다(대판 2014.9.25, 2014다211336).

26

법인 아닌 사단에 관한 설명으로 옳지 않은 것은? (다툼이 있으면 판례에 따름)

제26회

① 법인 아닌 사단이 타인간의 금전채무를 보증하는 행위는 총유물의 관리 · 처분행위에 해당한다.
② 고유한 의미의 종중의 경우에는 종중원이 종중을 임의로 탈퇴할 수 없다.
③ 법인 아닌 사단의 사원이 집합체로서 물건을 소유할 때에는 총유로 한다.
④ 구성원 개인은 특별한 사정이 없는 한 총유재산의 보존을 위한 소를 단독으로 제기할 수 없다.
⑤ 이사의 대표권 제한에 관한 민법 제60조는 법인 아닌 사단에 유추적용될 수 없다.

톺아보기

★ 비법인사단이 타인간의 금전채무를 보증하는 행위는 총유물 그 자체의 관리 · 처분이 따르지 아니하는 단순한 채무부담행위에 불과하여 이를 총유물의 관리 · 처분행위라고 볼 수는 없다(대판 2007.4.19, 2004다60072 전합).

더 알아보기

공동선조와 성과 본을 같이 하는 후손은 성별의 구별 없이 성년이 되면 당연히 그 구성원이 된다고 보는 것이 조리에 합당하다(대판 2005.7.21, 2002다1178 전합). 종중은 별도의 결의나 약정에 의하여 일부 종원의 자격을 제한하거나 박탈할 수는 없다. 그리고 종중이 그 구성원인 종원이 가지는 고유하고 기본적인 권리의 본질적인 내용을 침해하는 처분을 하는 것은 허용되지 않는다.

27

법인 아닌 사단 및 재단에 관한 설명으로 옳은 것을 모두 고른 것은? (다툼이 있으면 판례에 따름)

> ○ 총유물에 관한 보존행위는 특별한 사정이 없는 한 법인 아닌 사단의 사원 각자가 할 수 있다.
> ○ 법인 아닌 재단은 법인격이 인정되지 않지만, 대표자 또는 관리인이 있는 경우에는 민사소송의 당사자능력은 인정된다.
> ○ 공동주택의 입주자대표회의는 동별 세대수에 비례하여 선출되는 동별 대표자를 구성원으로 하는 법인 아닌 사단에 해당한다.
> ○ 민법은 법인 아닌 재단의 재산소유를 단독소유로 규정하고 있으므로, 법인 아닌 재단 자체의 명의로 부동산등기를 할 수 있다.

① ㉠, ㉡

② ㉠, ㉢

③ ㉡, ㉢

④ ㉠, ㉢, ㉣

⑤ ㉡, ㉢, ㉣

톺아보기

★ ㉠ 총유재산에 관한 소송은 법인 아닌 사단이 그 명의로 사원총회의 결의를 거쳐 하거나 또는 그 구성원 전원이 당사자가 되어 필수적 공동소송의 형태로 할 수 있을 뿐 그 사단의 구성원은 설령 그가 사단의 대표자라거나 사원총회의 결의를 거쳤다 하더라도 그 소송의 당사자가 될 수 없고, 이러한 법리는 총유재산의 보존행위로서 소를 제기하는 경우에도 마찬가지이다(대판 2005.9.15, 2004다44971 전합).

㉡ 법인이 아닌 사단이나 재단은 대표자 또는 관리인이 있는 경우에는 그 사단이나 재단의 이름으로 당사자가 될 수 있다(민사소송법 제52조).

㉢ 공동주택의 입주자대표회의는 동별 세대수에 비례하여 선출되는 동별 대표자를 구성원으로 하는 법인 아닌 사단이다(대판 2007.6.15, 2007다6291).

★ ㉣ 재산의 귀속형태는 민법에 규정이 없으나, 판례는 권리능력 없는 재단의 단독소유에 속한다(대판 1994.12.13, 93다43545).

28

상**중**하

법인 아닌 사단에 관한 설명으로 옳지 않은 것은? (다툼이 있으면 판례에 따름)

제23회

① 법인 아닌 사단이 소유하는 물건은 사원의 총유에 속한다.

② 법인 아닌 사단에 대하여는 사단법인에 관한 민법규정 중 법인격을 전제로 하는 것을 제외한 규정을 유추적용한다.

③ 종중이 법인 아닌 사단이 되기 위해서는 특별한 조직행위와 이를 규율하는 성문의 규약이 있어야 한다.

④ 교회가 그 실체를 갖추어 법인 아닌 사단으로 성립한 후 교회의 대표자가 교회를 위하여 취득한 권리의무는 교회에 귀속된다.

⑤ 사단법인의 하부조직이라도 스스로 단체로서의 실체를 갖추고 독자적인 활동을 하고 있다면 사단법인과 별개의 독립된 법인 아닌 사단이 될 수 있다.

톺아보기

종중이란 공동선조의 후손들에 의하여 선조의 분묘수호 및 봉제사와 후손 상호간의 친목을 목적으로 형성되는 자연발생적인 종족단체로서 선조의 사망과 동시에 후손에 의하여 성립하는 것이며, 그 성립을 위해 특별한 조직행위를 필요로 하는 것이 아니고, 반드시 특별한 명칭의 사용 및 서면화된 종중규약이 있어야 하거나 종중대표자가 선임되어 있는 등 조직을 갖추어야 성립하는 것은 아니다(대판 1997.11.14, 96다25715).

법인 아닌 사단에 관한 설명으로 옳지 않은 것은? (다툼이 있으면 판례에 따름)

제22회

① 특별한 사정이 없는 한, 구성원 개인은 총유재산의 보존을 위한 소를 단독으로 제기할 수 없다.

② 법인 아닌 사단의 채무에 대해서는 특별한 사정이 없는 한, 구성원 각자가 그 지분비율에 따라 개인재산으로 책임을 진다.

③ 구성원들의 집단적 탈퇴로 분열되기 전 사단의 재산이 분열된 각 사단의 구성원들에게 각각 총유적으로 귀속되는 형태의 분열은 허용되지 않는다.

④ 법인 아닌 사단이 그 소유토지의 매매를 중개한 중개업자에게 중개수수료를 지급하기로 한 약정은 총유물의 관리·처분행위에 해당하지 않는다.

⑤ 사원총회의 결의에 의하여 총유물에 대한 매매계약이 체결된 후, 그 채무의 존재를 승인하여 소멸시효를 중단시키는 행위는 총유물의 관리·처분행위에 해당하지 않는다.

톺아보기

★ 법인 아닌 사단의 채무는 총사원의 준총유이다. 그 결과 단체의 재산만이 책임을 지고, 각 구성원은 그의 고유재산으로 책임을 질 필요는 없다(구성원의 유한책임).

더 알아보기

법인 아닌 사단의 구성원들의 집단적 탈퇴로써 사단이 2개로 분열되고 분열되기 전 사단의 재산이 분열된 각 사단들의 구성원들에게 각각 총유적으로 귀속되는 결과를 초래하는 형태의 법인 아닌 사단의 분열은 허용되지 않는다. 특히 집단적인 탈퇴의 효과 등에 관한 법리는 교회에 대하여도 동일하게 적용되어야 한다(대판 2006.4.20, 2004다37775 전합).

30 상중하

민법상 법인의 설립에 관한 설명으로 옳은 것은? 제28회

① 법인설립등기는 법인의 대항요건이다.

② 종교사업을 목적으로 하는 사단은 주무관청의 인가를 얻어 이를 법인으로 할 수 있다.

③ 이사의 대표권의 제한은 정관에 기재하지 않더라도 그 효력이 있다.

④ 영리를 목적으로 하는 재단은 상사회사 설립의 조건에 좇아 이를 법인으로 할 수 있으며, 그러한 법인에는 상사회사에 관한 규정을 준용한다.

⑤ 사단법인의 설립을 위한 정관에는 자산에 관한 규정이 반드시 기재되어 있어야 한다.

톺아보기

⑤ 자산에 관한 규정은 정관의 필요적 기재사항이다(제40조 제5호).

오답해설

① 법인은 법인등기부에 설립등기를 함으로써 성립한다(제33조). 이 등기는 성립요건이며, 나머지 등기는 대항요건이다 (제54조).

② 학술, 종교, 자선, 기예, 사교 기타 영리 아닌 사업을 목적으로 하는 사단 또는 재단은 주무관청의 허가를 얻어 이를 법인으로 할 수 있다(제32조).

③ 이사의 대표권은 정관에 의하여 제한될 수 있지만(제59조 제1항 단서), 이 제한은 등기하지 않으면 제3자에게 대항하지 못한다(제60조). 정관기재는 효력요건(제41조)이고, 등기는 대항요건(제60조)이다.

④ 재단법인은 일정한 목적에 바쳐진 재산의 존재를 요소로 하고, 언제나 비영리법인이다.

31

상중**하**

민법상 법인의 설립에 관한 설명으로 옳지 않은 것은? (다툼이 있으면 판례에 따름)

제26회

① 법인은 법률의 규정에 의하지 않으면 성립하지 못한다.

② 사단법인 설립행위는 2인 이상의 설립자가 정관을 작성하여 기명날인하여야 하는 요식행위이다.

③ 사단법인의 정관변경은 총사원 3분의 2 이상의 동의가 있으면 주무관청의 허가가 없더라도 그 효력이 생긴다.

④ 법인의 설립등기는 특별한 사정이 없는 한 주된 사무소 소재지에서 하여야 한다.

⑤ 사단법인의 사원들이 정관의 규범적인 의미 내용과 다른 해석을 사원총회의 결의라는 방법으로 표명하였다 하더라도 그 결의에 의한 해석은 그 사단법인의 사원을 구속하는 효력이 없다.

톺아보기

★ 사단법인이 정관을 변경하기 위해서는 사원총회에서 3분의 2 이상의 결의와 주무관청의 허가가 있어야 한다(제42조).

더 알아보기

사단법인의 정관은 이를 작성한 사원뿐만 아니라 그 후에 가입한 사원이나 사단법인의 기관 등도 구속하는 점에 비추어 보면 그 법적 성질은 계약이 아니라 자치법규로 보는 것이 타당하므로, 이는 어디까지나 객관적인 기준에 따라 그 규범적인 의미 내용을 확정하는 법규해석의 방법으로 해석되어야 하는 것이지, 작성자의 주관이나 해석 당시의 사원의 다수결에 의한 방법으로 자의적으로 해석될 수는 없다 할 것이어서, 어느 시점의 사단법인의 사원들이 정관의 규범적인 의미 내용과 다른 해석을 사원총회의 결의라는 방법으로 표명하였다 하더라도 그 결의에 의한 해석은 그 사단법인의 구성원인 사원들이나 법원을 구속하는 효력이 없다(대판 2000.11.24, 99다12437).

32

상중**하**

민법상 비영리법인에 관한 설명으로 옳은 것은?

제22회

① 법인의 설립은 법원의 허가를 요한다.

② 법인은 주무관청의 설립허가를 받음으로써 성립한다.

③ 법인의 해산 및 청산사무는 주무관청이 검사·감독한다.

④ 사단법인의 사원의 지위는 특별한 사정이 없는 한, 양도 또는 상속할 수 없다.

⑤ 사단법인의 정관은 특별한 사정이 없는 한, 총사원 4분의 3 이상의 동의가 있는 때에 한하여 이를 변경할 수 있다.

④ 비영리법인에서는 공익권이 강하므로 양도나 상속이 허용되지 않는다(제56조). 그러나 사원권의 양도ㆍ상속을 부인하는 민법규정(제56조)은 강행규정이라고 할 수 없으므로, 비법인사단에서도 사원의 지위는 규약이나 관행에 의하여 양도 또는 상속될 수 있다(대판 1997.9.26, 95다6205).

오답해설

① 학술, 종교, 자선, 기예, 사교 기타 영리 아닌 사업을 목적으로 하는 사단 또는 재단은 주무관청의 허가를 얻어 이를 법인으로 할 수 있다(제32조).

★ ② 법인은 그 주된 사무소의 소재지에서 설립등기를 함으로써 성립한다(제33조).

★ ③ 법인의 해산 및 청산은 법원이 검사ㆍ감독한다(제95조).

⑤ 사단법인이 정관을 변경하기 위해서는 사원총회에서 3분의 2 이상의 결의와 주무관청의 허가가 있어야 한다(제42조).

□□□
33
상**중**하

민법상 재단법인에 관한 설명으로 옳지 않은 것은? (다툼이 있으면 판례에 따름)

제22회

① 1인의 설립자에 의한 재단법인설립행위는 상대방 없는 단독행위이다.
② 재단법인의 설립을 위해서는 반드시 재산의 출연이 있어야 한다.
③ 출연재산이 부동산인 경우 법인의 설립등기만으로도 그 재산은 제3자에 대한 관계에서 법인에게 귀속된다.
④ 재단법인의 설립을 위하여 서면에 의한 증여를 하였더라도, 착오에 기한 의사표시를 이유로 증여의 의사표시를 취소할 수 있다.
⑤ 법인 아닌 재단에게도 부동산에 관한 등기능력이 인정될 수 있다.

톺아보기

출연재산이 부동산인 경우에도 출연자와 법인 사이에는 법인의 성립 외에 등기를 필요로 하는 것은 아니지만, 제3자에 대한 관계에 있어서, 출연행위는 법률행위이므로 출연재산의 법인에의 귀속에는 부동산의 권리에 관한 것일 경우 등기를 필요로 한다(대판 1979.12.11, 78다481ㆍ482 전합).

핵심조문

제48조【출연재산의 귀속시기】① 생전 처분으로 재단법인을 설립하는 때에는 출연재산은 법인이 성립된 때로부터 법인의 재산이 된다.
② 유언으로 재단법인을 설립하는 때에는 출연재산은 유언의 효력이 발생한 때로부터 법인에 귀속한 것으로 본다.
제186조【부동산물권변동의 효력】부동산에 관한 법률행위로 인한 물권의 득실변경은 등기하여야 그 효력이 생긴다.

34

상**중**하

민법상 법인의 정관에 관한 설명으로 옳지 않은 것은? (다툼이 있으면 판례에 따름)

제24회

① 사단법인의 정관의 법적 성질은 계약이 아니라 자치법규이다.
② 사원자격의 득실에 관한 규정은 사단법인 정관의 필요적 기재사항이다.
③ 재단법인의 목적을 달성할 수 없다고 하여 이사가 주무관청의 허가를 얻어 정관을 변경할 수는 없다.
④ 재단법인의 기본재산에 관한 저당권설정행위는 특별한 사정이 없는 한 정관의 변경을 필요로 하지 않으므로 주무관청의 허가를 얻을 필요가 없다.
⑤ 재단법인의 설립자가 정관에서 이사의 임면방법을 정하지 않고 사망한 때에는 이해관계인 또는 검사의 청구에 의해 법원이 이를 정한다.

톺아보기

재단법인의 목적을 달성할 수 없는 때에는 설립자나 이사는 주무관청의 허가를 얻어 설립의 취지를 참작하여 그 목적 기타 정관의 규정을 변경할 수 있다(제46조).

35

상 중**하**

민법상 비영리사단법인의 정관의 필요적 기재사항이 아닌 것은?

제27회

① 목적
② 명칭
③ 사무소의 소재지
④ 사원자격의 득실에 관한 규정
⑤ 이사회의 구성에 관한 규정

톺아보기

정관의 필요적 기재사항은 목적, 명칭, 사무소의 소재지, 자산에 관한 규정, 이사의 임면에 관한 규정, 사원자격의 득실에 관한 규정, 존립시기나 해산사유를 정하는 때에는 그 시기 또는 사유이다(제40조).

36 재단법인 정관의 필요적 기재사항이 아닌 것은?

제25회

① 목적

② 사무소의 소재지

③ 자산에 관한 규정

④ 이사의 임면에 관한 규정

⑤ 존립시기를 정하는 때에는 그 시기

톺아보기

★ 재단법인 정관의 필요적 기재사항은 목적, 명칭, 사무소의 소재지, 자산에 관한 규정, 이사의 임면에 관한 규정이며, 사원자격의 득실에 관한 규정과 법인의 존립시기나 해산사유는 필요적 기재사항이 아니다(제43조, 제40조).

37

상**중**하

민법상 법인의 이사에 관한 설명으로 옳은 것은? (다툼이 있으면 판례에 따름)

① 이사가 없거나 결원이 있는 경우 이로 인하여 손해가 생길 염려 있는 때에는 법원은 특별대리인을 선임해야 한다.
② 이사가 여럿인 경우에는 정관에 다른 규정이 없으면 법인의 사무집행은 이사가 각자 결정한다.
③ 정관에 이사의 해임사유에 관한 규정이 있는 경우, 특별한 사정이 없는 한 정관에서 정하지 아니한 사유로 이사를 해임할 수 없다.
④ 법원의 직무집행정지 가처분결정으로 대표권이 정지된 대표이사가 그 정지기간 중에 체결한 계약은 후에 그 가처분신청이 취하되면 유효하게 된다.
⑤ 법인의 이사회 결의에 무효 등 하자가 있는 경우, 법률에 별도의 규정이 없으므로 이해관계인은 그 무효를 주장할 수 없다.

톺아보기

③ 법인의 정관에 이사의 해임사유에 관한 규정이 있는 경우 법인으로서는 이사의 중대한 의무위반 또는 정상적인 사무집행 불능 등의 특별한 사정이 없는 이상, 정관에서 정하지 아니한 사유로 이사를 해임할 수 없다(대판 2013.11.28, 2011다41741).

오답해설

① 이사가 없거나 결원이 있는 경우에 이로 인하여 손해가 생길 염려가 있는 때에는 법원은 이해관계인이나 검사의 청구에 의하여 임시이사를 선임하여야 한다(제63조).
② 이사가 수인인 경우에는 정관에 다른 규정이 없으면 법인의 사무집행은 이사의 과반수로써 결정한다(제58조 제2항).
④ 법원의 직무집행정지 가처분결정에 의해 회사를 대표할 권한이 정지된 대표이사가 그 정지기간 중에 체결한 계약은 절대적으로 무효이고, 그 후 가처분신청의 취하에 의하여 보전집행이 취소되었다 하더라도 집행의 효력은 장래를 향하여 소멸할 뿐 소급적으로 소멸하는 것은 아니라 할 것이므로, 가처분신청이 취하되었다 하여 무효인 계약이 유효하게 되지는 않는다(대판 2008.5.29, 2008다4537).
⑤ 민법상 법인의 이사회의 결의에 부존재 혹은 무효 등 하자가 있는 경우 법률에 별도의 규정이 없으므로 이해관계인은 언제든지, 또 어떤 방법에 의하든지 그 무효를 주장할 수 있다(대판 2003.4.25, 2000다60197).

38

상 중 **하**

민법상 법인의 이사에 관한 설명으로 옳지 않은 것은? (다툼이 있으면 판례에 따름)

제22회

① 법원이 선임한 이사의 직무대행자는 특별한 사정이 없는 한, 법인의 통상사무만을 집행할 수 있다.

② 이사의 임면에 관한 사항은 정관의 필요적 기재사항이다.

③ 특별한 사정이 없는 한, 이사는 법인의 사무에 관하여 각자 법인을 대표한다.

④ 법인과 이사의 이익이 상반하는 사항에 관하여는 임시이사를 선임하여야 한다.

⑤ 이사의 대표권 제한이 정관에 기재되었더라도 그에 대한 등기를 마치지 않으면 법인은 그 정관규정을 알고 있는 제3자에게 대항할 수 없다.

톺아보기

★ 법인과 이사의 이익이 상반하는 사항에 관하여는 이사는 대표권이 없다. 이 경우에는 법원은 이해관계인이나 검사의 청구에 의하여 특별대리인을 선임하여야 한다(제64조).

핵심조문

제41조 【이사의 대표권에 대한 제한】 이사의 대표권에 대한 제한은 이를 정관에 기재하지 아니하면 그 효력이 없다.

제60조 【이사의 대표권에 대한 제한의 대항요건】 이사의 대표권에 대한 제한은 등기하지 아니하면 제3자에게 대항하지 못한다.

39

상**중**하

민법상 법인의 기관에 관한 설명으로 옳지 않은 것은?

제28회

① 이사의 수와 임기에는 제한이 없으므로 정관에서 임의로 정할 수 있다.
② 이사의 성명과 주소는 등기사항이다.
③ 사단법인의 이사는 매년 1회 이상 통상총회를 소집하여야 한다.
④ 사단법인의 재산상황에 관하여 부정한 것이 있음을 발견한 경우, 이를 총회 또는 주무관청에 보고하는 일은 감사의 직무에 해당한다.
⑤ 법인과 이사의 이익이 상반하는 경우, 법원은 이해관계인의 청구에 의하여 임시이사를 선임하여야 한다.

톺아보기

법인과 이사의 이익상반행위에 대하여는 대표권이 없으며, 법원이 선임한 특별대리인이 법인을 대표한다(제64조). 이사가 없거나 결원이 있는 경우에 이로 인하여 손해가 생길 염려 있는 때에는 법원은 이해관계인이나 검사의 청구에 의하여 임시이사를 선임하여야 한다(제63조).

40

상 중**하**

민법상 법인의 기관에 관한 설명으로 옳지 않은 것은? (다툼이 있으면 판례에 따름)

제24회

① 사단법인은 감사를 두지 않을 수 있다.
② 이사의 대표권에 대한 제한은 이를 정관에 기재하지 아니하면 그 효력이 없다.
③ 사원총회에서 사단법인과 어느 사원과의 관계사항을 의결하는 경우에는 그 사원은 결의권이 없다.
④ 사원총회의 소집통지에서 목적사항으로 기재하지 않은 사항에 관한 사원총회의 결의는 특별한 사정이 없는 한 무효이다.
⑤ 이사의 결원으로 인하여 손해가 발생할 염려가 있는 경우, 법원의 직권으로 임시이사를 선임할 수 있다.

톺아보기

★ 이사가 없거나 결원이 있는 경우에 이로 인하여 손해가 생길 염려가 있는 때에는 법원은 이해관계인이나 검사의 청구에 의하여 임시이사를 선임하여야 한다(제63조).

41 상중하

민법상 법인에 관한 설명으로 옳지 않은 것은? (다툼이 있으면 판례에 따름) 제28회

① 사단법인 정관의 법적 성질은 자치법규이다.

② 법인의 해산 및 청산은 법원이 검사·감독한다.

③ 재단법인이 부동산을 기본재산으로 새로이 편입시키는 행위는 주무관청의 허가를 얻어야 유효하다.

④ 사단법인은 총사원 4분의 3 이상의 동의가 없으면 해산을 결의하지 못하고, 이는 정관에 다른 규정이 있더라도 마찬가지이다.

⑤ 재단법인의 존립시기나 해산사유는 정관의 필요적 기재사항이 아니다.

톺아보기

사단법인은 총사원 4분의 3 이상의 동의가 없으면 해산을 결의하지 못한다. 그러나 정관에 다른 규정이 있는 때에는 그 규정에 의한다(제78조).

□□□
42

상중**하**

민법상 법인에 관한 설명으로 옳지 않은 것은? (다툼이 있으면 판례에 따름)

제23회

① 법인은 이사를 두어야 한다.

② 법인이 공익을 해하는 행위를 한 때에는 주무관청은 그 허가를 취소할 수 있다.

③ 재단법인의 정관에 감사의 임면방법을 정하지 않아도 그 정관은 무효가 되지 않는다.

④ 사단법인의 사원의 지위는 양도 또는 상속할 수 없다는 민법의 규정은 강행규정이 아니다.

⑤ 사단법인의 정관은 자치법규이므로 해석 당시의 사원의 다수결에 의한 방법으로 자의적으로 해석될 수 있다.

톺아보기

★ 사단법인의 정관은 이를 작성한 사원뿐만 아니라 그 후에 가입한 사원이나 사단법인의 기관 등도 구속하는 점에 비추어 보면 그 법적 성질은 계약이 아니라 자치법규로 보는 것이 타당하므로, 이는 어디까지나 객관적인 기준에 따라 그 규범적인 의미 내용을 확정하는 법규해석의 방법으로 해석되어야 하는 것이지, 작성자의 주관이나 해석 당시의 사원의 다수결에 의한 방법으로 자의적으로 해석될 수는 없다 할 것이어서, 어느 시점의 사단법인의 사원들이 정관의 규범적인 의미 내용과 다른 해석을 사원총회의 결의라는 방법으로 표명하였다 하더라도 그 결의에 의한 해석은 그 사단법인의 구성원인 사원들이나 법원을 구속하는 효력이 없다(대판 2000.11.24, 99다12437).

□□□
43

상**중**하

민법상 법인 등에 관한 설명으로 옳지 않은 것은? (다툼이 있으면 판례에 따름)

제25회

① 대표권이 없는 이사는 법인의 대표기관이 아니므로 그의 행위로 인하여 법인의 불법행위가 성립하지 않는다.

② 법인의 정관에 규정된 대표권 제한을 등기하지 않았더라도 그 제한으로 악의의 제3자에게 대항할 수 있다.

③ 비법인사단의 정관에 대표자의 대표권이 제한되어 있어도 그 거래상대방이 대표권 제한에 대해 선의·무과실이면 그 거래행위는 유효하다.

④ 이사는 정관 또는 사원총회의 결의로 금지하지 않은 사항에 한하여 타인으로 하여금 특정한 행위를 대리하게 할 수 있다.

⑤ 이사는 특별한 사정이 없는 한 법인의 사무에 관하여 각자 법인을 대표한다.

톺아보기

★ 법인의 정관에 법인 대표권의 제한에 관한 규정이 있으나 그와 같은 취지가 등기되어 있지 않다면 법인은 그와 같은 정관의 규정에 대하여 선의냐 악의냐에 관계없이 제3자에 대하여 대항할 수 없다(대판 1992.2.14, 91다24564).

🗋 더 알아보기

비법인사단의 경우에는 대표자의 대표권 제한에 관하여 등기할 방법이 없어 민법 제60조의 규정을 준용할 수 없고, 비법인사단의 대표자가 정관에서 사원총회의 결의를 거쳐야 하도록 규정한 대외적 거래행위에 관하여 이를 거치지 아니한 경우라도, 이와 같은 사원총회 결의사항은 비법인사단의 내부적 의사결정에 불과하다 할 것이므로, 그 거래상대방이 그와 같은 대표권 제한 사실을 알았거나 알 수 있었을 경우가 아니라면 그 거래행위는 유효하다(대판 2003.7.22, 2002다64780).

□□□ 44 상 중 하

민법상 비영리법인에 관한 설명으로 옳지 않은 것은? (다툼이 있으면 판례에 따름)

제27회

① 법인은 법률의 규정에 의함이 아니면 성립하지 못한다.
② 감사의 임면에 관한 규정은 정관의 필요적 기재사항이므로 감사의 성명과 주소는 법인의 등기사항이다.
③ 법인과 이사의 이익이 상반하는 사항에 관하여는 그 이사는 대표권이 없다.
④ 사단법인의 사원의 지위는 정관에 별도의 정함이 있으면 상속될 수 있다.
⑤ 재단법인의 목적을 달성할 수 없는 경우, 설립자는 주무관청의 허가를 얻어 설립의 취지를 참작하여 그 목적에 관한 정관규정을 변경할 수 있다.

톺아보기

감사의 임면에 관한 규정은 정관의 필요적 기재사항이 아니며(제40조 참조), 감사의 성명과 주소는 법인의 등기사항이 아니다(제49조 제2항 참조).

핵심조문

제45조 【재단법인의 정관변경】 ① 재단법인의 정관은 그 변경방법을 정관에 정한 때에 한하여 변경할 수 있다.
② 재단법인의 목적달성 또는 그 재산의 보전을 위하여 적당한 때에는 전항의 규정에 불구하고 명칭 또는 사무소의 소재지를 변경할 수 있다.
③ 제42조 제2항의 규정은 전2항의 경우에 준용한다.
제46조 【재단법인의 목적 기타의 변경】 재단법인의 목적을 달성할 수 없는 때에는 설립자나 이사는 주무관청의 허가를 얻어 설립의 취지를 참작하여 그 목적 기타 정관의 규정을 변경할 수 있다.

45

상**중**하

민법상 사단법인과 재단법인에 공통된 해산사유가 아닌 것은?

① 파산

② 설립허가의 취소

③ 법인의 목적달성

④ 총사원 4분의 3 이상의 해산결의

⑤ 정관에 기재한 존립기간의 만료

톺아보기

★ 총사원 4분의 3 이상의 해산결의는 사단법인의 특유한 해산사유이다(제77조 제2항).

46

상 중**하**

민법상 비영리법인의 해산 및 청산에 관한 설명으로 옳은 것은?

① 재단법인은 사원이 없게 되거나 총회의 결의로도 해산한다.

② 해산한 법인의 재산은 정관으로 지정한 자에게 귀속하고, 정관에 정함이 없으면 출연자에게 귀속한다.

③ 해산한 법인은 청산의 목적범위 내에서만 권리가 있고 의무를 부담한다.

④ 청산인은 현존사무의 종결, 채권의 추심 및 채무의 변제, 잔여재산의 인도만 할 수 있다.

⑤ 청산인은 알고 있는 채권자에게 채권신고를 최고하여야 하고, 최고를 받은 그 채권자가 채권신고를 하지 않으면 청산으로부터 제외하여야 한다.

톺아보기

③ 청산법인은 청산의 목적범위 내에서만 권리가 있고 의무를 부담한다(제81조).

오답해설

★ ① 사단법인은 사원이 없게 되거나 총회의 결의로도 해산한다(제77조 제2항).

② 해산한 법인의 재산은 정관으로 지정한 자에게 귀속한다. 정관으로 귀속권리자를 지정하지 아니하거나 이를 지정하는 방법을 정하지 아니한 때에는 이사 또는 청산인은 주무관청의 허가를 얻어 그 법인의 목적에 유사한 목적을 위하여 그 재산을 처분할 수 있다. 그러나 사단법인에 있어서는 총회의 결의가 있어야 한다. 위 방법에 의하여 처분되지 아니한 재산은 국고에 귀속한다(제80조).

★ ④ 청산인은 현존사무의 종결, 채권의 추심 및 채무의 변제, 잔여재산의 인도, 파산신청, 청산종결의 등기와 신고 등을 할 수 있다. 그러나 이것이 전부는 아니다.

⑤ 청산인은 알고 있는 채권자에게 대하여는 각각 그 채권신고를 최고하여야 한다. 알고 있는 채권자는 청산으로부터 제외하지 못한다(제89조).

47

상**중**하

민법상 법인의 해산과 청산에 관한 설명으로 옳지 않은 것은? (다툼이 있으면 판례에 따름)

제25회

① 법인의 해산 및 청산은 법원이 검사·감독한다.

② 사단법인의 사원이 없게 되면 이는 법인의 해산사유가 될 뿐 이로써 곧 법인의 권리능력이 소멸하는 것은 아니다.

③ 청산 중의 법인은 변제기에 이르지 아니한 채권에 대하여 변제할 수 있다.

④ 법인의 목적달성이 불가능한 경우, 법인의 설립허가가 취소되어야 해산할 수 있다.

⑤ 해산한 법인이 정관에 반하여 잔여재산을 처분한 경우, 그 처분행위는 특단의 사정이 없는 한 무효이다.

톺아보기

법인은 존립기간의 만료, 법인의 목적의 달성 또는 달성의 불능, 기타 정관에 정한 해산사유의 발생, 파산 또는 설립허가의 취소로 해산한다(제77조 제1항). 따라서 법인의 목적달성이 불가능하면 법인의 설립허가 취소와 상관없이 해산한다.

48

상**중**하

민법상 법인의 해산 및 청산에 관한 설명으로 옳은 것은? (다툼이 있으면 판례에 따름)

제26회

① 재단법인의 목적달성은 해산사유가 될 수 없다.
② 청산절차에 관한 규정에 반하는 잔여재산의 처분행위는 특별한 사정이 없는 한 무효이다.
③ 청산 중인 법인은 변제기에 이르지 않은 채권에 대하여 변제할 수 없다.
④ 재단법인의 해산사유는 정관의 필요적 기재사항이다.
⑤ 법인의 청산사무가 종결되지 않았더라도 법인에 대한 청산종결등기가 마쳐지면 법인은 소멸한다.

톺아보기

★ ② 민법상의 청산절차에 관한 규정은 모두 제3자의 이해관계에 중대한 영향을 미치기 때문에 이른바 강행규정이라고 해석되므로 이에 반하는 잔여재산의 처분행위는 특단의 사정이 없는 한 무효라고 보아야 한다(대판 1995.2.10, 94다13473).

오답해설
① 법인은 존립기간의 만료, 법인의 목적의 달성 또는 달성의 불능, 기타 정관에 정한 해산사유의 발생, 파산 또는 설립허가의 취소로 해산한다(제77조 제1항). 즉 법인의 목적의 달성 또는 달성의 불능은 해산사유가 된다.
③ 청산 중의 법인은 변제기에 이르지 아니한 채권에 대하여도 변제할 수 있다(제91조 제1항).
④ 재단법인의 정관의 필요적 기재사항은 목적, 명칭, 사무소의 소재지, 자산에 관한 규정, 이사의 임면에 관한 규정이며, 사원자격의 득실에 관한 규정과 법인의 존립시기나 해산사유는 필요적 기재사항이 아니다(제43조, 제40조).
★ ⑤ 청산종결의 등기가 되었을지라도 청산사무가 종료되지 않은 경우에는 청산법인은 존속한다(대판 1980.4.8, 79다2036).

49

상 중 **하**

민법상 법인의 해산과 청산에 관한 설명으로 옳지 않은 것은? (다툼이 있으면 판례에 따름)

제23회

① 청산절차에 관한 규정은 강행규정이다.
② 법인의 해산 및 청산은 주무관청이 검사·감독한다.
③ 사단법인의 청산인은 필요하다고 인정한 때에는 임시총회를 소집할 수 있다.
④ 청산 중의 법인은 변제기에 이르지 아니한 채권에 대하여도 변제할 수 있다.
⑤ 법인에 대한 청산종결등기가 마쳐졌더라도 청산사무가 종결되지 않은 범위 내에서는 청산법인으로서 존속한다.

톺아보기

★ 법인의 해산 및 청산은 법원이 검사·감독한다(제95조).

50

상 중 **하**

법인의 등기에 관한 설명으로 옳지 않은 것은?

제25회

① 법인의 그 주된 사무소의 소재지에서 설립등기를 함으로써 성립한다.
② 법인설립의 허가가 있는 때에는 그 허가서가 도착한 날로부터 3주간 내에 설립등기를 해야 한다.
③ 대표권이 있는 이사의 성명과 주소는 등기사항이다.
④ 청산이 종결한 때에는 감사는 3주간 내에 이를 등기하고 주무관청에 신고해야 한다.
⑤ 법인이 동일한 등기소의 관할구역 내에서 사무소를 이전한 때에는 그 이전한 것을 등기하면 된다.

톺아보기

청산이 종결한 때에는 청산인은 3주간 내에 이를 등기하고 주무관청에 신고하여야 한다(제94조).

정답 | 48 ② 49 ② 50 ④

01 상중하

물건에 관한 설명으로 옳지 않은 것은? (다툼이 있으면 판례에 따름) 제27회

① 권리의 객체는 물건에 한정된다.

② 사람은 재산권의 객체가 될 수 없으나, 사람의 일정한 행위는 재산권의 객체가 될 수 있다.

③ 사람의 유체·유골은 매장·관리·제사·공양의 대상이 될 수 있는 유체물로서, 분묘에 안치되어 있는 선조의 유체·유골은 그 제사주재자에게 승계된다.

④ 반려동물은 민법규정의 해석상 물건에 해당한다.

⑤ 자연력도 물건이 될 수 있으나, 배타적 지배를 할 수 있는 등 관리할 수 있어야 한다.

톺아보기

★ 권리의 객체는 권리의 종류에 따라 다르다. 예컨대, 물권은 물건, 채권은 채무자의 일정한 행위(급부), 지식재산권은 저작·발명 등의 정신적 창작물, 친족권은 친족법상의 지위, 상속권은 상속재산, 인격권은 권리주체 자신, 형성권은 법률관계, 항변권은 항변의 대상이 되는 상대방의 청구권이 그 객체이다.

더 알아보기

공동상속인들 사이에 협의가 이루어지지 않는 경우에는 제사주재자의 지위를 인정할 수 없는 특별한 사정이 있지 않는 한 피상속인의 직계비속 중 남녀, 적서를 불문하고 최근친의 연장자가 제사주재자로 우선한다고 보는 것이 가장 조리에 부합한다(대판 2023.5.11, 2018다248626 전합).

02

상**중**하

물건에 관한 설명으로 옳지 않은 것은? (다툼이 있으면 판례에 따름) 제25회

① 전기 기타 관리할 수 있는 자연력은 동산이다.
② 특정할 수 있는 집합물 전체를 하나의 재산권으로 하는 담보권을 설정할 수 있다.
③ 건물의 개수는 공부상의 등록에 의해서만 결정된다.
④ 전세권은 1필의 토지의 일부에도 설정될 수 있다.
⑤ 토지를 구성하고 있는 토석(土石)은 특별한 경우를 제외하고는 토지와 분리하여 별도로 거래의 객체가 될 수 없다.

톺아보기

★ 건물의 개수는 토지와 달리 공부상의 등록에 의하여 결정되는 것이 아니라 사회통념 또는 거래관념에 따라 물리적 구조, 거래 또는 이용의 목적물로서 관찰한 건물의 상태 등 객관적 사정과 건축한 자 또는 소유자의 의사 등 주관적 사정을 참작하여 결정되는 것이다(대판 1997.7.8, 96다36517).

🔎 더 알아보기

일반적으로 일단의 증감 변동하는 동산을 하나의 물건으로 보아 이를 채권담보의 목적으로 삼으려는 이른바 집합물에 대한 양도담보설정계약체결도 가능하며, 이 경우 그 목적동산이 담보설정자의 다른 물건과 구별될 수 있도록 그 종류, 장소 또는 수량지정 등의 방법에 의하여 특정되어 있으면 그 전부를 하나의 재산권으로 보아 이에 유효한 담보권의 설정이 된 것으로 볼 수 있다(대판 1990.12.26, 88다카20224).

03

상**중**하

물건을 분류할 때 연결이 옳은 것은? 제24회

① 등유 – 소비물
② 황소 – 가분물
③ 자동차 – 집합물
④ 유명화가의 특정작품 – 대체물
⑤ 아편 – 융통물

톺아보기

오답해설
② 황소 – 불가분물
③ 자동차 – 합성물
④ 유명화가의 특정작품 – 부대체물
⑤ 아편 – 불융통물

04

상 중 하

물건과 권리에 관한 설명으로 옳은 것은? (다툼이 있으면 판례에 따름)   제28회

① 1필의 토지의 일부에 대해서는 지역권을 설정할 수 없다.

② 입목에 관한 법률에 의해 소유권보존등기를 한 수목의 집단이더라도 토지와 분리하여 저당권의 목적이 될 수 없다.

③ 온천에 관한 권리는 관습상의 물권에 해당한다.

④ 등기부상 1동의 건물로 등기되어 있는 것의 일부에 대하여는 구분등기를 하지 않으면 전세권을 설정할 수 없다.

⑤ 구분건물이 물리적으로 완성되기 전이라도 건축허가 신청 등을 통하여 장래 신축되는 건물을 구분건물로 하겠다는 구분의사가 객관적으로 표시되면 구분행위의 존재를 인정할 수 있다.

톺아보기

⑤ 1동의 건물에 대하여 구분소유가 성립하기 위해서는 객관적·물리적인 측면에서 1동의 건물이 존재하고 구분된 건물부분이 구조상·이용상 독립성을 갖추어야 할 뿐 아니라 1동의 건물 중 물리적으로 구획된 건물부분을 각각 구분소유권의 객체로 하려는 구분행위가 있어야 한다. 여기서 구분행위는 건물의 물리적 형질을 변경하지 않고 건물의 특정 부분을 구분하여 별개의 소유권의 객체로 하려는 법률행위로서, 시기나 방식에 특별한 제한이 있는 것은 아니고 처분권자의 구분의사가 객관적으로 외부에 표시되면 충분하다. 구분건물이 물리적으로 완성되기 전에도 건축허가 신청이나 분양계약 등을 통하여 장래 신축되는 건물을 구분건물로 하겠다는 구분의사가 객관적으로 표시되면 구분행위의 존재를 인정할 수 있다. 그러나 구조와 형태 등이 1동의 건물로서 완성되고 구분행위에 상응하는 구분건물이 객관적·물리적으로 완성되어야 그 시점에 구분소유가 성립한다(대판 2018.6.28, 2016다219419·219426).

오답해설

① 요역지는 1필의 토지이어야 하나, 승역지는 1필의 토지의 일부이어도 무방하다.

② 입목에 관한 법률에 의해 소유권보존등기를 한 수목의 집단은 토지와는 별개의 부동산으로 다룬다. 그리하여 입목의 소유자는 입목을 토지와 분리하여 양도하거나 이를 저당권의 목적으로 할 수 있다.

③ 온천에 관한 권리는 관습법상의 물권이라고 볼 수 없다(대판 1970.5.26, 69다1239).

④ 전세권의 객체는 반드시 1필의 토지나 1동의 건물이어야 할 필요가 없다.

05 물건에 관한 설명으로 옳지 않은 것은? (다툼이 있으면 판례에 따름)

상중하

① 부동산의 일부는 용익물권의 객체가 될 수 있다.

② 사람의 유체·유골은 매장·제사·공양의 대상이 될 수 있는 유체물이다.

③ 토지의 소유권은 정당한 이익이 있는 범위 내에서 토지의 상하에 미친다.

④ 최소한의 기둥과 지붕 그리고 주벽이 이루어지면 사회통념상 독립한 건물로 인정될 수 있다.

⑤ 건물의 신축공사를 도급받은 수급인이 사회통념상 독립한 건물이라고 볼 수 없는 정착물을 토지에 설치한 상태에서 공사가 중단된 경우, 그 정착물은 토지의 종물이 된다.

톺아보기

★ 건물의 신축공사를 도급받은 수급인이 사회통념상 독립한 건물이라고 볼 수 없는 정착물을 토지에 설치한 상태에서 공사가 중단된 경우에 위 정착물은 토지의 부합물에 불과하다(대결 2008.5.30, 2007마98).

더 알아보기

1필의 토지의 일부는 분필절차를 밟기 전에는 양도하거나 제한물권을 설정할 수 없다. 다만, 용익물권은 분필절차를 밟지 않아도 1필의 토지의 일부 위에 설정될 수 있다(부동산등기법 제136조 내지 제139조 참조). 그 외에 구분소유적 공유, 점유취득시효가 인정된다.

06

상**중**하

물건에 관한 설명으로 옳지 않은 것은? (다툼이 있으면 판례에 따름) 제22회

① 부합한 동산의 주종을 구별할 수 있는 경우, 특별한 사정이 없는 한 각 동산의 소유자는 부합 당시의 가액 비율로 합성물을 공유한다.

② 반려동물의 권리능력을 인정하는 관습법은 존재하지 않는다.

③ 제사주재자에게는 자기 유골의 매장장소를 지정한 피상속인의 의사에 구속되어야 할 법률적 의무가 없다.

④ 건물의 개수는 공부상의 등록에 의하여 결정되는 것이 아니라 건물의 상태 등 객관적 사정과 소유자의 의사 등 주관적 사정을 참작하여 결정된다.

⑤ 분할이 가능한 토지의 일부에도 유치권이 성립할 수 있다.

톺아보기

동산과 동산이 부합하여 훼손하지 아니하면 분리할 수 없거나 그 분리에 과다한 비용을 요할 경우에는 그 합성물의 소유권은 주된 동산의 소유자에게 속한다. 부합한 동산의 주종을 구별할 수 없는 때에는 동산의 소유자는 부합 당시의 가액의 비율로 합성물을 공유한다(제257조).

07

상 중**하**

물건에 관한 설명으로 옳지 않은 것은? (다툼이 있으면 판례에 따름) 제26회 변형

① 물건의 용법에 의하여 수취하는 산출물은 천연과실이다.

② 다른 물건과 구별되고 특정되어 있는 집합동산에 대하여 양도담보권을 설정할 수 있다.

③ 1필의 토지 일부는 분필절차를 거치지 않더라도 저당권의 객체로 할 수 있다.

④ 미분리 천연과실은 명인방법에 의해 소유권의 객체가 될 수 있다.

⑤ 최소한의 기둥과 지붕 그리고 주벽이 이루어지면 사회통념상 독립된 부동산으로서 건물로 인정될 수 있다.

톺아보기

★ 민법이 인정하는 저당권의 객체는 원칙적으로 부동산(제356조)이다. 즉 1필의 토지·1동의 건물이 저당권의 객체가 된다. 1필의 토지의 일부에는 저당권을 설정할 수 없다.

08

동산과 부동산에 관한 설명으로 옳은 것은? (다툼이 있으면 판례에 따름) 제27회

① 건물은 토지와 별개의 독립한 동산이며, 이는 민법이 명문으로 규정하고 있다.

② 지하에 매장되어 있는 미채굴 광물인 금(金)에는 토지의 소유권이 미치지 않는다.

③ 토지에 식재된 입목에 관한 법률상의 입목은 토지와 별개의 동산이다.

④ 지하수의 일종인 온천수는 토지와 별개의 부동산이다.

⑤ 토지는 질권의 객체가 될 수 있다.

톺아보기

② 미채굴의 광물은 토지소유권이 미치지 않으며, 광업권 또는 조광권의 객체이다.

오답해설

① 민법상 건물은 토지와는 별개의 부동산이다. 그리하여 부동산등기법은 토지등기부와 건물등기부를 따로 두고 있다 (부동산등기법 제14조 제1항).

★ ③ 입목에 관한 법률에 따라 소유권보존등기를 받은 수목의 집단을 입목이라고 하며(입목에 관한 법률 제2조 제1항), 그것을 토지와는 별개의 부동산으로 다룬다(입목에 관한 법률 제3조 제1항).

★ ④ 온천수는 그것이 용출되는 토지의 구성부분이지 독립한 물권의 객체가 아니며, 온천권이라는 관습법상의 물권은 인정되지 않는다(대판 1970.5.26, 69다1239).

⑤ 질권은 목적물에 따라서 동산질권과 권리질권으로 나누어진다. 현행 민법은 부동산질권을 인정하지 않는다.

09

상**중**하

토지소유권의 범위에 포함되는 것은? (다툼이 있으면 판례에 따름) 제24회

① 지중(地中)에 있는 지하수

② 지상권자가 식재한 수목

③ 완성된 미등기건물

④ 바다

⑤ 명인방법을 갖춘 미분리과실

톺아보기

토지소유권은 토지의 지표뿐만 아니라 지상의 공간 및 지하의 토석에까지 확장된다. 따라서 토사, 암석, 지하수, 온천수 등은 토지소유권의 범위에 포함된다.

10

상중하

주물과 종물에 관한 설명으로 옳지 않은 것은? (다툼이 있으면 판례에 따름)

제26회

① 부동산은 종물이 될 수 있다.

② 주물을 처분하면서 특약으로 종물을 제외할 수 있다.

③ 주물에 저당권이 설정된 경우, 특별한 사정이 없는 한 저당권의 효력은 그 설정 후의 종물에도 미친다.

④ 점유에 의하여 주물을 시효취득하면 종물을 점유하지 않아도 그 효력이 종물에 미친다.

⑤ 주유소건물의 소유자가 설치한 주유기는 주유소건물의 종물이다.

톺아보기

★ 종물은 주물의 처분에 따른다(제100조 제2항). 그러나 점유 기타 사실관계에 기한 권리의 득실·변경에 대해서는 위 규정은 의미가 없다. 예컨대, 주물을 점유에 의하여 시효취득하여도 종물도 점유하지 않는 한 그 효력은 종물에 미치지 않는다.

더 알아보기

종물은 주물의 처분에 수반된다는 민법 제100조 제2항은 임의규정이므로, 당사자는 주물을 처분할 때에 특약으로 종물을 제외할 수 있고 종물만을 별도로 처분할 수도 있다(대판 2012.1.26, 2009다76546).

11

주물과 종물에 관한 설명으로 옳지 않은 것은? (다툼이 있으면 판례에 따름)

제23회

① 주물 그 자체의 효용과 직접 관계가 없는 물건은 종물이 아니다.

② 원본채권이 양도되면 특별한 사정이 없는 한 이미 변제기에 도달한 이자채권도 함께 양도된다.

③ 당사자가 주물을 처분하는 경우, 특약으로 종물을 제외할 수 있고 종물만을 별도로 처분할 수도 있다.

④ 저당부동산의 상용에 이바지하는 물건이 다른 사람의 소유에 속하는 경우, 그 건물에는 원칙적으로 부동산에 대한 저당권의 효력이 미치지 않는다.

⑤ 토지임차인 소유의 건물에 대한 저당권이 실행되어 매수인이 그 소유권을 취득한 경우, 특별한 사정이 없는 한 건물의 소유를 목적으로 한 토지임차권도 건물의 소유권과 함께 매수인에게 이전된다.

톺아보기

★ 이자채권은 원본채권에 대하여 종속성을 갖고 있으나 이미 변제기에 도달한 이자채권은 어느 정도 독립성을 갖게 되는 것이므로, 원본채권이 양도된 경우 이미 변제기에 도달한 이자채권은 원본채권의 양도 당시 그 이자채권도 양도한다는 의사표시가 없는 한 당연히 양도되지는 않는다(대판 1989.3.28, 88다카12803).

주물과 종물, 원물과 과실(果實)에 관한 설명으로 옳지 않은 것은? (다툼이 있으면 판례에 따름)

① 주물의 소유자의 사용에 공여되고 있더라도 주물 자체의 효용과 관계없는 물건은 종물이 아니다.

② 저당목적 토지 위의 건물은 특별한 사정이 없는 한 그 토지의 종물이다.

③ 천연과실은 그 원물로부터 분리하는 때에 이를 수취할 권리자에게 속한다.

④ 건물을 사용함으로써 얻는 이득은 그 건물의 과실에 준하는 것으로 본다.

⑤ 법정과실은 수취할 권리의 존속기간일수의 비율로 취득한다.

톺아보기

민법상 건물과 토지는 별개의 부동산이다. 건물은 토지의 부합물이나 종물이 아니다.

더 알아보기

가옥에 거주하는 것과 같이 원물을 그대로 이용하는 경우, 즉 물건을 현실적으로 사용하여 얻는 이익을 '사용이익'이라고 한다. 그 실질은 과실과 다르지 않으므로, 과실에 관한 민법의 규정이 유추적용된다.

13 주물과 종물, 원물과 과실에 관한 설명으로 옳지 않은 것은? (다툼이 있으면 판례에 따름)

제22회

① 주물과 다른 사람의 소유에 속하는 물건은 원칙적으로 종물이 될 수 없다.

② 유치권자는 금전을 유치물의 과실로 수취한 경우, 이를 피담보채권의 변제에 충당할 수 있다.

③ 종물을 주물의 처분에 따르도록 한 법리는 권리 상호간에는 적용되지 않는다.

④ 매수인이 매매대금을 모두 지급하였다면 특별한 사정이 없는 한, 그 이후의 과실수취권은 매수인에게 귀속된다.

⑤ 주물 소유자의 사용에 공여되고 있더라도 주물 그 자체의 효용과 직접 관계가 없는 물건은 종물이 아니다.

톺아보기

민법 제100조 제2항의 종물과 주물의 관계에 관한 법리는 물건 상호간의 관계뿐 아니라 권리 상호간에도 적용되고, 위 규정에서의 처분은 처분행위에 의한 권리변동뿐 아니라 주물의 권리관계가 압류와 같은 공법상의 처분 등에 의하여 생긴 경우에도 적용된다(대판 2006.10.26, 2006다29020).

□□□
01

상 중 하

권리의 원시취득에 해당하는 것을 모두 고른 것은? (다툼이 있으면 판례에 따름)

제26회

> ㉠ 유실물을 습득하여 적법하게 소유권을 취득한 경우
> ㉡ 금원을 대여하면서 채무자 소유의 건물에 저당권을 설정받은 경우
> ㉢ 점유취득시효가 완성되어 점유자명의로 소유권이전등기가 마쳐진 경우

① ㉠   ② ㉡

③ ㉠, ㉡   ④ ㉠, ㉢

⑤ ㉡, ㉢

톺아보기

㉡ 금원을 대여하면서 채무자 소유의 건물에 저당권을 설정받은 경우, 설정적 승계이다.

더 알아보기

신축건물의 소유권취득 · 무주물선점 · 유실물 습득 · 매장물 발견 · 첨부 · 선의취득 · 시효취득, 인격권 · 가족권의 취득 등은 원시취득이다.

02 상중하

권리의 원시취득에 해당하지 않는 것은? (다툼이 있으면 판례에 따름) 제25회

① 건물의 신축에 의한 소유권취득
② 유실물의 습득에 의한 소유권취득
③ 무주물의 선점에 의한 소유권취득
④ 부동산점유취득시효에 의한 소유권취득
⑤ 근저당권 실행을 위한 경매에 의한 소유권취득

톺아보기

★ 근저당권 실행을 위한 경매에 의한 소유권취득은 승계취득이다.

03 상중하

권리변동의 원인과 그 성질이 올바르게 연결된 것을 모두 고른 것은? (다툼이 있으면 판례에 따름) 제22회

> ㉠ 지명채권의 양도 − 준물권행위
> ㉡ 해약금(민법 제565조)으로서의 계약금계약 − 요물계약
> ㉢ 무권대리행위의 추인 − 단독행위
> ㉣ 점유취득시효에 의한 소유권의 취득 − 승계취득

① ㉠
② ㉠, ㉡
③ ㉢, ㉣
④ ㉠, ㉡, ㉢
⑤ ㉡, ㉢, ㉣

톺아보기

★ ㉣ 부동산점유취득시효는 20년의 시효기간이 완성한 것만으로 점유자가 곧바로 소유권을 취득하는 것은 아니고 민법 제245조에 따라 점유자명의로 등기를 함으로써 소유권을 취득하게 되며, 이는 원시취득에 해당하므로 특별한 사정이 없는 한 원소유자의 소유권에 가하여진 각종 제한에 의하여 영향을 받지 아니하는 완전한 내용의 소유권을 취득하게 된다(대판 2004.9.24, 2004다31463).

04 다음 중 준물권행위에 해당하는 것은?
상중**하**

제28회

① 채권양도
② 유실물 습득
③ 부담부증여
④ 지상권설정행위
⑤ 매매에 의한 소유권이전행위

톺아보기

① 지명채권의 양도란 채권의 귀속주체가 법률행위에 의하여 변경되는 것으로서 이른바 준물권행위 내지 처분행위의 성질을 가지므로, 그것이 유효하기 위하여는 양도인이 채권을 처분할 수 있는 권한을 가지고 있어야 한다(대판 2016. 7.14, 2015다46119).

오답해설
② 유실물 습득은 혼합사실행위이다.
③ 부담부증여는 계약으로서 법률행위이다.
④ 지상권설정행위는 법률행위이다.
⑤ 매매에 의한 소유권이전행위는 법률행위이다.

05 준법률행위에 해당하는 것을 모두 고른 것은?
상중하

제24회

ㄱ 기한의 정함이 없는 채무에 대한 이행의 최고
ㄴ 시효중단을 위한 채무의 승인
ㄷ 채권양도의 통지
ㄹ 무주물의 선점
ㅁ 유실물의 습득

① ㄱ, ㄴ, ㄷ
② ㄷ, ㄹ, ㅁ
③ ㄱ, ㄴ, ㄹ, ㅁ
④ ㄴ, ㄷ, ㄹ, ㅁ
⑤ ㄱ, ㄴ, ㄷ, ㄹ, ㅁ

톺아보기

㉠ 기한의 정함이 없는 채무에 대한 이행의 최고: 의사의 통지로서 준법률행위

㉡ 시효중단을 위한 채무의 승인: 관념의 통지로서 준법률행위

㉢ 채권양도의 통지: 관념의 통지로서 준법률행위

㉣ 무주물의 선점: 혼합사실행위로서 준법률행위

㉤ 유실물의 습득: 순수사실행위로서 준법률행위

06 상 중 **하**

상대방 있는 단독행위에 해당하는 것을 모두 고른 것은?   제24회

> ㉠ 한정후견인의 동의
> ㉡ 사기에 의한 매매계약의 취소
> ㉢ 유언
> ㉣ 1인 설립자에 의한 재단법인 설립행위

① ㉠, ㉡   ② ㉠, ㉣

③ ㉡, ㉢   ④ ㉡, ㉣

⑤ ㉢, ㉣

톺아보기

㉠과 ㉡은 상대방 있는 단독행위이지만, ㉢과 ㉣은 상대방 없는 단독행위이다.

📖 더 알아보기

상대방 있는 단독행위는 동의 · 철회 · 상계 · 추인 · 취소 · 해제 · 해지 · 채무면제 · 제한물권의 포기 · 시효이익의 포기 · 공유지분의 포기 · 합유지분의 포기 등이다.

07

상 중 **하**

상대방 없는 단독행위에 해당하는 것을 모두 고른 것은? (다툼이 있으면 판례에 따름)

제25회

> ㉠ 1인의 설립자에 의한 재단법인 설립행위
> ㉡ 공유지분의 포기
> ㉢ 법인의 이사를 사임하는 행위
> ㉣ 계약의 해지

① ㉠

② ㉠, ㉡

③ ㉢, ㉣

④ ㉠, ㉡, ㉢

⑤ ㉡, ㉢, ㉣

톺아보기

★ ㉠ 재단법인의 설립행위는 상대방 없는 단독행위이다(대판 1999.7.9, 98다9045).
㉡㉢㉣은 상대방 있는 단독행위이다.

🖳 더 알아보기

상대방 없는 단독행위는 유언 · 재단법인 설립행위 · 상속의 포기 · 소유권의 포기 등이다.

08

상 **중** 하

법률행위의 해석에 관한 설명으로 옳은 것은? (다툼이 있으면 판례에 따름) 제24회

① 사실인 관습은 법률행위 당사자의 의사를 보충할 뿐만 아니라 법칙으로서의 효력을 갖는다.

② 유언의 경우 우선적으로 규범적 해석이 이루어져야 한다.

③ 법률행위의 성립이 인정되는 경우에만 보충적 해석이 가능하다.

④ 처분문서가 존재한다면 처분문서의 기재내용과 다른 묵시적 약정이 있는 사실이 인정되더라도 그 기재내용을 달리 인정할 수는 없다.

⑤ 계약당사자 쌍방이 X토지를 계약목적물로 삼았으나, 계약서에는 착오로 Y토지를 기재하였다면, Y토지에 관하여 계약이 성립한 것이다.

톺아보기

③ 보충적 해석은 법률행위의 성립이 자연적·규범적 해석을 통하여 긍정된 후에 개시된다.

오답해설

- ★ ① 관습법은 바로 법원으로서 법령과 같은 효력을 갖는 관습으로서 법령에 저촉되지 않는 한 법칙으로서의 효력이 있는 것이며, 이에 반하여 사실인 관습은 법령으로서의 효력이 없는 단순한 관행으로서 법률행위의 당사자의 의사를 보충함에 그친다(대판 1983.6.14, 80다3231).
- ② 유언과 같은 상대방 없는 의사표시의 경우에는 표의자의 진정한 의사가 탐구되어야 한다.
- ④ 처분문서의 진정성립이 인정되 삭성자가 거기에 기재된 법률상의 행위를 한 것이 직접 증명된다고 하겠으나, 처분문서라 할지라도 그 기재내용과 다른 명시적·묵시적 약정이 있는 사실이 인정될 경우에는 그 기재내용과 다른 사실을 인정할 수 있고, 작성자의 행위를 해석할 때에도 경험칙과 논리칙에 반하지 않는 범위 내에서 자유로운 심증으로 판단할 수 있다(대판 2013.1.16, 2011다102776).
- ★ ⑤ 부동산의 매매계약에 있어 쌍방당사자가 모두 특정의 X토지를 계약의 목적물로 삼았으나 그 목적물의 지번 등에 관하여 착오를 일으켜 계약을 체결함에 있어서는 계약서상 그 목적물을 X토지와는 별개인 Y토지로 표시하였다 하여도 X토지에 관하여 이를 매매의 목적물로 한다는 쌍방당사자의 의사합치가 있은 이상 위 매매계약은 X토지에 관하여 성립한 것으로 본다(대판 1993.10.26, 93다2629).

09
상**중**하

'부동산 매매계약서상 쌍방당사자가 X토지를 계약의 목적물로 삼았으나 그 목적물의 지번에 관하여 착오를 일으켜 계약을 체결함에 있어서는 계약서상 그 목적물을 X토지와는 별개인 Y토지로 표시하였다고 하더라도, X토지를 매매목적물로 한다는 쌍방당사자의 의사합치가 있는 이상, 그 매매계약은 X토지에 관하여 성립한 것으로 보아야 한다.'고 하는 법률행위의 해석 방법은? 제28회

① 예문해석   ② 자연적 해석
③ 보충적 해석   ④ 규범적 해석
⑤ 확장해석

톺아보기

어떤 일정한 표시에 관하여 당사자가 사실상 일치하여 이해한 경우에는, 그 의미대로 인정하여야 하는데, 이를 자연적 해석이라고 한다. 이에 의하면 사실상 일치하여 의욕된 것은 문언의 의미에 우선한다. '오표시 무해의 원칙'으로 불린다.

10 법률행위의 목적 등에 관한 설명으로 옳은 것은? (다툼이 있으면 판례에 따름)

제22회

① 법원은 당사자의 주장이 없으면 신의칙에 반하는 것인지를 직권으로 판단할 수 없다.

② 법령에서 정한 한도를 초과하는 부동산 중개수수료 약정은 그 초과한 부분뿐만 아니라 약정 전체가 무효이다.

③ 반사회적 행위에 의하여 조성된 재산을 소극적으로 은닉하기 위한 임치계약은 반사회적 행위에 해당한다.

④ 허위로 수사기관에 진술하고 대가를 받기로 하는 약정은 급부의 상당성 여부를 판단할 필요 없이 반사회적 행위로서 무효이다.

⑤ 불공정한 법률행위에서 '궁박'이라 함은 경제적 원인에 기인한 것만을 의미하고, 정신적 또는 심리적 원인에 기인한 것은 포함하지 않는다.

톺아보기

④ 수사기관에서 참고인으로 진술하면서 자신이 잘 알지 못하는 내용에 대하여 허위의 진술을 하는 경우에 그 허위진술행위가 범죄행위를 구성하지 않는다고 하여도 이러한 행위 자체는 국가사회의 일반적인 도덕관념이나 국가사회의 공공질서이익에 반하는 행위라고 볼 것이니, 그 급부의 상당성 여부를 판단할 필요 없이 허위진술의 대가로 작성된 각서에 기한급부의 약정은 민법 제103조 소정의 반사회적 질서행위로 무효이다(대판 2001.4.24, 2000다71999).

오답해설

① 신의성실의 원칙에 반하는 것 또는 권리남용은 강행규정에 위배되는 것이므로, 당사자의 주장이 없더라도 법원은 직권으로 판단할 수 있다(대판 1989.9.29, 88다카17181).

★ ② 부동산 중개수수료에 관한 규정들은 중개수수료 약정 중 소정의 한도를 초과하는 부분에 대한 사법상의 효력을 제한하는 이른바 강행법규에 해당하고, 따라서 구 부동산중개업법 등 관련 법령에서 정한 한도를 초과하는 부동산 중개수수료 약정은 그 한도를 초과하는 범위 내에서 무효이다(부동산중개업법 제20조; 대판 2007.12.20, 2005다32159 전합).

★ ③ 반사회적 행위에 의하여 조성된 재산인 이른바 비자금을 소극적으로 은닉하기 위하여 임치한 것은 사회질서에 반하는 법률행위로 볼 수 없다(대판 2001.4.10, 2000다49343).

⑤ '궁박'이라 함은 '급박한 곤궁'을 의미하는 것으로서 경제적 원인에 기인할 수도 있고, 정신적 또는 심리적 원인에 기인할 수도 있다(대판 1996.6.14, 94다46374).

11

상**중**하

반사회질서의 법률행위에 해당하지 않는 것을 모두 고른 것은? (다툼이 있으면 판례에 따름)

제28회

> ㉠ 강제집행을 면할 목적으로 허위의 근저당권을 설정하는 행위
>
> ㉡ 이미 매도된 부동산임을 알고 있는 자가 매도인의 배임행위에 적극가담하여 매도인과 체결한 저당권설정계약
>
> ㉢ 산모가 우연한 사고로 인해 발생할 수 있는 태아의 상해에 대비하기 위하여 자신을 보험수익자로, 태아를 피보험자로 하여 체결한 상해보험계약

① ㉠   ② ㉡

③ ㉠, ㉢   ④ ㉡, ㉢

⑤ ㉠, ㉡, ㉢

톺아보기

㉠ 강제집행을 면할 목적으로 부동산에 허위의 근저당권설정등기를 경료하는 행위는 민법 제103조의 선량한 풍속 기타 사회질서에 위반한 사항을 내용으로 하는 법률행위로 볼 수 없다(대판 2004.5.28, 2003다70041).

㉡ 이미 매도된 부동산에 관하여 체결한 저당권설정계약이 반사회적 법률행위로 무효가 되기 위하여는 매도인의 배임행위와 저당권자가 매도인의 배임행위에 적극가담한 행위로 이루어진 것으로서, 적극가담하는 행위는 저당권자가 다른 사람에게 목적물이 매도된 것을 안다는 것만으로는 부족하고, 적어도 매도사실을 알고도 저당권설정을 요청하거나 유도하여 계약에 이르는 정도가 되어야 한다(대판 1998.2.10, 97다26524).

㉢ 계약자유의 원칙상 태아를 피보험자로 하는 상해보험계약은 유효하고, 그 보험계약이 정한 바에 따라 보험기간이 개시된 이상 출생 전이라도 태아가 보험계약에서 정한 우연한 사고로 상해를 입었다면 이는 보험기간 중에 발생한 보험사고에 해당한다(대판 2019.3.28, 2016다211224).

12

상**중**하

사회질서에 반하는 법률행위에 해당하는 것을 모두 고른 것은? (다툼이 있으면 판례에 따름)

제27회

> ㉠ 양도소득세의 회피 및 투기의 목적으로 자신 앞으로 소유권이전등기를 하지 아니하고 미등기인 채로 매매계약을 체결한 경우
> ㉡ 보험계약자가 다수의 보험계약을 통하여 보험금을 부정취득할 목적으로 보험계약을 체결한 경우
> ㉢ 전통사찰의 주지직을 거액의 금품을 대가로 양도·양수하기로 하는 약정이 있음을 알고도 이를 방조한 상태에서 한 종교법인의 주지임명행위

① ㉠   ② ㉡
③ ㉠, ㉢   ④ ㉡, ㉢
⑤ ㉠, ㉡, ㉢

톺아보기

★ ㉠ 양도소득세의 회피 및 투기의 목적으로 자신 앞으로 소유권이전등기를 하지 아니하고 미등기인 채로 매매계약을 체결하였다고 하여 그것만으로 그 매매계약이 사회질서에 반하는 법률행위로서 무효로 된다고 할 수 없다(대판 1993.5.25, 93다296).

★ ㉡ 보험계약자가 다수의 보험계약을 통하여 보험금을 부정취득할 목적으로 보험계약을 체결한 경우, 이러한 목적으로 체결된 보험계약에 의하여 보험금을 지급하게 하는 것은 보험계약을 악용하여 부정한 이득을 얻고자 하는 사행심을 조장함으로써 사회적 상당성을 일탈하게 될 뿐만 아니라, 또한 합리적인 위험의 분산이라는 보험제도의 목적을 해치고 위험발생의 우발성을 파괴하며 다수의 선량한 보험가입자들의 희생을 초래하여 보험제도의 근간을 해치게 되므로, 이와 같은 보험계약은 민법 제103조 소정의 선량한 풍속 기타 사회질서에 반하여 무효이다(대판 2005. 7.28, 2005다23858).

  ㉢ 전통사찰의 주지직을 거액의 금품을 대가로 양도·양수하기로 하는 약정이 있음을 알고도 이를 묵인 혹은 방조한 상태에서 한 종교법인의 주지임명행위는 민법 제103조 소정의 반사회질서의 법률행위에 해당하지 않는다(대판 2001.2.9, 99다38613).

13

사회질서에 반하는 법률행위에 해당하지 않는 것은? (다툼이 있으면 판례에 따름)

제26회

① 형사사건에서 변호사가 성공보수금을 약정한 경우

② 변호사 아닌 자가 승소를 조건으로 소송의뢰인으로부터 소송물 일부를 양도받기로 약정한 경우

③ 당초부터 오로지 보험사고를 가장하여 보험금을 취득할 목적으로 생명보험계약을 체결한 경우

④ 증인이 사실을 증언하는 조건으로 그 소송의 일방 당사자로부터 통상적으로 용인될 수 있는 수준을 넘어서는 대가를 지급받기로 약정한 경우

⑤ 양도소득세의 일부를 회피할 목적으로 계약서에 실제로 거래한 가액보다 낮은 금액을 대금으로 기재하여 매매계약을 체결한 경우

톺아보기

양도소득세를 회피하기 위한 방법으로 매매계약을 체결하였더라도 그 때문에 매매계약이 민법 제103조의 반사회적 법률행위로서 무효라고 할 수 없다(대판 1992.12.22, 91다35540).

반사회질서의 법률행위에 해당하는 것은? (다툼이 있으면 판례에 따름)   제24회

① 양도세 회피를 목적으로 한 부동산에 관한 명의신탁약정

② 강제집행을 면할 목적으로 부동산에 허위의 근저당권설정등기를 경료하는 행위

③ 전통사찰의 주지직을 거액의 금품을 대가로 양도·양수하기로 하는 약정이 있음을 알고도 이를 묵인한 상태에서 이루어진 종교법인의 양수인에 대한 주지임명행위

④ 변호사 아닌 자가 승소조건의 대가로 소송당사자로부터 소송목적물 일부를 양도 받기로 한 약정

⑤ 도박채무의 변제를 위하여 채무자가 그 소유의 부동산 처분에 관하여 도박채권자 에게 대리권을 수여한 행위

톺아보기

변호사 아닌 자가 승소를 조건으로 하여 그 대가로 소송당사자로부터 소송물의 일부를 받기로 한 약정은 강행법규인 변호 사법 제78조 제2호에 위반되는 반사회적 법률행위로서 무효이다(대판 1990.5.11, 89다카10514).

반사회질서의 법률행위로 무효인 것은? (다툼이 있으면 판례에 따름)   제23회

① 양도소득세 회피 목적의 미등기전매계약

② 부첩관계인 부부생활의 종료를 해제조건으로 하는 증여계약

③ 매매계약에서 매도인에게 부과될 공과금을 매수인이 책임진다는 취지의 특약

④ 강제집행을 면할 목적으로 자신의 아파트에 허위의 근저당권설정등기를 마치는 행위

⑤ 도박채무의 변제를 위하여 채무자로부터 부동산의 처분을 위임받은 도박채권자 가 이를 모르는 제3자와 체결한 매매계약

톺아보기

★ 부첩관계의 종료를 해제조건으로 하는 증여계약은 그 조건만이 무효인 것이 아니라 증여계약 자체가 무효이다(대판 1966.6.21, 66다530).

16

불공정한 법률행위에 관한 설명으로 옳지 않은 것을 모두 고른 것은? (다툼이 있으면 판례에 따름)

제27회

상**중**하

> ㉠ 공경매에 있어서도 불공정한 법률행위에 관한 민법 제104조가 적용된다.
> ㉡ 급부와 반대급부가 현저히 균형을 잃은 법률행위는 궁박, 경솔 또는 무경험으로 인해 이루어진 것으로 추정된다.
> ㉢ 대리인이 한 법률행위에 관하여 불공정한 법률행위가 문제되는 경우에 무경험은 대리인을 기준으로 판단하여야 한다.
> ㉣ 대물변제예약의 경우, 대차의 목적물가격과 대물변제의 목적물가격이 불균형한지 여부는 원칙적으로 대물변제예약 당시를 기준으로 결정한다.

① ㉠, ㉡

② ㉡, ㉢

③ ㉠, ㉡, ㉣

④ ㉠, ㉢, ㉣

⑤ ㉡, ㉢, ㉣

톺아보기

★ ㉠ 경매에서는 불공정한 법률행위 또는 채무자에게 불리한 약정에 관한 것으로서 효력이 없다는 민법 제104조 및 제608조는 적용될 여지가 없다(대결 1980.3.21, 80마77).

㉡ 법률행위가 현저하게 공정을 잃었다고 하여 곧 그것이 궁박, 경솔하게 이루어진 것으로 추정되지 않는다(대판 1969.12.30, 69다1873).

★ ㉣ 대물변제예약이 불공정한 법률행위가 되는 요건의 하나인 대차의 목적물가격과 대물변제의 목적물가격에 있어서의 불균형이 있느냐 여부를 결정할 시점은 대물변제의 효력이 발생할 변제기 당시를 표준으로 하여야 할 것임이 원칙이므로 채권액수도 역시 변제기까지의 원리액을 기준으로 하여야 할 것이다(대판 1965.6.15, 65다610).

17

상중하

불공정한 법률행위(민법 제104조)에 관한 설명으로 옳지 않은 것은? (다툼이 있으면 판례에 따름)
제26회

① 무상계약에는 제104조가 적용되지 않는다.

② 대가관계를 상정할 수 있는 한 단독행위의 경우에도 제104조가 적용될 수 있다.

③ 경매절차에서 경매부동산의 매각대금이 시가에 비해 현저히 저렴한 경우에는 제104조가 적용될 수 있다.

④ 불공정한 법률행위에서 궁박, 경솔, 무경험은 법률행위 당시를 기준으로 판단하여야 한다.

⑤ 불공정한 법률행위는 추인에 의해서도 유효로 될 수 없다.

톺아보기

경매에서는 불공정한 법률행위 또는 채무자에게 불리한 약정에 관한 것으로서 효력이 없다는 민법 제104조 및 제608조는 적용될 여지가 없다(대결 1980.3.21, 80마77).

18

상중하

불공정한 법률행위에 관한 설명으로 옳지 않은 것은? (다툼이 있으면 판례에 따름)
제25회

① 무상증여에는 불공정한 법률행위에 관한 규정이 적용되지 않는다.

② 급부와 반대급부 사이의 '현저한 불균형' 여부의 판단은 당사자의 주관적 가치에 의해야 한다.

③ 불공정한 법률행위에 해당하여 무효인 경우에도 무효행위의 전환에 관한 민법 제138조가 적용될 수 있다.

④ 대리행위가 불공정한 법률행위에 해당하는지를 판단함에 있어서 '무경험'은 대리인을 기준으로 한다.

⑤ 불공정한 법률행위에서의 '궁박'에는 정신적 · 심리적 원인에 의한 것도 포함될 수 있다.

톺아보기

★ 급부와 반대급부 사이의 '현저한 불균형'은 단순히 시가와의 차액 또는 시가와의 배율로 판단할 수 있는 것은 아니고 구체적 · 개별적 사안에 있어서 일반인의 사회통념에 따라 결정하여야 한다. 그 판단에 있어서는 피해 당사자의 궁박 · 경솔 · 무경험의 정도가 아울러 고려되어야 하고, 당사자의 주관적 가치가 아닌 거래상의 객관적 가치에 의하여야 한다 (대판 2010.7.15, 2009다50308).

19

불공정한 법률행위에 관한 설명으로 옳은 것을 모두 고른 것은? (다툼이 있으면 판례에 따름)

제23회

> ㉠ 무상증여에는 불공정한 법률행위에 관한 규정이 적용되지 않는다.
> ㉡ 불공정한 법률행위로서 무효인 경우, 특별한 사정이 없는 한 추인에 의하여 무효인 법률행위가 유효로 될 수 없다.
> ㉢ 급부와 반대급부가 현저히 균형을 잃은 법률행위는 궁박·경솔 또는 무경험으로 인해 이루어진 것으로 추정된다.
> ㉣ 어떠한 법률행위가 불공정한 법률행위에 해당하는지는 이행기를 기준으로 판단해야 한다.

① ㉠, ㉡   ② ㉠, ㉢   ③ ㉡, ㉣

④ ㉠, ㉢, ㉣   ⑤ ㉡, ㉢, ㉣

톺아보기

㉢ 법률행위가 현저하게 공정을 잃었다고 하여 곧 그것이 궁박·경솔로 이루어진 것으로 추정되지 않는다(대판 1969.12.30, 69다1873).

㉣ 법률행위가 불공정한 법률행위에 해당하는지는 법률행위시를 기준으로 판단하여야 한다(대판 2013.9.26, 2011다53683 전합).

20

상중**하**

묵시적 의사표시에 의해서도 그 효력이 발생하는 것을 모두 고른 것은? (다툼이 있으면 판례에 따름)

제22회

> ㉠ 임대차계약에 대한 합의해지의 의사표시
> ㉡ 법률행위에 조건을 붙이는 의사표시
> ㉢ 무효인 법률행위를 추인하는 의사표시
> ㉣ 소멸시효의 진행을 중단시키는 승인의 의사표시

① ㉠　　　　　　② ㉠, ㉣　　　　　　③ ㉡, ㉢
④ ㉡, ㉢, ㉣　　　⑤ ㉠, ㉡, ㉢, ㉣

톺아보기

㉠㉡㉢㉣ 불요식행위가 원칙이므로 의사표시는 명시적 또는 묵시적으로 할 수 있다.

21

상**중**하

진의 아닌 의사표시에 관한 설명으로 옳은 것을 모두 고른 것은? (다툼이 있으면 판례에 따름)

제25회

> ㉠ 진의는 표의자가 진정으로 마음속에서 바라는 사항을 말한다.
> ㉡ 진의와 표시가 일치하지 않음을 표의자가 과실로 알지 못하고 한 의사표시는 진의 아닌 의사표시에 해당하지 않는다.
> ㉢ 어떠한 의사표시가 진의 아닌 의사표시로서 무효라고 주장하는 경우에 그 증명책임은 그 주장자에게 있다.

① ㉠　　　　　　② ㉡　　　　　　③ ㉠, ㉢
④ ㉡, ㉢　　　　　⑤ ㉠, ㉡, ㉢

톺아보기

★ ㉠ 진의란 특정한 내용의 의사표시를 하고자 하는 표의자의 생각을 말하는 것이지 표의자가 진정으로 마음속에서 바라는 사항을 뜻하는 것은 아니다(대판 1993.7.16, 92다41528).

22

의사와 표시의 불일치에 관한 설명으로 옳은 것은? (다툼이 있으면 판례에 따름)

제22회

① 진의 아닌 의사표시에서 '진의'란 표의자가 진정으로 마음속에서 바라는 사항을 뜻한다.

② 진의 아닌 의사표시는 상대방이 악의인 경우에만 무효이므로 상대방의 과실 여부는 그 효력에 영향을 미치지 않는다.

③ 통정허위표시에 기초하여 새로운 이해관계를 맺은 제3자는 특별한 사정이 없는 한 악의로 추정된다.

④ 부동산의 가장양수인으로부터 소유권이전등기청구권 보전의 가등기를 받은 자는 통정허위표시의 제3자에 해당하지 않는다.

⑤ 채무자의 법률행위가 채권자취소권의 대상이 되더라도 통정허위표시의 요건을 갖추면 무효이다.

톺아보기

⑤ 채무자의 법률행위가 통정허위표시인 경우에도 채권자취소권의 대상이 되고, 한편 채권자취소권의 대상으로 된 채무자의 법률행위라도 통정허위표시의 요건을 갖춘 경우에는 무효라고 할 것이다(대판 1998.2.27, 97다50985).

오답해설

① 진의란 특정한 내용의 의사표시를 하고자 하는 표의자의 생각을 말하는 것이지 표의자가 진정으로 마음속에서 바라는 사항을 뜻하는 것은 아니다(대판 1993.7.16, 92다41528).

★ ② 진의 아닌 의사표시는 상대방이 표의자의 '진의 아님을 알았거나 알 수 있었을 경우'에는 무효이다(제107조 제1항 단서).

★ ③ 제3자는 특별한 사정이 없는 한 선의로 추정할 것이므로, 제3자가 악의라는 사실에 관한 주장·증명책임은 그 허위표시의 무효를 주장하는 자에게 있다(대판 2006.3.10, 2002다1321).

④ 가장매매의 매수인으로부터 매매계약에 의한 소유권이전등기청구권 보전을 위한 가등기를 취득한 자는 통정허위표시의 제3자이다(대판 1970.9.29, 70다466).

23

상 중 **하**

의사표시에 관한 설명으로 옳지 않은 것은? (다툼이 있으면 판례에 따름) 제24회

① 허위표시에 의한 가장행위라 하더라도 사해행위의 요건을 갖춘 경우, 채권자취소권의 대상이 된다.

② 허위표시의 당사자는 선의의 제3자에게 과실이 있다면 의사표시의 무효를 그 제3자에게 주장할 수 있다.

③ 비진의 의사표시의 무효를 주장하는 자가 상대방의 악의 또는 과실에 대한 증명책임을 진다.

④ 사기에 의한 의사표시에서 상대방에 대한 고지의무가 없다면 침묵과 같은 부작위는 기망행위가 아니다.

⑤ 동기가 표시되지 않았더라도 상대방에 의하여 유발된 동기의 착오는 취소할 수 있다.

톺아보기

★ 제3자가 보호되기 위하여 선의이면 족하고, 무과실까지 요구하는 것은 아니다(대판 2004.5.28, 2003다70041).

통정허위표시(민법 제108조)에 관한 설명으로 옳지 않은 것은? (다툼이 있으면 판례에 따름)

제28회

① 당사자가 통정하여 증여를 매매로 가장한 경우, 당사자가 내면적으로 의욕한 증여계약은 유효하다.

② 통정허위표시로서 무효인 법률행위에 따른 법률효과를 침해하는 것처럼 보이는 채무불이행이 있어도 손해배상을 청구할 수 없다.

③ 통정허위표시에서 제3자가 악의이더라도 전득자가 선의이면 그 전득자에 대하여 통정허위표시의 무효를 주장할 수 없다.

④ 파산채무자가 상대방과 통정허위표시를 통하여 가장채권을 보유하고 있다가 파산이 선고된 경우, 파산관재인은 민법 제108조 제2항의 제3자에 해당하지 않는다.

⑤ 채무자의 법률행위가 통정허위표시로 무효인 경우에도 채권자취소권의 대상이 될 수 있다.

톺아보기

파산관재인이 민법 제108조 제2항의 경우 등에 있어 제3자에 해당하는 것은 파산관재인은 파산채권자 전체의 공동의 이익을 위하여 선량한 관리자의 주의로써 그 직무를 행하여야 하는 지위에 있기 때문이므로, 그 선의·악의도 파산관재인 개인의 선의·악의를 기준으로 할 수는 없고, 총파산채권자를 기준으로 하여 파산채권자 모두가 악의로 되지 않는 한 파산관재인은 선의의 제3자라고 할 수밖에 없다(대판 2006.11.10, 2004다10299).

통정허위표시에 기초하여 새로운 법률상 이해관계를 맺은 제3자에 해당하는 경우를 모두 고른 것은? (다툼이 있으면 판례에 따름) 제27회

> ㉠ 가장소비대차에서 대주의 계약상 지위를 이전받은 자
> ㉡ 가장채권을 보유하고 있는 자가 파산선고를 받은 경우의 파산관재인
> ㉢ 가장전세권설정계약에 의하여 형성된 법률관계로 생긴 전세금반환채권을 가압류한 채권자

① ㉠   ② ㉡

③ ㉠, ㉢   ④ ㉡, ㉢

⑤ ㉠, ㉡, ㉢

톺아보기

- ★ ㉠ 계약이전을 받은 금융기관은 계약이전을 요구받은 금융기관과 대출채무자 사이의 통정허위표시에 따라 형성된 법률관계를 기초로 하여 새로운 법률상 이해관계를 가지게 된 민법 제108조 제2항의 제3자에 해당하지 않는다(대판 2004.1.15, 2002다31537).

- ★ ㉡ 파산관재인이 민법 제108조 제2항의 경우 등에 있어 제3자에 해당하는 것은 파산관재인은 파산채권자 전체의 공동의 이익을 위하여 선량한 관리자의 주의로써 그 직무를 행하여야 하는 지위에 있기 때문이므로, 그 선의·악의도 파산관재인 개인의 선의·악의를 기준으로 할 수는 없고, 총파산채권자를 기준으로 하여 파산채권자 모두가 악의로 되지 않는 한 파산관재인은 선의의 제3자라고 할 수밖에 없다(대판 2006.11.10, 2004다10299).

- ㉢ 가장전세권설정계약에 의하여 형성된 법률관계로 생긴 채권(전세권부채권)을 가압류한 자는, 통정허위표시를 기초로 하여 새로이 법률상 이해관계를 가진 선의의 제3자에 해당한다(대판 2010.3.25, 2009다35743).

🔎 더 알아보기

제3자에 해당하지 않는 자로는 가장매매의 매수인으로부터 그 지위를 상속받은 자(포괄승계인), 가장행위로서의 제3자를 위한 계약에서 제3자(수익자), 대리인이나 대표기관이 상대방과 허위표시를 한 경우의 본인이나 법인, 재산권을 가장양도한 채무자의 권리를 대위행사하는 채권자, 가장양수인의 일반채권자, 저당권 등 제한물권이 가장포기된 경우의 기존의 후순위 제한물권자, 채권의 가장양수인으로부터 추심을 위하여 채권을 양수한 자, 허위표시의 당사자로부터 계약이전을 받은 자(대판 2004.1.15, 2002다31537) 등이다.

통정허위표시에 기초하여 새로운 법률상 이해관계를 맺은 '제3자'에 해당하지 않는 것은? (다툼이 있으면 판례에 따름) 제26회

① 채권의 가장양수인으로부터 추심을 위하여 채권을 양수한 자

② 가장의 근저당설정계약이 유효하다고 믿고 그 피담보채권을 가압류한 자

③ 허위표시인 전세권설정계약에 기하여 등기까지 마친 전세권에 관하여 저당권을 취득한 자

④ 가장매매의 매수인으로부터 매매예약에 기하여 소유권이전청구권 보전을 위한 가등기권을 취득한 자

⑤ 임대차보증금 반환채권을 가장양수한 자의 채권자가 그 채권에 대하여 압류 및 추심명령을 받은 경우, 그 채권자

톺아보기

채권의 가장양수인으로부터 추심을 위하여 채권을 양수한 자는 통정허위표시에 기초하여 새로운 법률상 이해관계를 맺은 '제3자'에 해당하지 않는다.

27 상중하

착오에 의한 의사표시에 관한 설명으로 옳지 않은 것은? (다툼이 있으면 판례에 따름)

제28회

① 상대방이 표의자의 착오를 알면서 이를 이용한 경우, 표의자는 자신에게 중대한 과실이 있더라도 그 의사표시를 취소할 수 있다.

② 물상보증인이 근저당권설정계약을 체결하는 경우, 채무자의 동일성에 관한 착오는 중요부분의 착오에 해당한다.

③ 매도인이 매매계약을 적법하게 해제하였더라도, 매수인은 계약해제의 효과로 발생하는 불이익을 면하기 위하여 착오를 원인으로 그 계약을 취소할 수 있다.

④ 매매계약 내용의 중요부분에 착오가 있는 경우, 중과실 없는 매수인은 매도인의 하자담보책임이 성립하는지와 상관없이 착오를 이유로 그 매매계약을 취소할 수 있다.

⑤ 동기의 착오가 법률행위의 내용의 중요부분의 착오에 해당함을 이유로 표의자가 법률행위를 취소하려면 당사자들 사이에 별도로 그 동기를 의사표시의 내용으로 삼기로 하는 합의가 있어야만 한다.

톺아보기

동기의 착오가 법률행위의 내용의 중요부분의 착오에 해당함을 이유로 표의자가 법률행위를 취소하려면 그 동기를 당해 의사표시의 내용으로 삼을 것을 상대방에게 표시하고 의사표시의 해석상 법률행위의 내용으로 되어 있다고 인정되면 충분하고 당사자들 사이에 별도로 그 동기를 의사표시의 내용으로 삼기로 하는 합의까지 이루어질 필요는 없다(대판 2010. 7.22, 2010다1456).

28

착오에 의한 의사표시에 관한 설명으로 옳지 않은 것은? (다툼이 있으면 판례에 따름)

제26회

① 매도인이 매매계약을 적법하게 해제한 경우, 매수인은 착오를 이유로 그 계약을 취소할 수 없다.

② 착오로 인하여 표의자가 경제적인 불이익을 입은 것이 아니라면 이를 법률행위 내용의 중요부분의 착오라고 할 수 없다.

③ 상대방이 표의자의 착오를 알면서 이를 이용한 경우, 표의자는 자신에게 중대한 과실이 있더라도 그 의사표시를 취소할 수 있다.

④ 출연재산이 재단법인의 기본재산인지 여부는 착오에 의한 출연행위의 취소에 영향을 주지 않는다.

⑤ 표의자에게 중대한 과실이 있는지 여부에 관한 증명책임은 그 의사표시를 취소하게 하지 않으려는 상대방에게 있다.

톺아보기

★ 매도인이 매수인의 중도금 지급채무 불이행을 이유로 매매계약을 적법하게 해제한 후라도 매수인으로서는 착오를 이유로 한 취소권을 행사하여 매매계약 전체를 무효로 돌리게 할 수 있다(대판 1996.12.6, 95다24982).

📖 더 알아보기

적극요건인 착오의 존재와 그 착오가 법률행위 내용의 중요부분에 존재한다는 것은 표의자가 증명책임을 진다. 반면 소극요건인 중대한 과실에 관한 주장과 입증책임은 의사표시를 취소하게 하지 않으려는 상대방에게 있다(대판 2005.5.12, 2005다6228).

29 상중하

착오에 의한 의사표시에 관한 설명으로 옳지 않은 것은? (다툼이 있으면 판례에 따름)

제25회

① 매도인이 매수인의 채무불이행을 이유로 매매계약을 적법하게 해제한 후에도 매수인은 착오를 이유로 그 매매계약을 취소할 수 있다.

② 물건의 하자로 매도인의 하자담보책임이 성립하는 경우, 매수인은 매매계약 내용의 중요부분에 착오가 있더라도 그 계약을 취소할 수 없다.

③ 부동산 매매계약에서 시가에 관한 착오는 원칙적으로 법률행위의 중요부분에 관한 착오가 아니다.

④ 상대방이 표의자의 착오를 알고 이용한 경우에는 착오가 표의자의 중대한 과실로 인한 것이라도 표의자는 그 의사표시를 취소할 수 있다.

⑤ 계약당사자의 합의로 착오로 인한 의사표시 취소에 관한 민법 제109조 제1항의 적용을 배제할 수 있다.

톺아보기

★ 매매계약 내용의 중요부분에 착오가 있는 경우 매수인은 매도인의 하자담보책임이 성립하는지와 상관없이 착오를 이유로 매매계약을 취소할 수 있다(대판 2018.9.13, 2015다78703).

30

상중하

甲은 乙 소유의 X토지에 관하여 乙과 매매계약을 체결하였다. 이에 관한 설명으로 옳은 것은? (다툼이 있으면 판례에 따름)

① 甲이 乙에 의하여 유발된 동기의 착오로 매매계약을 체결한 경우, 甲은 체결 당시 그 동기를 표시한 경우에 한하여 그 계약을 취소할 수 있다.

② 甲이 착오를 이유로 매매계약을 취소하려는 경우, 乙이 이를 저지하려면 甲의 중대한 과실을 증명하여야 한다.

③ X의 시가에 대한 甲의 착오는 특별한 사정이 없는 한 법률행위의 중요부분에 대한 착오에 해당한다.

④ 乙이 甲의 중도금 지급채무 불이행을 이유로 매매계약을 적법하게 해제한 경우, 甲은 그 계약내용에 착오가 있었더라도 이를 이유로 취소권을 행사할 여지가 없다.

⑤ 법률행위 내용의 중요부분의 착오가 되기 위해서는 특별한 사정이 없는 한 착오에 빠진 甲이 그로 인하여 경제적 불이익을 입어야 하는 것이 아니다.

톺아보기

★ ② 민법 제109조 제1항 단서에서 규정하는 착오한 표의자의 중대한 과실 유무에 관한 주장과 입증책임은 착오자가 아니라 의사표시를 취소하게 하지 않으려는 상대방에게 있다(대판 2005.5.12, 2005다6228).

오답해설

★ ① 동기가 상대방의 부정한 방법에 의해 유발된 경우(대판 1987.7.21, 85다카2339) 또는 동기가 상대방으로부터 제공된 경우(대판 1978.7.11, 78다719)에는 동기가 표시되지 않았다고 하더라도 그 동기는 법률행위 내용의 중요부분의 착오에 해당한다.

③ 부동산매매에 있어서 시가에 관한 착오는 부동산을 매매하려는 의사를 결정함에 있어 동기의 착오에 불과할 뿐 법률행위의 중요부분에 관한 착오라고 할 수 없다(대판 1992.10.23, 92다29337).

④ 매도인이 매수인의 중도금 지급채무 불이행을 이유로 매매계약을 적법하게 해제한 후라도 매수인으로서는 상대방이 한 계약해제의 효과로서 발생하는 손해배상책임을 지거나 매매계약에 따른 계약금의 반환을 받을 수 없는 불이익을 면하기 위하여 착오를 이유로 한 취소권을 행사하여 매매계약 전체를 무효로 돌리게 할 수 있다(대판 1996.12.6, 95다24982).

⑤ 착오가 법률행위 내용의 중요부분에 있다고 하기 위하여는 표의자에 의하여 추구된 목적을 고려하여 합리적으로 판단하여 볼 때 표시와 의사의 불일치가 객관적으로 현저하여야 하고, 만일 그 착오로 인하여 표의자가 무슨 경제적인 불이익을 입은 것이 아니라고 한다면 이를 법률행위 내용의 중요부분의 착오라고 할 수 없다(대판 1999.2.23, 98다47924).

甲은 乙 소유의 X토지를 매수하기로 乙과 합의하였다. 그 후 甲이 착오를 이유로 그 매매계약을 취소하고자 한다. 이에 관한 설명으로 옳은 것은? (다툼이 있으면 판례에 따름)

제24회

① 착오로 인한 의사표시의 취소에 관한 민법 제109조 제1항은 강행규정이므로 그 적용을 배제하는 甲과 乙의 약정은 무효이다.

② X토지의 시가에 대한 착오는 특별한 사정이 없는 한 법률행위의 중요부분에 대한 착오에 해당한다.

③ 甲은 자신에게 착오가 있었다는 사실뿐만 아니라 착오가 의사표시에 결정적인 영향을 미쳤다는 점도 증명해야 한다.

④ 甲은 자신에게 중과실뿐만 아니라 경과실도 없음을 증명해야 한다.

⑤ 착오로 인한 甲의 불이익이 사후에 사정변경으로 소멸되었더라도 甲은 착오를 이유로 매매계약을 취소할 수 있다.

톺아보기

③ 착오를 이유로 의사표시를 취소하는 자는 법률행위의 내용에 착오가 있었다는 사실과 함께 그 착오가 의사표시에 결정적인 영향을 미쳤다는 점, 즉 만약 그 착오가 없었더라면 의사표시를 하지 않았을 것이라는 점을 증명하여야 한다(대판 2008.1.17, 2007다74188).

오답해설

★ ① 제109조는 임의규정이다. 따라서 당사자의 합의로 착오로 인한 의사표시 취소에 관한 민법 제109조 제1항의 적용을 배제할 수 있다(대판 2016.4.15, 2013다97694).

② 부동산매매에 있어서 시가에 관한 착오는 부동산을 매매하려는 의사를 결정함에 있어 동기의 착오에 불과할 뿐 법률행위의 중요부분에 관한 착오라고 할 수 없다(대판 1992.10.23, 92다29337).

④ 중대한 과실에 관한 주장과 입증책임은 의사표시를 취소하게 하지 않으려는 상대방에게 있다(대판 2005.5.12, 2005다6228).

★ ⑤ 매매계약에 따른 양도소득세와 관련하여 착오가 있었더라도 법령이 개정되어 착오로 인한 불이익이 소멸한 경우 취소의 의사표시는 신의성실의 원칙상 허용될 수 없다(대판 1995.3.24, 94다44620).

甲은 乙의 부동산을 매수하였는데 계약 내용의 중요부분에 착오가 있어 이를 이유로 매매계약을 취소하고자 한다. 이에 관한 설명으로 옳은 것은? (다툼이 있으면 판례에 따름)

① 하자담보책임과 착오의 요건을 갖춘 경우, 甲은 하자담보책임을 물을 수 있을 뿐 착오를 이유로 매매계약을 취소할 수는 없다.

② 甲의 매매계약 취소가 인정되기 위해서는 甲은 자신에게 중대한 과실이 없었음을 주장·증명해야 한다.

③ 乙이 甲의 채무불이행을 이유로 매매계약을 적법하게 해제한 경우, 甲은 자신에게 중대한 과실이 없어도 취소권을 행사할 수 없다.

④ 경과실로 인해 착오에 빠진 甲이 매매계약을 취소한 경우, 乙은 甲에게 불법행위 책임을 물을 수 있다.

⑤ 甲은 계약 내용에 착오가 있었다는 사실과 함께 만일 그 착오가 없었더라면 의사표시를 하지 않았을 것이라는 점도 증명해야 한다.

톺아보기

★ ⑤ 착오를 이유로 의사표시를 취소하는 자는 법률행위의 내용에 착오가 있었다는 사실과 함께 그 착오가 의사표시에 결정적인 영향을 미쳤다는 점, 즉 만약 그 착오가 없었더라면 의사표시를 하지 않았을 것이라는 점을 증명하여야 한다(대판 2008.1.17, 2007다74188).

오답해설

① 매매계약 내용의 중요부분에 착오가 있는 경우 매수인은 매도인의 하자담보책임이 성립하는지와 상관없이 착오를 이유로 매매계약을 취소할 수 있다(대판 2018.9.13, 2015다78703).

② 중대한 과실에 관한 주장과 입증책임은 의사표시를 취소하게 하지 않으려는 상대방 乙에게 있다(대판 2005.5.12, 2005다6228).

③ 매도인이 매수인의 중도금 지급채무 불이행을 이유로 매매계약을 적법하게 해제한 후라도 매수인으로서는 착오를 이유로 한 취소권을 행사하여 매매계약 전체를 무효로 돌리게 할 수 있다(대판 1996.12.6, 95다24982).

★ ④ 착오자에게 과실이 있더라도 착오에 빠진 것 자체가 위법하지는 않기 때문에 불법행위에 기한 손해배상이 피해자라고 할 상대방에게 반드시 인정되는 것은 아니다(대판 1997.8.22, 97다13023).

33

착오 또는 사기에 의한 의사표시에 관한 설명으로 옳지 않은 것은? (다툼이 있으면 판례에 따름)

① 당사자의 합의로 착오의 의사표시 취소에 관한 민법 제109조 제1항의 적용을 배제할 수 있다.

② 상대방의 대리인은 상대방과 동일시되지 않으므로 그의 기망행위는 제3자의 기망행위에 해당한다.

③ 출연재산이 재단법인의 기본재산인지 여부는 착오에 의한 출연행위의 취소에 영향을 주지 않는다.

④ 제3자의 기망행위로 불법행위가 성립한 경우, 피해자가 제3자에게 손해배상을 청구하기 위해서는 상대방과의 계약을 취소할 필요가 없다.

⑤ 착오로 인하여 표의자가 경제적인 불이익을 입지 않았다면 법률행위 내용의 중요부분에 대한 착오라고 할 수 없다.

톺아보기

상대방 있는 의사표시에 관하여 제3자가 사기나 강박을 한 경우에는 상대방이 그 사실을 알았거나 알 수 있었을 경우에 한하여 그 의사표시를 취소할 수 있으나, 상대방의 대리인 등 상대방과 동일시할 수 있는 자의 사기나 강박은 제3자의 사기·강박에 해당하지 아니한다(대판 1999.2.23, 98다60828).

더 알아보기

상대방 있는 의사표시를 제3자의 사기나 강박으로 인해 한 때에는, '상대방이 그 사실을 알았거나 알 수 있었을 때'에 한하여 그 의사표시를 취소할 수 있다(제110조 제2항). 여기의 제3자는 상대방과 동일시 할 수 없는 자로서, 상대방의 피용자(대판 1998.1.23, 96다41496), 담보제공자(보증인·물상보증인)에 대하여 사기·강박을 행한 채무자 등이다.

사기·강박의 의사표시에 관한 설명으로 옳지 않은 것은? (다툼이 있으면 판례에 따름)

① 교환계약의 당사자가 자기소유 목적물의 시가를 묵비한 것은 특별한 사정이 없는 한 기망행위가 아니다.

② 매수인의 대리인이 매도인을 기망하여 매도인과 매매계약을 체결한 경우, 매수인이 그 대리인의 기망사실을 알 수 없었더라도 매도인은 사기를 이유로 의사표시를 취소할 수 있다.

③ 양수인의 사기로 의사표시를 한 부동산의 양도인이 제3자에 대하여 사기에 의한 의사표시의 취소를 주장하는 경우, 제3자는 특별한 사정이 없는 한 자신의 선의를 증명해야 한다.

④ 매매계약에 있어서 사기에 기한 취소권과 매도인의 담보책임이 경합하는 경우, 매도인으로부터 기망당한 매수인은 사기를 이유로 의사표시를 취소할 수 있다.

⑤ 강박에 의하여 의사결정의 자유가 완전히 박탈된 상태에서 이루어진 의사표시는 무효이다.

톺아보기

사기의 의사표시로 인한 매수인으로부터 부동산의 권리를 취득한 제3자는 특별한 사정이 없는 한 선의로 추정할 것이므로 사기로 인하여 의사표시를 한 부동산의 양도인이 제3자에 대하여 사기에 의한 의사표시의 취소를 주장하려면 제3자의 악의를 입증할 필요가 있다(대판 1970.11.24, 70다2155).

더 알아보기

상대방 또는 제3자의 강박에 의하여 의사결정의 자유가 완전히 박탈된 상태에서 이루어진 의사표시는 효과의사에 대응하는 내심의 의사가 결여된 것이므로 무효라고 볼 수밖에 없으나, 강박이 의사결정의 자유를 완전히 박탈하는 정도에 이르지 아니하고 이를 제한하는 정도에 그친 경우에는 그 의사표시는 취소할 수 있음에 그치고 무효라고까지 볼 수 없다(대판 1984.12.11, 84다카1402).

사기·강박에 의한 의사표시에 관한 설명으로 옳지 않은 것은? (다툼이 있으면 판례에 따름)　　　제26회

① 매매계약의 일방 당사자가 목적물의 시가를 묵비하여 상대방에게 고지하지 않은 것은 특별한 사정이 없는 한 기망행위에 해당하지 않는다.

② 상대방의 피용자는 제3자에 의한 사기에 관한 민법 제110조 제2항에서 정한 제3자에 해당하지 않는다.

③ 제3자의 사기행위로 체결한 계약에서 그 사기행위 자체가 불법행위를 구성하는 경우, 피해자가 제3자에게 불법행위로 인한 손해배상을 청구하기 위하여 그 계약을 취소할 필요는 없다.

④ 타인의 기망행위에 의해 동기의 착오가 발생한 경우에는 사기와 착오의 경합이 인정될 수 있다.

⑤ 강박에 의한 의사표시가 취소된 동시에 불법행위의 성립요건을 갖춘 경우, 그 취소로 인한 부당이득반환청구권과 불법행위로 인한 손해배상청구권은 경합하여 병존한다.

톺아보기

★ 민법 제110조 제2항에서 정한 제3자에 해당되지 아니한다고 볼 수 있는 자란 그 의사표시에 관한 상대방의 대리인 등 상대방과 동일시할 수 있는 자만을 의미하고, 단순히 상대방의 피용자이거나 상대방이 사용자책임을 져야 할 관계에 있는 피용자에 지나지 않는 자는 상대방과 동일시할 수는 없어 이 규정에서 말하는 제3자에 해당한다(대판 1998.1.23, 96다41496).

36

상 중 **하**

사기 또는 강박에 의한 의사표시에 관한 설명으로 옳지 않은 것은? (다툼이 있으면 판례에 따름)
제25회

① 강박에 의하여 의사결정의 자유가 완전히 박탈된 상태에서 이루어진 의사표시는 무효이다.

② 교환계약의 당사자가 자기가 소유하는 목적물의 시가를 묵비하여 상대방에게 고지하지 않은 것은 특별한 사정이 없는 한 기망행위에 해당하지 않는다.

③ 어떤 해악의 고지가 없이 단지 각서에 서명·날인할 것을 강력히 요구한 것만으로도 강박에 해당한다.

④ 제3자의 사기행위로 체결한 계약에서 그 사기행위 자체가 불법행위를 구성하는 경우, 피해자가 제3자에게 불법행위로 인한 손해배상을 청구하기 위하여 그 계약을 취소할 필요는 없다.

⑤ 상대방 있는 의사표시에 있어서 상대방과 동일시할 수 있는 자의 사기는 제3자의 사기에 해당하지 않는다.

톺아보기

강박에 의한 의사표시는 상대방이 불법으로 어떤 해악을 고지한 것이어야 하므로 각서에 서명·날인할 것을 강력히 요구한 것만으로 곧 강박행위로 볼 수 없다(대판 1979.1.16, 78다1968).

37

상**중**하

의사표시에 관한 설명으로 옳지 않은 것은? (다툼이 있으면 판례에 따름) 제28회

① 표의자가 의사표시를 발송한 후 제한능력자가 되어도 그 의사표시의 효력에 영향을 미치지 아니한다.

② 표의자가 과실없이 상대방을 알지 못하는 경우에는 의사표시는 민사소송법 공시송달의 규정에 의하여 송달할 수 있다.

③ 상대방이 있는 의사표시는 특별한 사정이 없는 한 상대방에게 도달한 때에 그 효력이 생긴다.

④ 의사표시가 상대방에게 도달한 것으로 인정되기 위해서는 상대방이 그 의사표시의 내용을 알아야 한다.

⑤ 의사표시의 상대방이 제한능력자로서 의사표시를 받았으나 법정대리인이 그 사실을 알지 못한 경우, 상대방은 그 의사표시로써 대항할 수 없다.

톺아보기

계약의 해제와 같은 상대방 있는 의사표시는 그 통지가 상대방에게 도달한 때 효력이 생기는 것이고(민법 제111조 제1항), 여기서 도달이라 함은 사회통념상 상대방이 통지의 내용을 알 수 있는 객관적 상태에 놓여 있는 경우를 가리키는 것으로서, 상대방이 통지를 현실적으로 수령하거나 통지의 내용을 알 것까지는 필요로 하지 않는 것이므로, 상대방이 정당한 사유 없이 통지의 수령을 거절한 경우에는 상대방이 그 통지의 내용을 알 수 있는 객관적 상태에 놓여 있는 때에 의사표시의 효력이 생기는 것으로 보아야 한다(대판 2008.6.12, 2008다19973).

38

의사표시의 효력발생에 관한 설명으로 옳은 것은? (다툼이 있으면 판례에 따름)

제26회

① 격지자간의 계약은 승낙의 통지가 도달한 때 성립한다.

② 사원총회의 소집은 특별한 사정이 없는 한 1주간 전에 그 통지가 도달하여야 한다.

③ 표의자가 의사표시를 발신한 후 사망하더라도 그 의사표시의 효력에는 영향을 미치지 아니한다.

④ 의사표시를 보통우편으로 발송한 경우, 그 우편이 반송되지 않는 한 의사표시는 도달된 것으로 추정된다.

⑤ 의사표시가 상대방에게 도달한 후에도 상대방이 이를 알기 전이라면 특별한 사정이 없는 한 그 의사표시를 철회할 수 있다.

톺아보기

③ 의사표시자가 그 통지를 발송한 후 사망하거나 제한능력자가 되어도 의사표시의 효력에 영향을 미치지 아니한다(제111조 제2항).

오답해설

★ ① 격지자간의 계약은 승낙의 통지를 발송한 때에 성립한다(제531조).

★ ② 총회의 소집은 1주간 전에 그 회의의 목적사항을 기재한 통지를 발하고 기타 정관에 정한 방법에 의하여야 한다(제71조).

④ 내용증명 우편물 또는 등기로 발송한 우편물은 발송되고 반송되지 아니하였다면 특별한 사정이 없는 한 이는 그 무렵에 송달되었다고 볼 것이다(대판 1997.2.25, 96다38322; 대판 1992.3.27, 91누3819). 그러나 통상우편으로 발송된 경우에는 상당기간 내에 도달하였다고 추정할 수 없다(대판 2002.7.26, 2000다25002).

⑤ 의사표시가 상대방에게 도달하여 효력이 발생하면, 그 의사표시를 철회할 수 없다. 즉 표의자는 그 의사표시에 구속된다.

📖 더 알아보기

제한능력자 상대방의 확답촉구에 대한 본인의 확답(제15조), 사원총회의 소집통지(제71조). 무권대리에서 상대방의 최고에 대한 본인의 확답(제131조), 채무인수에서 채무자의 최고에 대한 채권자의 확답(제455조 제2항), 격지자간의 계약에서 청약에 대한 승낙의 의사표시(제531조)는 발신주의에 의한다.

39

상**중**하

의사표시의 효력발생에 관한 설명으로 옳은 것은? (다툼이 있으면 판례에 따름)

제23회

① 의사표시자가 그 통지를 발송한 후 제한능력자가 된 경우, 그 의사표시는 효력이 없다.

② 보통우편의 방법으로 발송되었다는 사실만으로 그 우편물은 상당기간 내에 도달한 것으로 추정된다.

③ 의사표시가 상대방에게 도달하더라도 상대방이 그 내용을 알기 전에는 그 효력이 발생하지 않는다.

④ 의사표시의 상대방이 의사표시를 받은 때에는 피특정후견인인 경우에는 의사표시자는 그 의사표시로써 대항할 수 있다.

⑤ 이사의 사임 의사표시가 법인의 대표자에게 도달한 때에는 정관에 따라 사임의 효력이 발생하지 않았더라도 그 사임의사를 철회할 수 없다.

톺아보기

오답해설

★ ① 의사표시자가 그 통지를 발송한 후 사망하거나 제한능력자가 되어도 의사표시의 효력에 영향을 미치지 아니한다 (제111조 제2항).

★ ② 내용증명 우편물 또는 등기로 발송한 우편물은 발송되고 반송되지 아니하였다면 특별한 사정이 없는 한 이는 그 무렵에 송달되었다고 볼 것이다(대판 1997.2.25, 96다38322; 대판 1992.3.27, 91누3819). 그러나 통상우편으로 발송된 경우에는 상당기간 내에 도달하였다고 추정할 수 없다(대판 2002.7.26, 2000다25002).

③ 상대방이 있는 의사표시는 상대방에게 도달한 때에 그 효력이 생긴다(제111조 제1항). 도달이라 함은 사회관념상 채무자가 통지의 내용을 알 수 있는 객관적 상태에 놓여졌다고 인정되는 상태를 지칭한다고 해석되므로, 채무자가 이를 현실적으로 수령하였다거나 그 통지의 내용을 알았을 것까지는 필요로 하지 않는다(대판 1997.11.25, 97다31281).

⑤ 법인의 대표이사가 사임하는 경우에는 그 사임의 의사표시가 대표이사의 사임으로 그 권한을 대행하게 될 자에게 도달한 때에 사임의 효력이 발생하고 그 의사표시가 효력을 발생한 후에는 마음대로 이를 철회할 수 없으나, 사임서 제출 당시 그 권한대행자에게 사표의 처리를 일임한 경우에는 권한대행자의 수리행위가 있어야 사임의 효력이 발생하고, 그 이전에 사임의사를 철회할 수 있다(대판 2007.5.10, 2007다7256).

40

상중하

甲은 자신의 X토지를 매도할 것을 미성년자 乙에게 위임하고 대리권을 수여하였다. 乙은 甲을 대리하여 丙과 X토지의 매매계약을 체결하였는데, 계약체결 당시 丙의 위법한 기망행위가 있었다. 이에 관한 설명으로 옳은 것은? (다툼이 있으면 판례에 따름)

① 乙이 사기를 당했는지 여부는 甲을 표준으로 하여 결정한다.

② 甲이 아니라 乙이 사기를 이유로 丙과의 매매계약을 취소할 수 있다.

③ 甲은 乙이 제한능력자라는 이유로 乙이 체결한 매매계약을 취소할 수 없다.

④ 甲은 특별한 사정이 없는 한 乙과의 위임계약을 일방적으로 해지할 수 없다.

⑤ 乙이 丙의 사기에 의해 착오를 일으켜 계약을 체결한 경우, 착오에 관한 법리는 적용되지 않고 사기에 관한 법리만 적용된다.

톺아보기

★ ③ 대리인은 행위능력자임을 요하지 않는다(제117조). 그 결과 제한능력자인 대리인이 대리행위를 한 때에도 그 행위는 취소할 수 없다.

오답해설

①② 대리행위에서 '의사의 흠결, 사기, 강박 또는 어느 사정을 알았거나 과실로 알지 못한 것'은 '대리인 乙을 표준'으로 하여 결정하여야 한다(제116조 제1항). 따라서 본인 甲이 사기·강박을 당한 경우에는 취소권이 인정되지 않는다. 그러나 대리행위의 하자로 인하여 발생하는 효과는 원칙적으로 본인에게 귀속된다. 즉 본인 甲이 취소권을 행사할 수 있다.

④ 위임에서는 기간의 정함이 있는지 여부에 관계없이 각 당사자는 언제든지 위임계약을 해지할 수 있다(제689조 제1항).

★ ⑤ 타인의 기망행위에 의하여 표의자가 착오에 빠진 상태에서 한 의사표시가 착오와 사기의 요건을 모두 갖추는 경우, 표의자는 그 요건을 증명하여 선택적으로 사기 또는 착오에 의한 의사표시임을 주장할 수 있다(대판 1985.4.9, 85도167).

41

제23회

대리에 관한 설명으로 옳지 않은 것은? (다툼이 있으면 판례에 따름)

① 임의대리권은 원인된 법률관계의 종료에 의하여 소멸한다.

② 대리인은 본인의 허락이 없어도 쌍방을 대리하여 다툼이 없는 채무의 이행을 할 수 있다.

③ 복대리인이 그 권한 내에서 본인을 위한 것임을 표시한 의사표시는 직접 본인에게 효력이 생긴다.

④ 법률행위에 의해 대리권을 부여받은 대리인은 특별한 사정이 없는 한 복대리인을 선임할 수 있다.

⑤ 매매계약의 체결과 이행에 관한 포괄적 대리권을 수여받은 대리인은 특별한 사정이 없는 한 약정된 매매대금지급기일을 연기해 줄 권한도 가진다.

톺아보기

대리권이 법률행위에 의하여 부여된 경우에는 대리인은 본인의 승낙이 있거나 부득이한 사유가 있는 때가 아니면 복대리인을 선임하지 못한다(제120조).

더 알아보기

매매계약을 체결할 대리권을 수여받은 대리인은 그 매매계약에 따른 중도금이나 잔금을 수령할 수도 있다(대판 1992. 4.14, 91다43107). 매매계약의 체결과 이행에 관하여 포괄적으로 대리권을 수여받은 대리인은 특별한 다른 사정이 없는 한 상대방에 대하여 약정된 매매대금 지급기일을 연기하여 줄 권한도 가진다(대판 1992.4.14, 91다43107).

42

제22회

대리에 관한 설명으로 옳은 것은?

① 임의대리권은 대리인에 대한 한정후견개시에 의하여 소멸한다.

② 무권대리행위의 추인은 다른 의사표시가 없는 한 추인한 때부터 효력이 생긴다.

③ 법정대리인은 본인의 승낙이 있거나 부득이한 사유있는 때가 아니면 복대리인을 선임하지 못한다.

④ 법률 또는 수권행위에 다른 정한 바가 없으면, 수인의 대리인은 공동으로 본인을 대리한다.

⑤ 본인이 특정한 법률행위를 위임한 경우, 임의대리인이 본인의 지시에 좇아 그 행위를 하였다면, 본인은 자기의 과실로 알지 못한 사정에 관하여 그 대리인의 부지를 주장하지 못한다.

톺아보기

⑤ 특정한 법률행위를 위임한 경우에 대리인이 본인의 지시에 좇아 그 행위를 한 때에는 본인은 자기가 안 사정 또는 과실로 인하여 알지 못한 사정에 관하여 대리인의 부지를 주장하지 못한다(제116조 제2항).

① 대리권은 대리인에 대한 성년후견개시에 의하여 소멸한다(제127조 제2호).

② 무권대리행위의 추인은 다른 의사표시가 없을 경우 계약시에 소급하여 그 효력이 생긴다(제133조).

★ ③ 법정대리인은 그 책임으로 복대리인을 선임할 수 있다(제122조).

★ ④ 대리인이 수인인 때에는 각자가 본인을 대리한다. 그러나 법률 또는 수권행위에 다른 정하는 바가 있는 때에는 그러하지 아니하다(제119조).

☐☐☐
43
상**중**하

대리에 관한 설명으로 옳지 않은 것은? (다툼이 있으면 판례에 따름)　제27회

① 민법상 조합은 법인격이 없으므로 조합대리의 경우에는 반드시 조합원 전원의 성명을 표시하여 대리행위를 하여야 한다.

② 매매계약을 체결할 대리권을 수여받은 대리인이 상대방으로부터 매매대금을 지급받은 경우, 특별한 사정이 없는 한 이를 본인에게 전달하지 않더라도 상대방의 대금지급의무는 소멸한다.

③ 임의대리의 경우, 대리권 수여의 원인이 된 법률관계가 기간만료로 종료되었다면 원칙적으로 그 시점에 대리권도 소멸한다.

④ 매매계약의 체결과 이행에 관하여 포괄적으로 대리권을 수여받은 대리인은 특별한 사정이 없는 한 상대방에 대하여 약정된 매매대금지급기일을 연기하여 줄 권한도 가진다.

⑤ 대여금의 영수권한만을 위임받은 대리인이 그 대여금 채무의 일부를 면제하기 위하여는 본인의 특별수권이 필요하다.

톺아보기

★ 민법상 조합의 경우 법인격이 없어 조합 자체가 본인이 될 수 없으므로, 이른바 조합대리에 있어서는 본인에 해당하는 모든 조합원을 위한 것임을 표시하여야 하나, 반드시 조합원 전원의 성명을 제시할 필요는 없고, 상대방이 알 수 있을 정도로 조합을 표시하는 것으로 충분하다(대판 2009.1.30, 2008다79340).

44

상**중**하

대리에 관한 설명으로 옳지 않은 것은? (다툼이 있으면 판례에 따름) 제25회

① 대리권 수여의 표시에 의한 표현대리는 어떤 자가 본인을 대리하여 제3자와 법률행위를 함에 있어서 본인이 그 자에게 대리권을 수여하였다는 표시를 그 제3자에게 한 경우에 성립할 수 있다.

② 대리인이 대리권 소멸 후 복대리인을 선임하여 복대리인으로 하여금 상대방과 대리행위를 하도록 한 경우에도 대리권 소멸 후의 표현대리가 성립할 수 있다.

③ 등기신청의 대리권도 권한을 넘은 표현대리의 기본대리권이 될 수 있다.

④ 매매계약을 체결할 권한을 수여받은 대리인이라도 특별한 사정이 없는 한 그 계약을 해제할 권한은 없다.

⑤ 무권대리행위가 제3자의 위법행위로 야기된 경우에는 무권대리인에게 귀책사유가 있어야 민법 제135조에 따른 무권대리인의 상대방에 대한 책임이 인정된다.

톺아보기

★ 무권대리인의 책임은 과실을 요건으로 하지 않는 무과실의 법정책임이며(대판 1962.4.12, 61다1021), 무권대리행위가 제3자의 기망이나 문서위조 등 위법행위로 야기되었다고 하더라도 책임은 부정되지 아니한다(대판 2014.2.27, 2013다213038).

더 알아보기

부동산을 매수할 권한을 수여받은 대리인은 부동산을 처분(전매)할 대리권은 없으며(대판 1991.2.12, 90다7364), 매매계약의 해제 등 일체의 처분권과 상대방의 의사를 수령할 권한까지 가지고 있다고 볼 수는 없다(대판 1997.3.25, 96다51271).

甲이 乙에게 X토지를 매도 후 등기 전에 丁이 丙의 임의대리인으로서 甲의 배임행위에 적극가담하여 甲으로부터 X토지를 매수하고 丙 명의로 소유권이전등기를 마쳤다. 이에 관한 설명으로 옳지 않은 것은? (다툼이 있으면 판례에 따름) 제24회

① 수권행위의 하자 유무는 丙을 기준으로 판단한다.

② 대리행위의 하자 유무는 특별한 사정이 없는 한 丁을 기준으로 판단한다.

③ 대리행위의 하자로 인하여 발생한 효과는 특별한 사정이 없는 한 丙에게 귀속된다.

④ 乙은 반사회질서의 법률행위임을 이유로 甲과 丙 사이의 계약이 무효임을 주장할 수 있다.

⑤ 丁이 甲의 배임행위에 적극가담한 사정을 丙이 모른다면, 丙 명의로 경료된 소유권이전등기는 유효하다.

톺아보기

대리인이 매도인의 배임행위에 적극가담하여 이중매매계약을 체결한 경우에 대리행위의 하자 유무는 대리인을 표준으로 판단하여야 하므로, 본인이 이를 몰랐거나 반사회성을 야기하지 않았을지라도 반사회질서행위로서 무효이다(대판 1998.2.27, 97다45532).

46

상**중**하

대리에 관한 설명으로 옳지 않은 것은?　　　　　　제28회

① 복대리인은 그 권한 내에서 자신을 선임한 대리인을 대리한다.
② 권한을 정하지 아니한 임의대리인은 대리의 목적인 물건의 성질이 변하지 않는 범위에서 그 물건을 개량할 수 있다.
③ 피한정후견인은 임의대리인이 될 수 있다.
④ 임의대리인은 본인의 승낙이 있거나 부득이한 사유있는 때가 아니면 복대리인을 선임하지 못한다.
⑤ 대리인이 수인인 경우, 특별한 사정이 없는 한 각자가 본인을 대리한다.

톺아보기

복대리인은 대리인이 그의 권한 내의 행위를 행하게 하기 위하여 대리인 자신의 이름으로(즉, 대리인의 권한으로) 선임한 본인의 대리인이다.

47

상중하

甲의 임의대리인 乙은 甲의 승낙을 얻어 복대리인 丙을 선임하였다. 이에 관한 설명으로 옳은 것은? (다툼이 있으면 판례에 따름)　　　　　　제26회

① 丙은 乙의 대리인이 아니라 甲의 대리인이다.
② 乙의 대리권은 丙의 선임으로 소멸한다.
③ 丙의 대리권은 특별한 사정이 없는 한 乙이 사망하더라도 소멸하지 않는다.
④ 丙은 甲의 지명이나 승낙 기타 부득이한 사유가 없더라도 복대리인을 선임할 수 있다.
⑤ 만약 甲의 지명에 따라 丙을 선임한 경우, 乙은 甲에게 그 부적임을 알고 통지나 해임을 하지 않더라도 책임이 없다.

톺아보기

★ ① 복대리인은 본인의 대리인이고, 대리인의 대리인이 아니다.

오답해설

② 복대리인을 선임한 후에도 대리인의 대리권은 소멸하지 않고 복대리인의 복대리권과 병존한다.

③ 대리인 乙이 사망하면 대리권은 소멸한다(제127조 제2호). 복대리권은 대리인의 대리권을 전제로 하는 것이므로 대리권의 소멸에 의하여 복대리권도 소멸한다.

★ ④ 대리권이 법률행위에 의하여 부여된 경우에는 대리인은 본인의 승낙이 있거나 부득이한 사유가 있는 때가 아니면 복대리인을 선임하지 못한다(제120조).

⑤ 대리인이 본인의 지명에 의하여 복대리인을 선임한 경우에는 그 부적임 또는 불성실함을 알고 본인에게 대한 통지나 그 해임을 태만한 때가 아니면 책임이 없다(제121조 제2항).

□□□
48

상 중 **하**

민법상 복대리권의 소멸사유가 아닌 것은?

제25회

① 본인의 사망
② 대리인의 성년후견의 개시
③ 본인의 특정후견의 개시
④ 복대리인의 파산
⑤ 복대리인의 사망

톺아보기

①③ 본인의 사망은 대리권 소멸사유이나, 본인의 특정후견의 개시는 대리권의 소멸사유가 아니다.

더 알아보기

본인의 성년후견의 개시나 파산은 대리권의 소멸사유가 아니다.

표현대리에 관한 설명으로 옳은 것은? (다툼이 있으면 판례에 따름)

① 사회통념상 대리권을 추단할 수 있는 직함이나 명칭 등의 사용을 승낙한 경우라도 특별한 사정이 없는 한 대리권 수여의 표시가 있는 것으로 볼 수는 없다.

② 복대리인의 권한은 권한을 넘은 표현대리의 기본대리권이 될 수 없다.

③ 대리행위가 강행법규에 반하여 무효인 경우에도 표현대리가 성립할 수 있다.

④ 유권대리에 관한 주장에는 표현대리의 주장이 포함되어 있다고 볼 수 있다.

⑤ 표현대리가 성립하는 경우에는 상대방에게 과실이 있더라도 과실상계의 법리를 유추적용하여 본인의 책임을 경감할 수 없다.

톺아보기

★ ⑤ 표현대리행위가 성립하는 경우에 그 본인은 표현대리행위에 의하여 전적인 책임을 져야 하고, 상대방에게 과실이 있다고 하더라도 과실상계의 법리를 유추적용하여 본인의 책임을 경감할 수 없다(대판 1996.7.12, 95다49554).

오답해설

① 본인에 의한 대리권 수여의 표시는 반드시 대리권 또는 대리인이라는 말을 사용하여야 하는 것이 아니라 사회통념상 대리권을 추단할 수 있는 직함이나 명칭 등의 사용을 승낙 또는 묵인한 경우에도 대리권 수여의 표시가 있는 것으로 볼 수 있다(대판 1998.6.12, 97다53762).

② 복대리인 선임권이 없는 대리인에 의하여 선임된 복대리인의 권한도 기본대리권이 될 수 있다(대판 1998.3.27, 97다48982).

③ 표현대리행위가 무효인 때에는 본인에게 효과가 귀속될 여지가 없다. 즉, 강행법규에 반하는 표현대리행위는 확정적 무효가 된다(대판 1996.8.23, 94다38199).

★ ④ 표현대리가 성립된다고 하여 무권대리의 성질이 유권대리로 전환되는 것은 아니므로 양자의 구성요건 해당 사실, 즉 주요 사실은 다르다고 볼 수밖에 없으니 유권대리에 관한 주장 속에 무권대리에 속하는 표현대리의 주장이 포함되어 있다고 볼 수 없다(대판 1983.12.13, 83다카1489 전합).

표현대리에 관한 설명으로 옳지 않은 것은? (다툼이 있으면 판례에 따름) 제23회

① 대리권 수여의 표시에 의한 표현대리가 성립하기 위해서는 대리권이 없다는 사실에 대해 상대방은 선의·무과실이어야 한다.

② 사실혼 관계에 있는 부부간에도 일상가사에 관한 대리권이 인정되므로, 이를 기본대리권으로 하는 권한을 넘은 표현대리가 성립할 수 있다.

③ 대리인이 사자(使者)를 통해 권한 외의 대리행위를 한 경우, 그 사자에게는 기본대리권이 없으므로 권한을 넘은 표현대리가 성립할 수 없다.

④ 권한을 넘은 표현대리의 경우, 권한이 있다고 믿을 만한 정당한 이유가 있는지 여부는 대리행위 당시를 기준으로 해야 한다.

⑤ 대리인이 대리권 소멸 후 복대리인을 선임하여 복대리인으로 하여금 상대방과 대리행위를 하도록 한 경우에도 대리권 소멸 후의 표현대리가 성립할 수 있다.

톺아보기

대리인이 사자 내지 임의로 선임한 복대리인을 통하여 권한 외의 법률행위를 한 경우, 상대방이 그 행위자를 대리권을 가진 대리인으로 믿었고 또한 그렇게 믿는 데에 정당한 이유가 있는 때에는, 복대리인 선임권이 없는 대리인에 의하여 선임된 복대리인의 권한도 기본대리권이 될 수 있을 뿐만 아니라, 그 행위자가 사자라고 하더라도 대리행위의 주체가 되는 대리인이 별도로 있고 그들에게 본인으로부터 기본대리권이 수여된 이상, 민법 제126조를 적용함에 있어서 기본대리권의 흠결 문제는 생기지 않는다(대판 1998.3.27, 97다48982).

표현대리에 관한 설명으로 옳은 것은? (다툼이 있으면 판례에 따름)　제22회

① 무권대리행위라도 표현대리가 성립하면 무권대리의 성질이 유권대리로 전환된다.

② 권한을 넘은 표현대리에서 정당한 이유의 존부는 대리행위가 행하여질 때를 기준으로 판단한다.

③ 강행법규 위반으로 무효인 법률행위에도 표현대리에 관한 법리가 준용될 수 있다.

④ 표현대리가 성립하는 경우, 상대방에게 과실이 있으면 과실상계의 법리를 유추적용하여 본인의 책임을 경감할 수 있다.

⑤ 유권대리에 관한 주장 속에는 표현대리의 주장이 포함되어 있다.

톺아보기

★ ② 정당한 이유의 존부는 자칭 대리인의 대리행위가 행하여질 때에 존재하는 제반 사정을 객관적으로 관찰하여 판단하여야 한다(대판 2013.4.26, 2012다99617).

오답해설

①⑤ 표현대리가 성립된다고 하여 무권대리의 성질이 유권대리로 전환되는 것은 아니므로 양자의 구성요건 해당 사실, 즉 주요 사실은 다르다고 볼 수밖에 없으니 유권대리에 관한 주장 속에 무권대리에 속하는 표현대리의 주장이 포함되어 있다고 볼 수 없다(대판 1983.12.13, 83다카1489 전합).

★ ③ 표현대리행위가 무효인 때에는 본인에게 효과가 귀속될 여지가 없다. 즉, 강행법규에 반하는 표현대리행위는 확정적 무효가 된다(대판 1996.8.23, 94다38199).

④ 표현대리행위가 성립하는 경우에 그 본인은 표현대리행위에 의하여 전적인 책임을 져야 하고, 상대방에게 과실이 있다고 하더라도 과실상계의 법리를 유추적용하여 본인의 책임을 경감할 수 없다(대판 1996.7.12, 95다49554).

표현대리에 관한 설명으로 옳은 것을 모두 고른 것은? (다툼이 있으면 판례에 따름)

⊙ 표현대리가 성립하여 본인이 이행책임을 지는 경우, 상대방에게 과실이 있더라도 과실상계의 법리가 유추적용되지 않는다.
ⓒ 권한을 넘는 표현대리규정은 법정대리의 경우에도 적용된다.
ⓒ 대리인의 권한을 넘는 행위가 범죄를 구성하는 경우에는 권한을 넘는 표현대리의 법리는 적용될 여지가 없다.

① ⊙
② ⓒ
③ ⊙, ⓒ
④ ⓒ, ⓒ
⑤ ⊙, ⓒ, ⓒ

톺아보기

ⓒ 대리인이 본인의 인장을 위조하여 권한을 넘은 무권대리행위를 한 경우 그 인장의 위조나 행사가 범죄행위가 된다 하여도 권한을 넘는 표현대리를 인정할 수 있다(대판 1966.6.28, 66다845).

53

상중하

표현대리와 무권대리에 관한 설명으로 옳지 않은 것은? (다툼이 있으면 판례에 따름)

제24회

① 표현대리가 성립된다고 하더라도 무권대리의 성질이 유권대리로 전환되는 것은 아니다.

② 표현대리가 성립하는 경우, 상대방에게 과실이 있다면 과실상계의 법리가 유추적용되어 본인의 책임이 경감될 수 있다.

③ 법정대리의 경우에도 대리권 소멸 후의 표현대리가 성립할 수 있다.

④ 사실혼 관계에 있는 부부의 경우, 일상가사대리권을 기본대리권으로 하는 권한을 넘은 표현대리가 성립할 수 있다.

⑤ 무권대리행위에 대해 본인이 이의를 제기하지 않고 장기간 방치해 둔 사실만으로 무권대리행위에 대한 추인이 있다고 볼 수 없다.

톺아보기

표현대리행위가 성립하는 경우에 그 본인은 표현대리행위에 의하여 전적인 책임을 져야 하고, 상대방에게 과실이 있다고 하더라도 과실상계의 법리를 유추적용하여 본인의 책임을 경감할 수 없다(대판 1996.7.12, 95다49554).

더 알아보기

법정대리의 경우 권한을 넘은 표현대리(제126조), 대리권 소멸 후의 표현대리(제129조)가 성립할 수 있다. 그러나 대리권 수여 표시에 의한 표현대리(제125조)는 성립할 수 없다.

54

상중하

협의의 무권대리에 관한 설명으로 옳지 않은 것은? (다툼이 있으면 판례에 따름)

제23회

① 무권대리행위의 추인은 원칙적으로 의사표시의 전부에 대하여 해야 한다.

② 무권대리행위에 대한 본인의 추인 또는 추인거절이 없는 경우, 상대방은 최고권을 행사할 수 있다.

③ 추인의 상대방은 무권대리행위의 직접 상대방뿐만 아니라 그 무권대리행위로 인한 권리의 승계인도 포함한다.

④ 무권대리행위가 제3자의 기망 등 위법행위로 야기된 경우, 무권대리인의 상대방에 대한 책임은 부정된다.

⑤ 무권대리행위의 내용을 변경하여 추인한 경우, 상대방의 동의를 얻지 못하면 그 추인은 효력이 없다.

톺아보기

무권대리인의 책임은 과실을 요건으로 하지 않는 무과실의 법정책임이며(대판 1962.4.12, 61다1021), 무권대리행위가 제3자의 기망이나 문서위조 등 위법행위로 야기되었다고 하더라도 책임은 부정되지 아니한다(대판 2014.2.27, 2013다213038).

📭 더 알아보기

무권대리의 추인의 상대방은 상대방 및 승계인(대판 1981.4.14, 80다2314), 무권대리인(대판 1991.3.8, 90다17088)이 될 수 있다.

□□□
55
상 중 하

무권대리인 乙이 甲을 대리하여 甲 소유의 X토지를 丙에게 매도하는 계약을 체결하였다. 이에 관한 설명으로 옳은 것은? (다툼이 있으면 판례에 따름) 제28회

① 丙이 계약 당시에 乙에게 대리권이 없음을 알았던 경우, 丙은 계약을 철회할 수 있다.
② 甲이 乙에게 계약을 추인하였더라도, 丙이 계약 당시에 무권대리 사실을 알지 못하였다면, 丙은 그 추인 사실을 알 때까지 계약을 철회할 수 있다.
③ 甲이 추인하지 않은 경우, 계약 당시에 무권대리 사실을 알았던 丙은 乙에게 손해배상을 청구할 수 있다.
④ 대리행위 당시에 乙이 제한능력자인 경우, 甲으로부터 추인받지 못한 丙은 乙에게 계약의 이행을 청구할 수 있다.
⑤ 乙이 甲을 단독상속한 경우, 乙은 특별한 사정이 없는 한 본인의 지위에서 추인거절권을 행사할 수 있다.

톺아보기

② 甲이 무권대리인 乙에 대하여 추인을 할 때에는 상대방 丙이 그 사실을 알 때까지 추인의 효력을 주장할 수 없다(제132조 단서). 그러므로 상대방 丙은 그때까지 철회할 수 있다(제134조).

오답해설
① 대리권 없는 자가 한 계약은 본인의 추인이 있을 때까지 상대방은 본인이나 그 대리인에 대하여 이를 철회할 수 있다. 그러나 계약 당시에 상대방이 대리권 없음을 안 때에는 그러하지 아니하다(제134조). 따라서 丙이 계약 당시에 乙에게 대리권이 없음을 알았던 경우, 丙은 계약을 철회할 수 없다.
③ '대리인으로서 계약을 맺은 자에게 대리권이 없다는 사실을 상대방이 알았거나 알 수 있었을 때'는 무권대리인에게 책임을 묻지 못한다(제135조 제2항).
④ 대리행위 당시에 乙이 제한능력자인 경우, 무권대리인으로서 책임을 지지 않는다(제135조 제2항).
⑤ 乙이 甲을 단독상속한 경우, 乙은 특별한 사정이 없는 한 본인의 지위에서 추인거절권을 행사하는 것은 금반언의 원칙이나 신의성실의 원칙에 반하여 허용될 수 없다(대판 1994.9.27, 94다20617).

정답 | 53 ② 54 ④ 55 ②

甲의 무권대리인 乙이 甲을 대리하여 丙과 매매계약을 체결하였고, 그 당시 丙은 제한능력자가 아닌 乙이 무권대리인임을 과실 없이 알지 못하였다. 이에 관한 설명으로 옳지 않은 것은? (표현대리는 성립하지 않으며, 다툼이 있으면 판례에 따름)

제26회

① 乙과 丙 사이에 체결된 매매계약은 甲이 추인하지 않는 한 甲에 대하여 효력이 없다.

② 甲이 乙에게 추인의 의사표시를 하였으나 丙이 그 사실을 알지 못한 경우, 丙은 매매계약을 철회할 수 있다.

③ 甲을 단독상속한 乙이 丙에게 추인거절권을 행사하는 것은 신의칙에 반하여 허용될 수 없다.

④ 乙의 무권대리행위가 제3자의 위법행위로 야기된 경우, 乙은 과실이 없으므로 丙에게 무권대리행위로 인한 책임을 지지 않는다.

⑤ 丙이 乙에게 가지는 계약의 이행 또는 손해배상청구권의 소멸시효는 丙이 이를 선택할 수 있는 때부터 진행한다.

톺아보기

무권대리인의 책임은 과실을 요건으로 하지 않는 무과실의 법정책임이며(대판 1962.4.12, 61다1021), 무권대리행위가 제3자의 기망이나 문서위조 등 위법행위로 야기되었다고 하더라도 책임은 부정되지 아니한다(대판 2014.2.27, 2013다213038).

57 상중하

甲으로부터 대리권을 수여받지 않은 乙이 甲을 대리하여 丙과 계약을 체결하였다. 이에 관한 설명으로 옳지 않은 것은? (표현대리는 성립하지 않았고, 다툼이 있으면 판례에 따름) 제22회

① 乙의 무권대리를 丙이 안 경우, 丙은 상당한 기간을 정하여 甲에게 추인 여부의 확답을 최고할 수 있다.

② 계약 당시 乙의 무권대리를 丙이 알았다면, 丙은 甲을 상대로 계약을 철회할 수 없다.

③ 계약을 철회하고자 하는 丙은 乙에게 대리권이 없음을 알지 못하였다는 사실을 증명해야 한다.

④ 계약 당시 乙의 무권대리를 丙이 알지 못하였다면, 甲의 추인이 있을 때까지 丙은 乙을 상대로 계약을 철회할 수 있다.

⑤ 甲이 乙에게 무권대리행위에 대한 추인의 의사표시를 하였다면, 甲은 추인 사실을 알지 못한 丙에 대하여 그 추인으로 대항할 수 없다.

톺아보기

★ 상대방이 대리인에게 대리권이 없음을 알았다는 점에 대한 주장·입증책임은 철회의 효과를 다투는 본인 甲에게 있다 (대판 2017.6.29, 2017다213838).

58 [상]중하

무효에 관한 설명으로 옳지 않은 것은? (다툼이 있으면 판례에 따름) 제28회

① 법률행위의 일부분이 무효인 경우, 특별한 사정이 없는 한 그 전부를 무효로 한다.

② 토지거래허가구역 내의 토지에 대한 매매계약은 당사자 쌍방이 허가신청협력의무의 이행거절 의사를 상대방에게 명백히 표시한 경우에는 확정적으로 무효가 된다.

③ 무효인 가등기를 유효한 등기로 전용하기로 약정한 경우, 그 가등기는 특별한 사정이 없는 한 등기시로 소급하여 유효한 등기로 된다.

④ 비진의 의사표시의 무효는 선의의 제3자에게 대항할 수 없다.

⑤ 불공정한 법률행위로서 무효인 법률행위는 추인에 의하여 유효로 될 수 없다.

톺아보기

무효인 법률행위는 당사자가 무효임을 알고 추인할 경우 새로운 법률행위를 한 것으로 간주할 뿐이고 소급효가 없는 것이므로 무효인 가등기를 유효한 등기로 전용키로 한 약정은 그때부터 유효하고 이로써 위 가등기가 소급하여 유효한 등기로 전환될 수 없다(대판 1992.5.12, 91다26546).

59 [상]중하

법률행위의 무효와 취소에 관한 설명으로 옳지 않은 것은? (다툼이 있으면 판례에 따름) 제26회

① 취소할 수 있는 법률행위를 취소한 경우, 무효행위 추인의 요건을 갖추면 이를 다시 추인할 수 있다.

② 토지거래허가구역 내의 토지에 대한 매매계약이 처음부터 허가를 배제하는 내용의 계약일 경우, 그 계약은 확정적 무효이다.

③ 집합채권의 양도가 양도금지특약을 위반하여 무효인 경우, 채무자는 일부 개별채권을 특정하여 추인할 수 없다.

④ 무권리자의 처분행위에 대한 권리자의 추인의 의사표시는 무권리자나 그 상대방 어느 쪽에 하여도 무방하다.

⑤ 취소할 수 있는 법률행위의 추인은 추인권자가 그 행위가 취소할 수 있는 것임을 알고 하여야 한다.

톺아보기

이른바 집합채권의 양도가 양도금지특약을 위반하여 무효인 경우 채무자는 일부 개별 채권을 특정하여 추인하는 것이 가능하다(대판 2009.10.29, 2009다47685).

📖 더 알아보기

무효행위의 추인은 당사자는 법률행위가 무효임을 알고 추인하여야 하며(대판 2014.3.27, 2012다106607), 무효사유가 종료된 후에 하여야 한다. 그리고 취소할 수 있는 행위의 추인은 추인권자가 취소원인이 소멸된 후에 하여야 하고(제144조 제1항), 취소할 수 있는 행위임을 알고서 추인을 하여야 한다(대판 1997.5.30, 97다2986).

□□□
60
상**중**하

법률행위의 무효와 취소에 관한 설명으로 옳지 않은 것은? (다툼이 있으면 판례에 따름)

제25회

① 법률행위의 일부분이 무효인 경우, 특별한 사정이 없는 한 그 전부를 무효로 한다.

② 일부 무효에 관한 민법 제137조는 당사자의 합의로 그 적용을 배제할 수 있다.

③ 무효인 가등기를 유효한 등기로 전용하기로 약정한 경우, 그 가등기는 등기시로 소급하여 유효한 등기로 된다.

④ 취소할 수 있는 법률행위의 상대방이 확정된 경우, 취소는 그 상대방에 대한 의사표시로 해야 한다.

⑤ 제한능력자의 법정대리인이 제한능력자의 법률행위를 추인한 후에는 제한능력을 이유로 그 법률행위를 취소하지 못한다.

톺아보기

★ 무효인 가등기를 유효한 등기로 전용하기로 한 약정은 그때부터 유효하고 이로써 위 가등기가 소급하여 유효한 등기로 전환될 수 없다(대판 1992.5.12, 91다26546).

정답 | 58 ③   59 ③   60 ③

61

상중**하**

무효와 취소에 관한 설명으로 옳지 않은 것은? (다툼이 있으면 판례에 따름) 제23회

① 취소할 수 있는 법률행위는 취소권을 행사하지 않더라도 처음부터 무효이다.
② 취소할 수 있는 법률행위의 상대방이 확정된 경우, 취소는 그 상대방에 대한 의사표시로 해야 한다.
③ 제한능력자가 제한능력을 이유로 법률행위를 취소한 경우, 그는 법률행위로 인하여 받은 이익이 현존하는 한도에서 상환할 책임이 있다.
④ 무효인 가등기를 유효한 등기로 전용하기로 한 약정은 그때부터 유효하고, 이로써 가등기가 소급하여 유효한 등기로 전환되지 않는다.
⑤ 무효인 법률행위에 따른 법률효과를 침해하는 것처럼 보이는 위법행위가 있다고 하여도 법률효과의 침해에 따른 손해는 없으므로 그 배상을 청구할 수 없다.

톺아보기

★ 취소할 수 있는 행위는 법률행위가 처음부터 유효이지만(유동적 유효), 취소권의 행사에 의하여 소급하여 무효로 된다 (확정적 무효).

62

상중**하**

취소에 관한 설명으로 옳지 않은 것은? 제28회

① 추인할 수 있는 날로부터 3년이 경과하였지만 법률행위를 한 날로부터 10년이 경과하지 않았다면, 취소권자는 그 법률행위를 취소할 수 있다.
② 제한능력을 이유로 법률행위가 취소된 경우, 제한능력자는 그 행위로 인하여 받은 이익이 현존하는 한도에서 상환할 책임이 있다.
③ 제한능력을 이유로 취소할 수 있는 법률행위를 한 미성년자가 행위능력자가 된 후 이의를 보류함이 없이 그 법률행위에 따라 이행한 때에는 추인한 것으로 본다.
④ 취소할 수 있는 법률행위를 추인한 취소권자는 특별한 사정이 없는 한 그 법률행위를 다시 취소할 수 없다.
⑤ 취소할 수 있는 법률행위의 상대방이 확정된 경우, 그 취소는 특별한 사정이 없는 한 그 상대방에 대한 의사표시로 하여야 한다.

톺아보기

'추인할 수 있는 날로부터 3년'과 '법률행위를 한 날로부터 10년'의 두 기간 가운데 먼저 만료되는 기간에 취소권은 소멸한다(통설).

63

상중하

법률행위의 취소에 관한 설명으로 옳지 않은 것은? (다툼이 있으면 판례에 따름)

제24회

① 취소할 수 있는 법률행위에 관하여 법정추인 사유가 존재하더라도 이의를 보류했다면 추인의 효과가 발생하지 않는다.

② 취소할 수 있는 법률행위를 취소한 경우, 무효행위의 추인요건을 갖추더라도 다시 추인할 수 없다.

③ 계약체결에 관한 대리권을 수여받은 대리인이 취소권을 행사하려면 특별한 사정이 없는 한 취소권의 행사에 관한 본인의 수권행위가 있어야 한다.

④ 매도인이 매매계약을 적법하게 해제하였더라도 매수인은 해제로 인한 불이익을 면하기 위해 착오를 이유로 한 취소권을 행사할 수 있다.

⑤ 가분적인 법률행위의 일부에 취소사유가 존재하고 나머지 부분을 유지하려는 당사자의 가정적 의사가 있는 경우, 일부만의 취소도 가능하다.

톺아보기

★ 취소한 법률행위는 처음부터 무효인 것으로 간주되므로 취소할 수 있는 법률행위가 일단 취소된 이상 그 후에는 취소할 수 있는 법률행위의 추인에 의하여 이미 취소되어 무효인 것으로 간주된 당초의 의사표시를 다시 확정적으로 유효하게 할 수는 없고, 다만 무효인 법률행위의 추인의 요건과 효력으로서 추인할 수는 있다(대판 1997.12.12, 95다38240).

제1편 민법총칙

5장

64

상중하

법률행위의 취소와 추인에 관한 설명으로 옳지 않은 것은? (다툼이 있으면 판례에 따름)

① 법률행위가 취소되면 그 법률행위는 처음부터 무효인 것으로 본다.
② 취소의 원인이 종료된 후 취소할 수 있는 법률행위를 추인하는 경우, 취소할 수 있는 법률행위임을 알고 추인해야 그 효력이 생긴다.
③ 법률행위가 취소된 경우, 취소권자는 취소할 수 있는 법률행위의 추인에 의하여 취소된 법률행위를 유효하게 할 수 있다.
④ 법률행위가 취소된 경우, 취소권자는 취소의 원인이 종료된 후 무효인 법률행위의 추인에 따라 그 법률행위를 유효하게 할 수 있다.
⑤ 가분적인 법률행위의 일부분에만 취소사유가 있는 경우, 나머지 부분의 효력을 유지하려는 당사자의 가정적 의사가 있다면 그 일부만의 취소도 가능하다.

톺아보기

취소한 법률행위는 처음부터 무효인 것으로 간주되므로 취소할 수 있는 법률행위가 일단 취소된 이상 그 후에는 취소할 수 있는 법률행위의 추인에 의하여 이미 취소되어 무효인 것으로 간주된 당초의 의사표시를 다시 확정적으로 유효하게 할 수는 없고, 다만 무효인 법률행위의 추인의 요건과 효력으로서 추인할 수는 있다(대판 1997.12.12, 95다38240).

65

상중하

취소할 수 있는 법률행위에 관한 취소권자의 이의 보류 없는 행위로서 '법정추인' 사유에 해당하지 않는 것은?

① 경개
② 담보의 제공
③ 계약의 해제
④ 전부나 일부의 이행
⑤ 취소할 수 있는 법률행위로 취득한 권리의 양도

톺아보기

★ 법정추인 사유는 취소권자의 전부나 일부의 이행, 이행의 청구, 경개, 담보의 제공, 취소할 수 있는 법률행위로 취득한 권리의 전부나 일부의 양도, 강제집행이다(제145조). 계약의 해제는 법정추인 사유가 아니다.

66

법률행위의 부관에 관한 설명으로 옳지 않은 것은? (다툼이 있으면 판례에 따름)

① 조건은 의사표시의 일반원칙에 따라 조건의사와 그 표시가 필요하다.

② 법률행위가 정지조건부 법률행위에 해당한다는 사실은 그 법률효과의 발생을 다투려는 자에게 증명책임이 있다.

③ 당사자 사이에 기한이익상실의 특약이 있는 경우, 특별한 사정이 없는 한 이는 형성권적 기한이익상실의 특약으로 추정된다.

④ 보증채무에서 주채무자의 기한이익의 포기는 보증인에게 효력이 미치지 아니한다.

⑤ 조건의 성취로 인하여 불이익을 받을 당사자가 신의칙에 반하여 조건의 성취를 방해한 경우, 그러한 행위가 있었던 시점에서 조건은 성취된 것으로 의제된다.

톺아보기

상대방의 주장에 의하여 조건성취로 의제되는 시점은 방해행위가 없었다면 조건이 성취되었으리라고 추산되는 시점이다 (대판 1998.12.12, 98다42356).

💬 더 알아보기

어떠한 법률행위가 정지조건부 법률행위에 해당한다는 사실은 그 법률효과의 발생을 다투려는 자에게 주장·입증책임이 있다(대판 1993.9.28, 93다20832). 정지조건부 법률행위에 있어서 조건이 성취되었다는 사실은 이에 의하여 권리를 취득하고자 하는 측이 주장·증명하여야 한다(대판 1984.9.25., 84다카967).

67

상**중**하

조건에 관한 설명으로 옳은 것은? (다툼이 있으면 판례에 따름)

① 정지조건부 법률행위에 있어서 조건이 성취되었다는 사실은 권리를 취득하고자 하는 자가 증명하여야 한다.
② 조건을 붙이고자 하는 의사가 외부에 표시되지 않더라도 조건부 법률행위로 인정된다.
③ 법률행위의 조건이 선량한 풍속에 반하는 경우, 원칙적으로 조건만 무효로 될 뿐 그 법률행위가 무효로 되는 것은 아니다.
④ 불능조건이 정지조건이면 조건 없는 법률행위가 된다.
⑤ 당사자 사이에는 의사표시로 조건성취의 효력을 소급할 수 없다.

톺아보기

① 어떠한 법률행위가 조건의 성취시 법률행위의 효력이 발생하는 소위 정지조건부 법률행위에 해당한다는 사실은 그 법률행위로 인한 법률효과의 발생을 저지하는 사유로서 그 법률효과의 발생을 다투려는 자에게 주장·입증책임이 있다(대판 1993.9.28, 93다20832).

오답해설

② 조건의사가 있더라도 그것이 외부에 표시되지 않으면 법률행위의 동기에 불과할 뿐이다(대판 2003.5.13, 2003다10797).
★ ③ 조건이 선량한 풍속 기타 사회질서에 위반하는 경우가 불법조건이며, 불법조건이 붙어 있는 법률행위는 조건뿐만 아니라 법률행위 자체가 무효이다(대결 2005.11.8, 2005마541).
★ ④ 불능조건이 해제조건이면 조건 없는 법률행위가 되고, 불능조건이 정지조건이면 그 법률행위는 무효이다(제151조 제3항).
⑤ 당사자가 조건성취의 효력을 그 성취 전에 소급하게 할 의사를 표시한 경우에는 그 의사에 의한다(제147조 제3항).

68

상 중**하**

조건과 기한에 관한 설명으로 옳지 않은 것은? (다툼이 있으면 판례에 따름)

① 조건의 성취가 미정한 권리도 일반규정에 의하여 담보로 할 수 있다.
② 조건부 법률행위에 있어 조건의 내용 자체가 불법적인 것이어서 무효인 경우, 그 법률행위 전부가 무효로 된다.
③ 조건이 법률행위의 당시에 이미 성취할 수 없는 것인 경우, 그 조건이 해제조건이면 그 법률행위는 무효로 한다.
④ 기한이익상실의 특약은 특별한 사정이 없는 한 형성권적 기한이익상실의 특약으로 추정한다.
⑤ 기한의 이익은 포기할 수 있지만, 특별한 사정이 없는 한 상대방의 이익을 해하지 못한다.

톺아보기

조건이 법률행위의 당시에 이미 성취할 수 없는 것인 경우에는 그 조건이 해제조건이면 조건없는 법률행위로 하고, 정지조건이면 그 법률행위는 무효로 한다(제151조 제3항).

69 상중**하**

조건과 기한에 관한 설명으로 옳은 것은? (다툼이 있으면 판례에 따름) 제25회

① 특별한 사정이 없는 한 기한의 이익은 이를 포기할 수 없다.

② 정지조건 있는 법률행위는 조건이 성취한 때로부터 그 효력을 잃는다.

③ 조건의 성취가 미정한 권리는 일반규정에 의하여 담보로 할 수 없다.

④ 정지조건이 법률행위 당시에 이미 성취할 수 없는 것인 경우, 그 법률행위는 무효이다.

⑤ 법률행위에 어떤 조건이 붙어 있었는지 여부는 그 조건의 부존재를 주장하는 자가 이를 증명해야 한다.

톺아보기

★ ④ 불능조건이 해제조건이면 조건 없는 법률행위가 되고, 불능조건이 정지조건이면 그 법률행위는 무효이다(제151조 제3항).

오답해설

① 기한의 이익은 이를 포기할 수 있다. 그러나 상대방의 이익을 해하지 못한다(제153조 제2항).

② 정지조건 있는 법률행위는 조건이 성취한 때로부터 그 효력이 생긴다(제147조 제1항).

③ 조건의 성취가 미정한 권리는 일반규정에 의하여 처분, 상속, 보존 또는 담보로 할 수 있다(제149조).

★ ⑤ 법률행위에 어떤 조건이 붙어 있었는지 아닌지는 사실인정의 문제로서 그 조건의 존재를 주장하는 자가 이를 입증하여야 한다(대판 2006.11.24, 2006다35766).

조건과 기한에 관한 설명으로 옳지 않은 것은? (다툼이 있으면 판례에 따름)

제24회

① 법률행위에 정지조건이 붙어 있다는 사실은 그 법률행위의 효력발생을 다투려는 자가 증명하여야 한다.

② 조건의사가 외부로 표시되지 않은 경우, 조건부 법률행위로 인정되지 않는다.

③ 당사자가 조건성취의 효력을 그 성취 전에 소급하게 할 의사를 표시한 경우, 그 의사표시는 무효이다.

④ 불확정한 사실이 발생한 때를 이행기한으로 정한 경우, 그 사실의 발생이 불가능하게 된 때에도 기한이 도래한 것으로 본다.

⑤ 상계의 의사표시에는 기한을 붙일 수 없다.

톺아보기

당사자가 조건성취의 효력을 그 성취 전에 소급하게 할 의사를 표시한 경우에는 그 의사에 의한다(제147조 제3항).

🖵 더 알아보기

표시된 사실이 발생한 때는 물론이고 반대로 발생하지 아니하는 것이 확정된 때에도 그 채무를 이행하여야 한다고 보는 것이 타당한 경우에는 표시된 사실의 발생 여부가 확정되는 것을 불확정기한으로 정한 것으로 보아야 한다(대판 2011.4.28, 2010다89036).

법률행위의 부관에 관한 설명으로 옳지 않은 것은?

① 정지조건이 있는 법률행위는 특별한 사정이 없는 한 그 조건이 성취한 때로부터 그 효력이 생긴다.

② 해제조건 있는 법률행위는 특별한 사정이 없는 한 그 조건이 성취한 때로부터 그 효력을 잃는다.

③ 법률행위의 조건이 선량한 풍속 기타 사회질서에 위반한 것인 때에는 그 법률행위는 무효로 한다.

④ 시기(始期) 있는 법률행위는 그 기한이 도래한 때로부터 그 효력이 소멸한다.

⑤ 기한의 이익은 이를 포기할 수 있지만, 상대방의 이익을 해하지 못한다.

톺아보기

★ 시기부 법률행위는 기한이 도래한 때부터 그 효력이 생긴다(제152조 제1항). 반면 종기부 법률행위는 기한이 도래한 때부터 그 효력을 잃는다(제152조 제2항).

☐ 더 알아보기

기한의 이익은 포기할 수 있다. 그러나 상대방의 이익을 해하지 못한다(제153조 제2항). 기한의 이익이 상대방에게도 있는 경우에는 상대방의 손해를 배상하고 기한의 이익을 포기할 수 있다.

□□□ 01

상중**하**

법령 또는 약정 등으로 달리 정한 바가 없는 경우, 기간에 관한 설명으로 옳지 않은 것은? (다툼이 있으면 판례에 따름)   제22회

① 기간계산에 관한 민법규정은 공법관계에 적용되지 않는다.

② 기간을 월 또는 연으로 정한 때에는 역(歷)에 의하여 계산한다.

③ 기간의 말일이 토요일 또는 공휴일에 해당하는 때에는 기간은 그 익일로 만료한다.

④ 기간을 일 또는 주로 정한 때에는 그 기간이 오전 영시로부터 시작하지 않는 경우, 기간의 초일은 산입하지 아니한다.

⑤ 연령계산에는 출생일을 산입한다.

톺아보기

제155조 이하의 기간계산법은 사법관계는 물론 공법관계에도 통칙적으로 적용된다(대판 1989.4.11, 87다카2901).

02 상중하

기간의 만료점이 빠른 시간 순서대로 나열한 것은? (다툼이 있으면 판례에 따름)

㉠ 2020년 6월 2일 오전 0시 정각부터 4일간
㉡ 2020년 5월 4일 오후 2시 정각부터 1개월간
㉢ 2020년 6월 10일 오전 10시 정각부터 1주일 전(前)

① ㉠ - ㉡ - ㉢　　　　　　② ㉠ - ㉢ - ㉡

③ ㉡ - ㉠ - ㉢　　　　　　④ ㉡ - ㉢ - ㉠

⑤ ㉢ - ㉡ - ㉠

톺아보기

㉠ 2020년 6월 2일 오전 0시 정각부터 4일간의 만료점 - 2020년 6월 5일 24시
㉡ 2020년 5월 4일 오후 2시 정각부터 1개월간의 만료점 - 2020년 6월 4일 24시
㉢ 2020년 6월 10일 오전 10시 정각부터 1주일 전(前)의 만료점 - 2020년 6월 2일 24시

제7장 / 소멸시효

□□□ 01 소멸시효에 걸리는 권리는? (다툼이 있으면 판례에 따름)

상**중**하

제23회

① 점유권
② 유치권
③ 주위토지통행권
④ 소유권에 기한 방해제거청구권
⑤ 물상보증인의 채무자에 대한 구상권

톺아보기

★ 물상보증인의 채무자에 대한 구상권은 그들 사이의 물상보증위탁계약의 법적 성질과 관계없이 민법에 의하여 인정된 별개의 독립한 권리이고, 그 소멸시효에 있어서는 민법상 일반채권에 관한 규정이 적용된다(대판 2001.4.24, 2001다6237).

더 알아보기

상린관계상의 권리(제215조 이하) 및 공유물분할청구권(제268조)과 같이 소유권에 수반하는 권리는 소유권과 독립하여 소멸시효에 걸리지 않는다(통설·판례). 소유권에 기한 물권적 청구권도 소멸시효에 걸리지 않는다(대판 1979.2.13, 78다2412).

138   해커스 주택관리사(보) house.Hackers.com

02

상중하

소멸시효에 관한 설명으로 옳은 것을 모두 고른 것은? (다툼이 있으면 판례에 따름)

제26회

> ㉠ 소유권에 기한 물권적 청구권은 소멸시효에 걸리지 않는다.
> ㉡ 하자담보책임에 기한 토지매수인의 손해배상청구권은 제척기간에 걸리므로 소멸시효의 적용이 배제된다.
> ㉢ 사실상 권리의 존재나 권리행사 가능성을 알지 못하였다는 사유는 특별한 사정이 없는 한 소멸시효의 진행을 방해하지 않는다.

① ㉡   ② ㉠, ㉡   ③ ㉠, ㉢
④ ㉡, ㉢   ⑤ ㉠, ㉡, ㉢

톺아보기

★ ㉡ 매도인에 대한 하자담보에 기한 손해배상청구권에 대하여는 민법 제582조의 제척기간 규정으로 인하여 소멸시효 규정의 적용이 배제된다고 볼 수 없으며, 이때 다른 특별한 사정이 없는 한 무엇보다도 매수인이 매매목적물을 인도받은 때부터 소멸시효가 진행한다고 해석함이 타당하다(대판 2011.10.13, 2011다10266).

03

상중하

소멸시효에 관한 설명으로 옳지 않은 것은? (다툼이 있으면 판례에 따름)   제27회

① 채권 및 소유권은 10년간 행사하지 아니하면 소멸시효가 완성한다.
② 지역권은 20년간 행사하지 아니하면 소멸시효가 완성한다.
③ 금전채무의 이행지체로 인하여 발생하는 지연손해금은 3년간의 단기소멸시효가 적용되지 않는다.
④ 이자채권이라도 1년 이내의 정기로 지급하기로 한 것이 아니면 3년의 단기소멸시효가 적용되지 않는다.
⑤ 상행위로 인하여 발생한 상품판매 대금채권은 3년의 단기소멸시효가 적용된다.

톺아보기

채권은 10년간 행사하지 아니하면 소멸시효가 완성한다(제162조 제1항). 그러나 소유권은 절대성과 항구성으로 인하여 소멸시효의 대상이 아니다.

04 소멸시효에 관한 설명으로 옳지 않은 것은? (다툼이 있으면 판례에 따름) 제24회

상**중**하

① 불계속지역권은 소멸시효에 걸리는 권리이다.

② 공유관계가 존속하는 한 공유물분할청구권은 독립하여 소멸시효에 걸리지 않는다.

③ 건물이 완공되기 전에는 건물에 관한 소유권이전등기청구권의 시효가 진행하지 않는다.

④ 소멸시효완성 후에 채무승인이 있었다면, 곧바로 소멸시효이익의 포기가 있는 것으로 간주된다.

⑤ 정지조건부 채권의 소멸시효는 그 조건이 성취한 때로부터 진행한다.

톺아보기

★ 시효완성 후 시효이익의 포기가 인정되려면 시효이익을 받는 채무자가 시효의 완성으로 인한 법적인 이익을 받지 않겠다는 효과의사가 필요하기 때문에 시효완성 후 소멸시효 중단사유에 해당하는 채무의 승인이 있었다 하더라도 그것만으로는 곧바로 소멸시효이익의 포기라는 의사표시가 있었다고 단정할 수 없다(대판 2013.2.28, 2011다21556)

05 소멸시효에 관한 설명으로 옳은 것은? (다툼이 있으면 판례에 따름) 제25회

상**중**하

① 소멸시효의 이익은 미리 포기할 수 있다.

② 1개월 단위로 지급되는 집합건물의 관리비채권의 소멸시효기간은 3년이다.

③ 부작위를 목적으로 하는 채권의 소멸시효는 계약체결시부터 진행한다.

④ 근저당권설정약정에 의한 근저당권설정등기청구권은 그 피담보채권이 될 채권과 별개로 소멸시효에 걸리지 않는다.

⑤ 당사자가 본래의 소멸시효 기산일과 다른 기산일을 주장하는 경우, 법원은 원칙적으로 본래의 소멸시효 기산일을 기준으로 소멸시효를 계산해야 한다.

★ ② 제163조 제1호에서 3년의 단기소멸시효에 걸리는 것으로 규정한 '1년 이내의 기간으로 정한 채권'이란 1년 이내의 정기로 지급되는 채권을 말하는 것으로서 1개월 단위로 지급되는 집합건물의 관리비채권은 이에 해당한다(대판 2007.2.22, 2005다65821).

오답해설

① 소멸시효의 이익은 미리 포기하지 못한다(제184조 제1항).

③ 부작위를 목적으로 하는 채권의 소멸시효는 위반행위를 한 때로부터 진행한다(제166조 제2항).

★ ④ 근저당권설정약정에 의한 근저당권설정등기청구권은 그 피담보채권이 될 채권과 별개로 소멸시효에 걸린다(대판 2004.2.13, 2002다7213).

⑤ 소멸시효의 기산일은 변론주의의 적용대상이므로, 본래의 소멸시효 기산일과 당사자가 주장하는 기산일이 다른 경우에는 당사자가 주장하는 기산일을 기준으로 한다(대판 1995.8.25, 94다35886).

06

상**중**하

소멸시효에 관한 설명으로 옳지 않은 것은? (다툼이 있으면 판례에 따름) 제22회

① 정지조건부 권리는 조건이 성취된 때부터 소멸시효가 진행한다.

② 당사자가 본래의 소멸시효 기산일과 다른 기산일을 주장하는 경우, 법원은 본래의 소멸시효 기산일을 기준으로 소멸시효를 계산하여야 한다.

③ 공동불법행위자 사이에 인정되는 구상권의 소멸시효는 구상권자가 공동면책행위를 한 때부터 진행한다.

④ 특정물 매도인의 하자담보책임에 기한 매수인의 손해배상청구권은 특별한 사정이 없는 한, 그 목적물을 인도받은 때부터 소멸시효가 진행한다.

⑤ 채권자가 선택권자인 선택채권은 선택권을 행사할 수 있는 때부터 소멸시효가 진행한다.

★ 소멸시효의 기산일은 변론주의의 적용대상이므로, 본래의 소멸시효 기산일과 당사자가 주장하는 기산일이 다른 경우에는 당사자가 주장하는 기산일을 기준으로 한다(대판 1995.8.25, 94다35886).

07 소멸시효에 관한 설명으로 옳지 않은 것은? (다툼이 있으면 판례에 따름) 제28회

상**중**하

① 매수인이 목적부동산을 인도받아 계속 점유하는 경우에는 그 부동산에 관한 소유권이전등기청구권의 소멸시효가 진행하지 않는다.
② 건물이 완공되기 전에는 건물에 관한 소유권이전등기청구권의 시효가 진행하지 않는다.
③ 가압류에 의한 시효중단의 효력은 가압류의 집행보전의 효력이 존속하는 동안 계속된다.
④ 소멸시효의 진행이 개시되기 전에 채무자가 승인한 경우, 그 승인에 따라 채권의 소멸시효는 중단된다.
⑤ 지급명령에서 확정된 채권은 특별한 사정이 없는 한 단기의 소멸시효에 해당하는 것이라도 그 소멸시효는 10년으로 한다.

톺아보기

소멸시효의 중단사유로서의 승인은 시효이익을 받을 당사자인 채무자가 그 권리의 존재를 인식하고 있다는 뜻을 표시함으로써 성립하는 것이므로 이는 소멸시효의 진행이 개시된 이후에만 가능하고 그 이전에 승인을 하더라도 시효가 중단되지는 않는다고 할 것이고, 또한 현존하지 아니하는 장래의 채권을 미리 승인하는 것은 채무자가 그 권리의 존재를 인식하고서 한 것이라고 볼 수 없어 허용되지 않는다고 할 것이다(대판 2001.11.9, 2001다52568).

08 소멸시효의 중단에 관한 설명으로 옳지 않은 것은? (다툼이 있으면 판례에 따름)

상중**하** 제25회

① 승인으로 인한 시효중단의 효력은 그 승인의 통지가 상대방에게 발신된 때에 발생한다.
② 소멸시효의 중단사유인 승인은 묵시적으로도 할 수 있다.
③ 재판상의 청구로 인하여 중단된 시효는 재판이 확정된 때로부터 새로이 진행한다.
④ 지급명령신청은 소멸시효의 중단사유로서 재판상의 청구에 포함된다.
⑤ 가압류는 소멸시효의 중단사유이다.

톺아보기

★ 승인으로 인한 시효중단의 효력은 그 승인의 통지가 상대방에게 도달하는 때에 발생한다(대판 1995.9.29, 95다30178).

142 해커스 주택관리사(보) house.Hackers.com

09 소멸시효의 중단에 관한 설명으로 옳지 않은 것은? (다툼이 있으면 판례에 따름)

제23회

① 재판상 청구는 그 소가 각하되더라도 최고의 효력은 있다.
② 응소행위로 인한 시효중단의 효력은 원고가 소를 제기한 때에 발생한다.
③ 소멸시효가 중단되면 중단사유가 종료된 때부터 새로 시효가 진행한다.
④ 시효중단의 효력 있는 승인에는 상대방의 권리에 관한 처분의 능력이나 권한 있음을 요하지 않는다.
⑤ 부진정연대채무자 1인에 대한 이행의 청구는 다른 부진정연대채무자에 대하여 시효중단의 효력이 없다.

톺아보기

★ 재판상 청구에 의한 시효중단의 효력은 소를 제기한 때 발생한다(민사소송법 제265조). 다만, 응소의 경우에는 현실적으로 권리를 행사하여 응소한 때에 발생한다(대판 2007.11.30, 2007다54610).

10 상중하

추가적인 조치가 없더라도 소멸시효 중단의 효력이 발생하는 것은? (다툼이 있으면 판례에 따름)

제27회

① 채권자의 승소 확정판결
② 최고
③ 재산명시명령의 송달
④ 이행청구 의사가 표명된 소송고지
⑤ 내용증명우편에 의한 이행청구

톺아보기

① 재판상 청구에 의한 채권자의 승소 확정판결에 의하여 채권의 소멸시효가 중단되며, 시효중단의 효력은 소를 제기한 때 발생한다(민사소송법 제265조).

오답해설

② 최고는 6월 내에 재판상의 청구, 파산절차 참가, 화해를 위한 소환, 임의출석, 압류 또는 가압류, 가처분을 하지 아니하면 시효중단의 효력이 없다(제174조).

★ ③ 채권자가 확정판결에 기한 채권의 실현을 위하여 채무자에 대하여 민사집행법상 재산명시신청을 하고 그 결정이 채무자에게 송달되었다면 거기에 소멸시효 중단사유인 '최고'로서의 효력만이 인정되므로, 재산명시결정에 의한 소멸시효 중단의 효력은 그로부터 6월 내에 다시 소를 제기하거나 압류 또는 가압류, 가처분을 하는 등 민법 제174조에 규정된 절차를 속행하지 아니하는 한 상실된다(대판 2012.1.12, 2011다78606).

★ ④ 소송고지의 요건이 갖추어진 경우에 소송고지서에 고지자가 피고지자에 대하여 채무의 이행을 청구하는 의사가 표명되어 있으면 민법 제174조에 정한 시효중단사유로서의 최고의 효력이 인정된다. 소송고지에 의한 최고의 경우에는 민사소송법 제265조를 유추적용하여 당사자가 소송고지서를 법원에 제출한 때에 시효중단의 효력이 발생한다(대판 2015.5.14, 2014다16494).

⑤ 내용증명우편에 의한 이행청구는 성질상 최고이다.

소멸시효의 중단에 관한 설명으로 옳은 것은? (다툼이 있으면 판례에 따름) 제22회

① 과세처분의 취소 또는 무효확인의 소는 소멸시효 중단사유인 재판상 청구에 해당하지 않는다.

② 권리의 일부에 대하여 소를 제기한 것이 명백한 경우, 원칙적으로 그 일부뿐만 아니라 나머지 부분에 대하여도 시효중단의 효력이 발생한다.

③ 채권자가 파산법원에 대한 파산채권신고를 한 경우, 시효중단의 효력이 발생하지 않는다.

④ 주채무자에 대한 시효의 중단은 보증인에 대하여 그 효력이 있다.

⑤ 소멸시효가 중단된 때에는 그 시효의 진행이 일시 중지되었다가 중단사유가 종료한 때로부터 다시 이어서 진행한다.

톺아보기

④ 주채무자에 대한 시효중단은 보증인에 대하여도 효력이 있다(제440조). 모든 시효중단사유에 대해 절대효가 있다.

오답해설

★ ① 과세처분의 취소 또는 무효확인청구의 소가 비록 행정소송이라고 할지라도 조세환급을 구하는 부당이득반환청구권의 소멸시효 중단사유인 재판상 청구에 해당한다고 볼 수 있다(대판 1992.3.31, 91다32053 전합).

★ ② 일부 청구를 명시하여 소송을 제기한 경우에는 나머지 부분에 대한 시효중단의 효력이 없다.

③ 채권자가 파산재단의 배당에 참가하기 위하여 자기채권을 신고하는 것이 파산절차 참가인데(채무자회생법 제447조), 이는 시효중단의 효력을 가진다.

⑤ 시효가 중단된 때에는 중단까지에 경과한 시효기간은 이를 산입하지 아니하고 중단사유가 종료한 때로부터 새로이 진행한다(제178조 제1항).

12 상중하

소멸시효에 관한 설명으로 옳은 것은? (다툼이 있으면 판례에 따름) 제27회

① 소멸시효 중단사유인 채무의 승인은 의사표시에 해당한다.

② 시효중단의 효력 있는 승인에는 상대방의 권리에 관한 처분의 능력이나 권한 있음을 요하지 아니한다.

③ 소멸시효이익의 포기사유인 채무의 묵시적 승인은 관념의 통지에 해당한다.

④ 시효완성 전에 채무의 일부를 변제한 경우에는 그 수액에 관하여 다툼이 없는 한 채무승인의 효력이 있어 채무 전부에 관하여 소멸시효이익 포기의 효력이 발생한다.

⑤ 채무자가 담보 목적의 가등기를 설정하여 주는 것은 채무의 승인에 해당하므로, 그 가등기가 계속되고 있는 동안 그 피담보채권에 대한 소멸시효는 진행하지 않는다.

톺아보기

오답해설

★ ① 소멸시효 중단사유로서의 채무승인은 시효이익을 받는 당사자인 채무자가 소멸시효의 완성으로 채권을 상실하게 될 자에 대하여 상대방의 권리 또는 자신의 채무가 있음을 알고 있다는 뜻을 표시함으로써 성립하는 이른바 관념의 통지로 여기에 어떠한 효과의사가 필요하지 않다(대판 2013.2.28, 2011다2155).

③ 시효이익을 받을 채무자는 소멸시효가 완성된 후 시효이익을 포기할 수 있고, 이것은 시효의 완성으로 인한 법적인 이익을 받지 않겠다고 하는 효과의사를 필요로 하는 의사표시이다(대판 2017.7.11, 2014다32458).

④ 동일 당사자간의 계속적인 금전거래로 인하여 수개의 금전채무가 있는 경우에 채무의 일부 변제는 채무의 일부로서 변제한 이상 그 채무 전부에 관하여 시효중단의 효력을 발생하는 것으로 보아야 하고, 동일 당사자간에 계속적인 거래관계로 인하여 수개의 금전채무가 있는 경우에 채무자가 채무액 전부를 변제하기에 부족한 금액을 채무의 일부로 변제한 때에는 특별한 사정이 없는 한 기존의 수개의 채무 전부에 대하여 승인을 하고 변제한 것으로 보는 것이 상당하다(대판 1980.5.13, 78다1790).

★ ⑤ 채무자가 채권자에 대하여 자기소유의 부동산에 담보 목적의 가등기를 설정하여 주는 것은 민법 제168조 소정의 채무의 승인에 해당한다고 볼 수 있다(대판 1997.12.26, 97다22676). 승인이 상대방에게 도달한 때부터 다시 시효기간의 계산이 시작된다(제178조 제1항).

13

소멸시효의 중단과 정지에 관한 설명으로 옳지 않은 것은? (다툼이 있으면 판례에 따름) 제24회

① 시효의 중단은 원칙적으로 당사자 및 그 승계인간에만 효력이 있다.

② 가압류에 의한 시효중단의 효력은 가압류의 집행보전의 효력이 존속하는 동안 계속된다.

③ 물상보증인 소유의 부동산에 대한 압류는 그 통지와 관계없이 주채무자에 대하여 시효중단의 효력이 생긴다.

④ 재산을 관리하는 후견인에 대한 제한능력자의 권리는 그가 능력자가 되거나 후임 법정대리인이 취임한 때부터 6개월 내에는 소멸시효가 완성되지 않는다.

⑤ 부부 중 한쪽이 다른 쪽에 대하여 가지는 권리는 혼인관계가 종료된 때부터 6개월 내에는 소멸시효가 완성되지 않는다.

톺아보기

★ 압류, 가압류 및 가처분은 시효의 이익을 받은 자에 대하여 하지 아니한 때에는 이를 그에게 통지한 후가 아니면 시효 중단의 효력이 없다(제176조). 즉 물상보증인이나 저당부동산의 제3취득자의 부동산을 압류한 경우에는, 그 사실을 주채무자에게 통지하여야 시효중단의 효력이 미친다.

14

상중 하

소멸시효의 효력에 관한 설명으로 옳지 않은 것은? (다툼이 있으면 판례에 따름)

제28회

① 소유권이전등기청구권의 소멸시효기간이 지난 사실을 알고 있는 등기의무자가 소유권이전등기를 해 주기로 약정한 경우, 특별한 사정이 없는 한 이는 시효이익의 포기로 보아야 한다.

② 소멸시효가 완성된 채권이 그 완성 전에 상계할 수 있었던 것이면 그 채권자는 상계할 수 있다.

③ 후순위담보권자는 선순위담보권의 피담보채권의 시효소멸로 직접 이익을 받는 자에 해당하기 때문에 그 피담보채권의 소멸시효완성을 주장할 수 있다.

④ 시효완성의 이익을 받을 당사자 또는 그 대리인이 아닌 제3자가 시효완성의 이익을 포기한 경우, 그 포기는 시효완성의 이익을 받을 자에게 효력이 없다.

⑤ 소멸시효이익의 포기는 가분채무 일부에 대하여도 가능하다.

톺아보기

소멸시효가 완성된 경우 이를 주장할 수 있는 사람은 시효로 채무가 소멸되는 결과 직접적인 이익을 받는 사람에 한정된다. 후순위담보권자는 선순위담보권의 피담보채권이 소멸하면 담보권의 순위가 상승하고 이에 따라 피담보채권에 대한 배당액이 증가할 수 있지만, 이러한 배당액 증가에 대한 기대는 담보권의 순위 상승에 따른 반사적 이익에 지나지 않는다. 후순위담보권자는 선순위담보권의 피담보채권 소멸로 직접 이익을 받는 자에 해당하지 않아 선순위담보권의 피담보채권에 관한 소멸시효가 완성되었다고 주장할 수 없다고 보아야 한다(대판 2021.2.25, 2016다232597).

3개년 출제비중분석

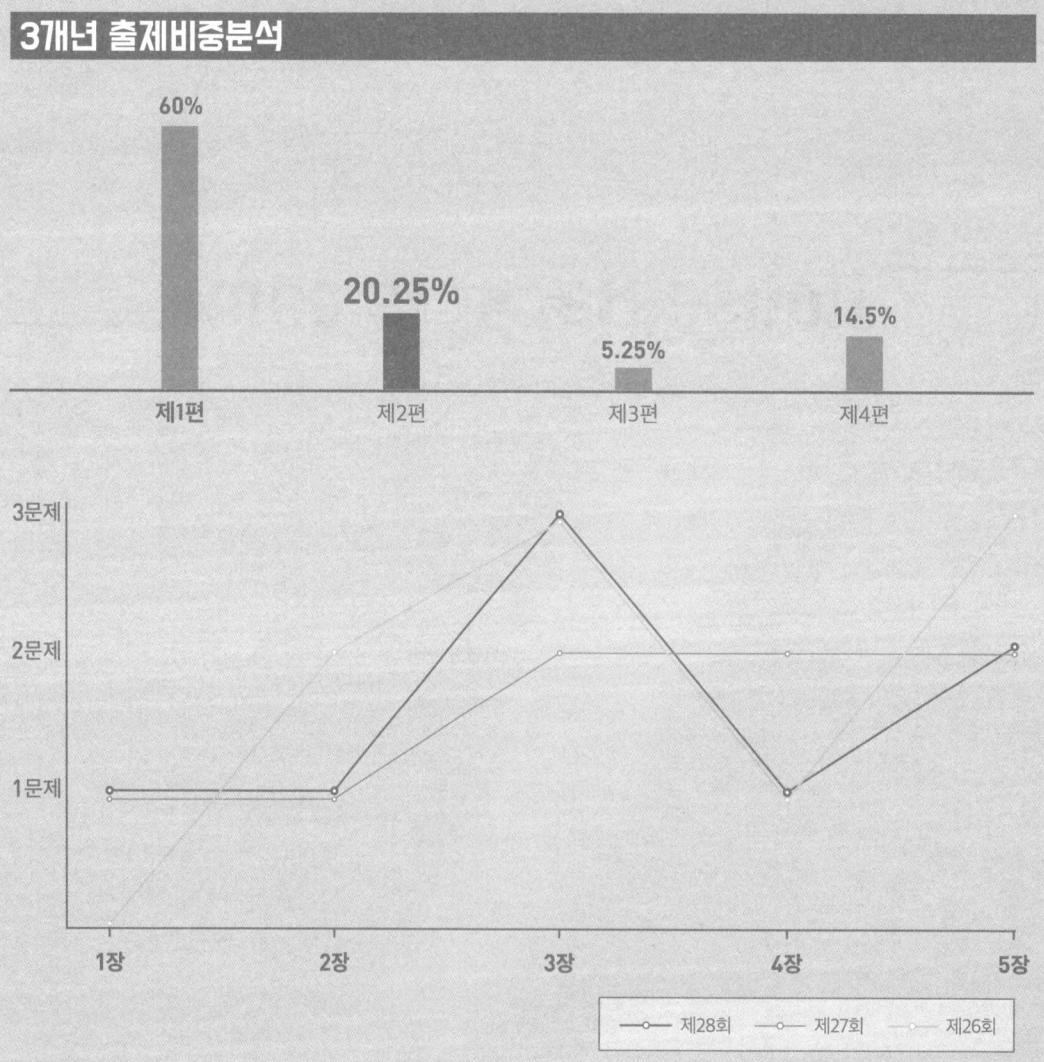

제2편

물권법

제1장 / 물권법 서론

기본서 p.380~391

□□□
01
상**중**하

물권에 관한 설명으로 옳지 않은 것은? (다툼이 있으면 판례에 따름)　　제24회

① 물권법정주의에 관한 민법 제185조의 '법률'에는 규칙이나 지방자치단체의 조례가 포함되지 않는다.

② 온천에 관한 권리는 독립한 물권으로 볼 수 없다.

③ 일물일권주의 원칙상 특정 양만장 내의 뱀장어들 전부에 대해서는 1개의 양도담보권을 설정할 수 없다.

④ 사용·수익권능이 영구적·대세적으로 포기된 소유권은 특별한 사정이 없는 한 허용될 수 없다.

⑤ 소유권에 기한 물권적 청구권은 소멸시효의 대상이 아니다.

톺아보기

★ 성장을 계속하는 어류일지라도 특정 양만장 내의 뱀장어 등 어류 전부에 대한 양도담보계약은 그 담보목적물이 특정되었으므로 유효하게 성립한다(대판 1990.12.26, 88다카20224).

핵심조문

제185조 【물권의 종류】 물권은 법률 또는 관습법에 의하는 외에는 임의로 창설하지 못한다.

02

관습법상 권리에 관한 설명으로 옳지 않은 것을 모두 고른 것은? (다툼이 있으면 판례에 따름)

> ㉠ 온천에 관한 권리는 관습법상의 물권이다.
> ㉡ 미등기 무허가건물의 양수인은 사실상의 소유권이라는 관습법상의 물권을 취득한다.
> ㉢ 지역주민이 관련 법령에 따른 근린공원을 자유롭게 이용할 수 있는 경우, 그들에게 배타적인 관습법상의 공원이용권이 인정된다.

① ㉠

② ㉡

③ ㉢

④ ㉡, ㉢

⑤ ㉠, ㉡, ㉢

톺아보기

★ ㉠ 온천에 관한 권리를 관습법상의 물권이라고 볼 수 없다(대판 1970.5.26, 69다1239).

★ ㉡ 미등기 무허가건물의 양수인이라도 그 소유권이전등기를 경료하지 않는 한 그 건물의 소유권을 취득할 수 없고, 소유권에 준하는 관습상의 물권이 있다고도 할 수 없으며, 현행법상 사실상의 소유권이라고 하는 포괄적인 권리 또는 법률상의 지위를 인정하기도 어렵다(대판 2006.10.27, 2006다49000).

★ ㉢ 도시공원법상 근린공원으로 지정된 공원은 일반 주민들이 다른 사람의 공동사용을 방해하지 않는 한 자유로이 이용할 수 있지만 그러한 사정만으로 인근 주민들이 누구에게나 주장할 수 있는 공원이용권이라는 배타적인 권리를 취득하였다고는 할 수 없다(대결 1995.5.23, 94마2218).

📖 더 알아보기

판례에 의하여 인정되는 관습법상 물권은 분묘기지권(대판 1959.5.28, 4291민상257), 관습법상 법정지상권(대판 1960. 9.29, 4292민상944)이다.

03 소유권에 기한 물권적 청구권에 관한 설명으로 옳지 않은 것은? (다툼이 있으면 판례에 따름)

제28회

상**중**하

① 소유권이전등기를 마치지 않은 매수인은 직접 소유권에 기한 방해제거청구를 할 수 없다.

② 소유권에 기한 물권적 청구권은 소멸시효의 대상이 되지 않는다.

③ 건물소유자가 건물의 소유를 통해 타인소유의 토지 전부를 불법점유하고 있는 경우, 그 토지소유자는 특별한 사정이 없는 한 건물소유자에게 건물철거를 청구할 수 있다.

④ 불법점유자가 물건을 다른 사람에게 인도하여 현실적으로 점유를 하고 있지 않더라도 소유자는 그 불법점유자를 상대로 그 소유물의 인도청구를 할 수 있다.

⑤ 소유권에 기한 방해배제청구는 현재 계속되고 있는 방해의 원인을 제거하는 것을 내용으로 해야 한다.

톺아보기

불법점유를 이유로 하여 그 명도 또는 인도를 청구하려면 현실적으로 그 목적물을 점유하고 있는 자를 상대로 하여야 하고, 불법점유자라 하여도 그 물건을 다른 사람에게 인도하여 현실적으로 점유를 하고 있지 않은 이상, 그 자를 상대로 한 인도 또는 명도청구는 부당하다(대판 1999.7.9, 98다9045).

04 상중하 물권적 청구권에 관한 설명으로 옳은 것은? (다툼이 있으면 판례에 따름) 제27회

① 지상권을 설정한 토지소유자는 그 토지에 대한 불법점유자에 대하여 물권적 청구권을 행사할 수 없다.

② 점유를 상실하여 현실적으로 점유하고 있지 아니한 불법점유자에 대하여 소유자는 그 소유물의 인도를 청구할 수 있다.

③ 소유권을 상실한 전(前) 소유자가 그 물건의 양수인에게 인도의무를 부담하는 경우, 제3자인 불법점유자에 대하여 소유권에 기한 물권적 청구권을 행사할 수 있다.

④ 소유자는 소유권을 현실적으로 방해하지 않고 그 방해를 할 염려있는 행위를 하는 자에 대하여도 그 예방을 청구할 수 있다.

⑤ 지역권자는 지역권의 행사를 방해하는 자에게 승역지의 반환청구를 할 수 있다.

톺아보기

★ ④ 소유자는 소유물을 방해할 염려가 있는 행위를 하는 자에 대하여 그 예방 또는 손해배상의 담보를 청구할 수 있는데(선택적 청구), 이를 소유물방해예방청구권이라 한다(제214조 후단).

오답해설

① 지상권을 설정한 토지소유권자는 불법점유자에 대하여 물권적 청구권을 행사할 수 있다(대판 1974.11.12, 74다1150).

② 불법점유를 이유로 하여 그 명도 또는 인도를 청구하려면 현실적으로 그 목적물을 점유하고 있는 자를 상대로 하여야 하고, 불법점유자라 하여도 그 물건을 다른 사람에게 인도하여 현실적으로 점유를 하고 있지 않은 이상, 그 자를 상대로 한 인도 또는 명도청구는 부당하다(대판 1999.7.9, 98다9045).

★ ③ 소유물반환청구권의 주체는 현재의 소유자이다(대판 1969.5.27, 68다725 전합). 따라서 소유권을 상실한 전(前) 소유자는 제3자인 불법점유자에 대하여 소유권에 기한 물권적 청구권을 행사할 수 없다.

★ ⑤ 지역권은 승역지를 점유할 권리를 수반하지 않으므로 지역권자에게는 반환청구권은 인정되지 않고, 방해제거청구권과 방해예방청구권만이 인정된다(제301조, 제214조).

기본서 p.396~423

01 부동산 매매계약으로 인한 등기청구권에 관한 설명으로 옳은 것을 모두 고른 것은? (다툼이 있으면 판례에 따름)

제25회

> ㉠ 부동산 매수인이 목적 부동산을 인도받아 계속 점유하는 경우, 그 소유권이전등기 청구권의 소멸시효는 진행되지 않는다.
> ㉡ 부동산 매수인 甲이 목적 부동산을 인도받아 이를 사용·수익하다가 乙에게 그 부 동산을 처분하고 그 점유를 승계하여 준 경우, 甲의 소유권이전등기청구권의 소멸 시효는 진행되지 않는다.
> ㉢ 부동산 매매로 인한 소유권이전등기청구권은 특별한 사정이 없는 한 권리의 성질 상 양도가 제한되고 양도가 채무자의 승낙이나 동의를 요한다.

① ㉠
② ㉢
③ ㉠, ㉡
④ ㉡, ㉢
⑤ ㉠, ㉡, ㉢

톺아보기

- ★ ㉠ 부동산의 매수인이 매매목적물을 인도받아 사용·수익하고 있는 경우에는 그 매수인의 이전등기청구권은 소멸시 효에 걸리지 아니한다(대판 1996.9.20, 96다68).
- ★ ㉡ 매수인이 그 부동산을 다른 사람에게 처분하고 점유를 승계하여 준 경우에도 그가 그 부동산을 스스로 계속 사용·수익 만 하고 있는 경우와 특별히 다를 바 없으므로 이전등기청구권의 소멸시효는 진행되지 않는다(대판 1999.3.18, 98다32175 전합).
- ★ ㉢ 매매로 인한 소유권이전등기청구권은 특별한 사정이 없는 이상 그 권리의 성질상 양도가 제한되고 그 양도에 채무 자의 승낙이나 동의를 요한다고 할 것이므로 통상의 채권양도와 달리 양도인의 채무자에 대한 통지만으로는 채무 자에 대한 대항력이 생기지 않으며 반드시 채무자의 동의나 승낙을 받아야 대항력이 생긴다(대판 2001.10.9, 2000다51216).

02

상 중 **하**

부동산물권의 변동에 관한 설명으로 옳은 것은? (다툼이 있으면 판례에 따름)

① 등기는 물권의 효력존속요건이다.

② 무효등기의 유용에 관한 합의는 묵시적으로 이루어질 수 없다.

③ 토지거래허가구역 내의 토지에 대해 행하여진 중간생략등기는 무효이다.

④ 상속에 의한 토지소유권 취득은 등기해야 그 효력이 생긴다.

⑤ 미등기건물의 원시취득자와 그 승계취득자 사이의 합의에 의하여 직접 승계취득 자 명의로 소유권보존등기를 한 경우, 그 등기는 무효이다.

톺아보기

★ ③ 국토이용관리법(현행 부동산 거래신고 등에 관한 법률)상 허가구역 안에 있는 토지에 관하여, 중간생략등기의 합의 하에 최종매수인과 최초매도인을 당사자로 하는 토지거래허가를 받아 최초매도인으로부터 최종매수인 앞으로 소유 권이전등기를 경료하였다고 하더라도 이는 적법한 토지거래허가 없이 경료된 등기로서 무효이다(대판 1997.3.14, 96다22464).

오답해설

★ ① 등기는 물권변동의 효력발생요건일 뿐 효력존속요건은 아니므로, 등기가 원인 없이 말소된 경우에 물권이 소멸하 지 않는다(대판 1988.12.27, 89다카2431).

② 무효등기의 유용에 관한 합의 내지 추인은 묵시적으로도 이루어질 수 있다(대판 2007.1.11, 2006다50055).

④ 상속, 공용징수, 판결, 경매 기타 법률의 규정에 의한 부동산에 관한 물권의 취득은 등기를 요하지 아니한다(제187조).

⑤ 원시취득자와 승계취득자 사이의 합치된 의사에 따라 승계취득자 앞으로 직접 소유권보존등기를 경료하게 되었다 면, 그 소유권보존등기는 실체적 권리관계에 부합되어 적법한 등기로서의 효력을 가진다(대판 1995.12.26, 94다 44675).

03 물권변동에 관한 설명으로 옳지 않은 것은? (다툼이 있으면 판례에 따름) 제26회

상**중**하

① 별도의 공시방법을 갖추면 토지 위에 식재된 입목을 그 토지와 독립하여 거래의 객체로 할 수 있다.

② 지역권은 20년간 행사하지 않으면 시효로 소멸한다.

③ 취득시효에 의한 소유권취득의 효력은 점유를 개시한 때로 소급한다.

④ 부동산 공유자가 자기지분을 포기한 경우, 그 지분은 이전등기 없이도 다른 공유자에게 각 지분의 비율로 귀속된다.

⑤ 공유물분할의 조정절차에서 협의에 의하여 조정조서가 작성되더라도 그 즉시 공유관계가 소멸하지는 않는다.

톺아보기

공유지분의 포기는 법률행위로서 상대방 있는 단독행위에 해당하므로, 부동산 공유자의 공유지분 포기의 의사표시가 다른 공유자에게 도달하더라도, 이후 민법 제186조에 의하여 등기를 하여야 공유지분 포기에 따른 물권변동의 효력이 발생한다(대판 2016.10.27, 2015다52978).

04 부동산등기에 관한 설명으로 옳지 않은 것은? (다툼이 있으면 판례에 따름) 제28회

상중하

① 물권에 관한 등기가 원인 없이 말소된 경우에 그 물권의 효력에는 아무런 영향을 미치지 않는다.

② 소유권이전등기명의자는 그 전(前) 소유자에 대하여 적법한 등기원인에 의해 소유권을 취득한 것으로 추정된다.

③ 사망자 명의로 신청하여 이루어진 소유권이전등기는 특별한 사정이 없는 한 원인무효의 등기이다.

④ 등기한 토지임차권은 제3자에게 대항할 수 있다.

⑤ 소유권이전청구권 보전을 위한 가등기가 있으면 소유권이전등기를 청구할 어떤 법률관계가 있다고 추정된다.

톺아보기

청구권 보전을 위한 가등기가 있다 하여, 소유권이전등기를 청구할 어떤 법률관계가 있다고 추정되지 아니한다(대판 1979.5.22, 79다239).

05
상 중 **하**

등기에 관한 설명으로 옳은 것은? (다툼이 있으면 판례에 따름)   제26회

① 등기는 물권의 효력발생요건이자 효력존속요건에 해당한다.

② 동일인 명의로 소유권보존등기가 중복으로 된 경우에는 특별한 사정이 없는 한 후행등기가 무효이다.

③ 매도인이 매수인에게 소유권이전등기를 마친 후 매매계약의 합의해제에 따른 매도인의 등기말소청구권의 법적 성질은 채권적 청구권이다.

④ 소유자의 대리인으로부터 토지를 적법하게 매수하였더라도 소유권이전등기가 위조된 서류에 의하여 마쳐졌다면 그 등기는 무효이다.

⑤ 무효등기의 유용에 관한 합의는 반드시 명시적으로 이루어져야 한다.

톺아보기

오답해설

★ ① 등기는 물권변동의 효력발생요건일 뿐 효력존속요건은 아니므로, 등기가 원인 없이 말소된 경우에 물권이 소멸하지 않는다(대판 1988.12.27, 89다카2431).

★ ③ 매매계약이 합의해제된 경우에도 매수인에게 이전되었던 소유권은 당연히 매도인에게 복귀하는 것이므로 합의해제에 따른 매도인의 원상회복청구권은 소유권에 기한 물권적 청구권이라고 할 것이고 이는 소멸시효의 대상이 되지 아니한다(대판 1982.7.27, 80다2968).

④ 위조된 등기신청서류에 의하여 경유된 소유권이전등기라 할지라도 그 등기가 실체적 권리관계에 부합되는 경우에는 유효하다(대판 1965.5.25, 65다365).

⑤ 무효등기의 유용에 관한 합의 내지 추인은 묵시적으로도 이루어질 수 있다(대판 2007.1.11, 2006다50055).

정답 | 03 ④   04 ⑤   05 ②

06 상중하

건물의 중간생략등기에 관한 설명으로 옳은 것을 모두 고른 것은? (다툼이 있으면 판례에 따름)

제22회

> ㉠ 부동산등기특별조치법은 중간생략등기를 금지하고 있다.
> ㉡ 최종매수인이 최초매도인에게 직접 소유권이전등기청구권을 행사하기 위해서는 당사자 전원이 중간생략등기에 관한 합의를 하여야 한다.
> ㉢ 적법한 원인행위에 의해 중간생략등기가 마쳐진 경우, 특별한 사정이 없는 한 그 등기는 유효하다.
> ㉣ 중간생략등기를 하기로 한 경우, 중간자의 채무불이행이 있어도 최초매도인은 최종매수인의 명의로의 소유권이전등기 이행을 거절할 수 없다.

① ㉠, ㉡

② ㉡, ㉣

③ ㉢, ㉣

④ ㉠, ㉡, ㉢

⑤ ㉠, ㉢, ㉣

톺아보기

★ ㉣ 최초매도인과 중간매수인, 중간매수인과 최종매수인 사이에 순차로 매매계약이 체결되고 이들 간에 중간생략등기의 합의가 있은 후에 최초매도인과 중간매수인 간에 매매대금을 인상하는 약정이 체결된 경우, 최초매도인은 인상된 매매대금이 지급되지 않았음을 이유로 최종매수인 명의로의 소유권이전등기의무의 이행을 거절할 수 있다(대판 2005.4.29, 2003다66431).

📖 더 알아보기

판례는 이미 중간생략등기가 이루어진 경우에 그 관계 계약당사자 사이에 적법한 원인행위가 성립되어 이행된 이상 중간생략등기의 유효성을 인정한다(대판 1979.7.10, 79다847). 다만, 구 국토이용관리법(현행 부동산 거래신고 등에 관한 법률)상 허가구역 안에 있는 토지에 관하여, 중간생략등기의 합의하에 최종매수인과 최초매도인을 당사자로 하는 토지거래허가를 받아 최초매도인으로부터 최종매수인 앞으로 경료된 소유권이전등기의 효력을 부정한다(대판 1997.3.14, 96다22464).

07 X토지가 소유자인 최초매도인 甲으로부터 중간매수인 乙에게, 다시 乙로부터 최종 매수인 丙에게 순차로 매도되었다. 한편 甲·乙·丙은 전원의 의사합치로 X토지에 대하여 甲이 丙에게 직접 소유권이전등기를 하기로 하는 중간생략등기의 합의를 하였다. 이에 관한 설명으로 옳은 것을 모두 고른 것은? (다툼이 있으면 판례에 따름)

> ⊙ 중간생략등기 합의로 인해 乙의 甲에 대한 소유권이전등기청구권은 소멸한다.
> ⓒ 중간생략등기 합의 후 甲과 乙 사이에 매매대금을 인상하기로 약정한 경우, 甲은 인상된 매매대금이 지급되지 않았음을 이유로 丙 명의로의 소유권이전등기의무의 이행을 거절할 수 있다.
> ⓒ 만약 X토지가 토지거래허가구역 내의 토지라면, 丙이 자신과 甲을 매매 당사자로 하는 토지거래허가를 받아 자신 앞으로 소유권이전등기를 경료하였더라도 그 소유권이전등기는 무효이다.

① ⊙
② ⓒ
③ ⊙, ⓒ
④ ⓒ, ⓒ
⑤ ⊙, ⓒ, ⓒ

톺아보기

⊙ 중간생략등기 합의가 있었다 하여 중간매수인의 소유권이전등기청구권이 소멸된다거나 첫 매도인의 그 매수인에 대한 소유권이전등기의무가 소멸되는 것은 아니다(대판 1991.12.13, 91다18316).

★ ⓒ 최초매도인과 중간매수인, 중간매수인과 최종매수인 사이에 순차로 매매계약이 체결되고 이들간에 중간생략등기의 합의가 있은 후에 최초매도인과 중간매수인간에 매매대금을 인상하는 약정이 체결된 경우, 최초매도인은 인상된 매매대금이 지급되지 않았음을 이유로 최종매수인 명의로의 소유권이전등기의무의 이행을 거절할 수 있다(대판 2005.4.29, 2003다66431).

★ ⓒ 국토이용관리법(현행 부동산 거래신고 등에 관한 법률)상 허가구역 안에 있는 토지에 관하여, 중간생략등기의 합의하에 최종매수인과 최초매도인을 당사자로 하는 토지거래허가를 받아 최초매도인으로부터 최종매수인 앞으로 소유권이전등기를 경료하였다고 하더라도 이는 적법한 토지거래허가 없이 경료된 등기로서 무효이다(대판 1997.3.14, 96다22464).

08

상**중**하

등기의 추정력이 깨지는 경우를 모두 고른 것은? (다툼이 있으면 판례에 따름)

제23회

> ⊙ 건물 소유권보존등기의 명의자가 건물을 신축한 것이 아닌 경우
> ⓒ 등기부상 등기명의자의 공유지분의 분자 합계가 분모를 초과하는 경우
> ⓒ 소유권보존등기의 명의인이 부동산을 양수받은 것이라 주장하는데 전(前) 소유자
> 가 양도사실을 부인하는 경우

① ⊙   ② ⓒ

③ ⊙, ⓒ   ④ ⓒ, ⓒ

⑤ ⊙, ⓒ, ⓒ

톺아보기

★ ⊙ 신축된 건물의 소유권은 이를 건축한 사람이 원시취득하는 것이므로, 건물 소유권보존등기의 명의자가 이를 신축한 것이 아니라면 그 등기의 권리추정력은 깨어지고, 등기명의자가 스스로 적법하게 그 소유권을 취득한 사실을 입증하여야 한다(대판 1996.7.30, 95다30734).

ⓒ 등기상의 공유지분의 합계 결과 분자가 분모를 초과하는 때에는 등기부의 기재 자체에 의하여 그 등기가 부실함이 명백하므로 그중 어떤 공유자의 어떤 지분이 무효인지 가려 보기 전에는 등기부상 기재된 공유지분의 비율로 각 공유자가 공유한다고 추정할 수 없다(대판 1982.9.14, 82다카134).

★ ⓒ 부동산 소유권보존등기가 경료되어 있는 이상 그 보존등기 명의자에게 소유권이 있음이 추정된다 하더라도 그 보존등기 명의자가 보존등기하기 이전의 소유자로부터 부동산을 양수한 것이라고 주장하고 전(前) 소유자는 양도사실을 부인하는 경우, 그 보존등기의 추정력은 깨어지고 그 보존등기 명의자 측에서 그 양수사실을 입증할 책임이 있다(대판 1982.9.14, 82다카707).

09 청구권 보전을 위한 가등기에 관한 설명으로 옳은 것은? (다툼이 있으면 판례에 따름)

상**중**하

제27회

① 소유권이전등기청구권 보전을 위한 가등기가 있는 경우, 소유권이전등기를 청구할 어떤 법률관계가 있다고 추정된다.

② 가등기된 소유권이전등기청구권은 타인에게 양도될 수 없다.

③ 가등기에 기하여 본등기가 마쳐진 경우, 본등기에 의한 물권변동의 효력은 가등기한 때로 소급하여 발생한다.

④ 가등기 후에 제3자에게 소유권이전등기가 이루어진 경우, 가등기권리자는 가등기 당시의 소유명의인이 아니라 현재의 소유명의인에게 본등기를 청구하여야 한다.

⑤ 가등기권리자는 가등기에 기하여 무효인 중복된 소유권보존등기의 말소를 구할 수 없다.

톺아보기

⑤ 가등기는 부동산등기법 제6조 제2항의 규정에 의하여 그 본등기시에 본등기의 순위를 가등기의 순위에 의하도록 하는 순위보전적 효력만이 있을 뿐이고, 가등기만으로는 아무런 실체법상 효력을 갖지 아니하고 그 본등기를 명하는 판결이 확정된 경우라도 본등기를 경료하기까지는 마찬가지이므로, 중복된 소유권보존등기가 무효이더라도 가등기권리자는 그 말소를 청구할 권리가 없다(대판 2001.3.23, 2000다51285).

오답해설

★ ① 소유권이전청구권 보전을 위한 가등기가 있다 하여, 소유권이전등기를 청구할 어떤 법률관계가 있다고 추정되지 아니한다(대판 1979.5.22, 79다239).

② 가등기는 원래 순위를 확보하는 데에 그 목적이 있으나, 순위보전의 대상이 되는 물권변동의 청구권은 그 성질상 양도될 수 있는 재산권일 뿐만 아니라 가등기로 인하여 그 권리가 공시되어 결과적으로 공시방법까지 마련된 셈이므로, 이를 양도한 경우에는 양도인과 양수인의 공동신청으로 그 가등기상의 권리의 이전등기를 가등기에 대한 부기등기의 형식으로 경료할 수 있다고 보아야 한다(대판 1998.11.19, 98다24105 전합).

★ ③ 가등기는 그 성질상 본등기의 순위보전의 효력만이 있어 후일 본등기가 경료된 때에는 본등기의 순위가 가등기한 때로 소급하는 것뿐이지 본등기에 의한 물권변동의 효력이 가등기한 때로 소급하여 발생하는 것은 아니다(대판 1992.9.25, 92다21258). 즉, 물권변동은 본등기를 한 때에 발생한다.

④ 甲이 소유부동산에 대해 乙과 매매계약을 체결하고, 乙이 소유권이전청구권을 보전하기 위해 가등기를 한 후, 甲이 그 부동산을 丙에게 양도한 경우 乙은 현재의 등기명의인 丙이 아닌 甲에게 본등기를 청구하여야 하고, 그에 따라 본등기가 되면 丙의 등기는 등기관이 직권으로 말소한다(부동산등기법 제92조).

10

상 중 **하**

선의취득에 관한 설명으로 옳지 않은 것은? (다툼이 있으면 판례에 따름) 제22회

① 선의취득에 관한 민법 제249조는 동산질권에 준용한다.

② 연립주택의 입주권은 선의취득의 대상이 아니다.

③ 동산을 경매로 취득하는 것은 선의취득을 위한 거래행위에 해당하지 않는다.

④ 점유개정에 의한 점유취득만으로는 선의취득이 인정되지 않는다.

⑤ 금전 아닌 유실물이 선의취득의 목적물인 경우, 유실자는 유실한 날로부터 2년 내에 그 물건의 반환을 청구할 수 있다.

톺아보기

동산의 경매도 선의취득이 인정된다(대판 1998.6.12, 98다6800).

제3장 / 기본물권(점유권 · 소유권)

기본서 p.430~497

01

상**중**하

자주점유에 관한 설명으로 옳지 않은 것은? (다툼이 있으면 판례에 따름) 제27회

① 자주점유는 소유자와 동일한 지배를 하려는 의사를 가지고 하는 점유를 의미한다.

② 매매계약이 무효가 되는 사정이 있음을 알지 못하고 부동산을 매수한 자의 점유는 후일 그 매매가 무효로 되면 그 점유의 성질이 타주점유로 변한다.

③ 동산의 무주물선점에 의한 소유권취득은 자주점유인 경우에 인정된다.

④ 무허가 건물 부지가 타인의 소유라는 사정을 알면서 그 건물만을 매수한 경우, 특별한 사정이 없는 한 매수인의 그 부지에 대한 자주점유는 인정되지 않는다.

⑤ 타주점유자가 자신의 명의로 소유권이전등기를 마친 것만으로는 점유시킨 자에 대하여 소유의 의사를 표시한 것으로 인정되지 않으므로 자주점유로 전환되었다고 볼 수 없다.

톺아보기

★ 부동산을 매수하여 이를 점유하게 된 자는 그 매매가 무효가 된다는 사정이 있음을 알았다는 등의 특단의 사정이 없는 한 그 점유의 시초에 소유의 의사로 점유한 것이며, 나중에 매도자에게 처분권이 없었다는 등의 사유로 그 매매가 무효인 것이 밝혀졌다 하더라도 그와 같은 점유의 성질이 변하는 것은 아니다(대판 1996.5.28, 95다40328).

더 알아보기

취득시효(제245조 이하)나 무주물선점(제252조) 또는 점유자의 회복자에 대한 책임(제202조) 등에서 자주점유와 타주점유의 구별은 중요한 의의를 가진다.

정답 | 01 ②

02 자주점유에 관한 설명으로 옳지 않은 것은? (다툼이 있으면 판례에 따름) 제28회

상중하

① 부동산에 관한 자주점유의 추정은 국가가 점유하는 경우에도 적용된다.
② 타인의 물건을 관리하기 위하여 한 점유는 점유권원의 성질상 자주점유이다.
③ 공유자 1인이 공유부동산 전부를 점유하고 있더라도 특별한 사정이 없는 한 다른 공유자의 지분비율의 범위 내에서는 타주점유이다.
④ 타주점유자가 그 명의로 소유권보존등기를 경료한 것만으로는 타주점유가 자주점유로 전환되지 않는다.
⑤ 자주점유는 소유자와 동일한 지배를 사실상 행사하려는 의사를 가지고 하는 점유이다.

톺아보기

타인의 물건을 관리하기 위하여 한 점유는 점유권원의 성질상 타주점유라고 할 것이다(대판 1992.3.10, 91다24311).

03 자주점유에 관한 설명으로 옳지 않은 것은? (다툼이 있으면 판례에 따름) 제25회

상중하

① 부동산의 점유자가 지적공부 등의 관리주체인 국가나 지방자치단체인 경우에는 자주점유로 추정되지 않는다.
② 매매로 인한 점유의 승계가 있는 경우, 전(前) 점유자의 점유가 타주점유라도 현(現) 점유자가 자기의 점유만을 주장하는 때에는 현(現) 점유자의 점유는 자주점유로 추정된다.
③ 점유자가 스스로 주장한 매매와 같은 자주점유의 권원이 인정되지 않는다는 사유만으로는 자주점유의 추정이 깨진다고 볼 수 없다.
④ 자주점유인지 여부는 점유취득의 원인이 된 권원의 성질이나 점유와 관계가 있는 모든 사정에 의하여 외형적·객관적으로 결정되어야 한다.
⑤ 자주점유에서 소유의 의사는 사실상 소유할 의사가 있는 것으로 충분하다.

톺아보기

부동산의 점유권원의 성질이 분명하지 않을 때에는 민법 제197조 제1항에 의하여 점유자는 소유의 의사로 선의, 평온 및 공연하게 점유한 것으로 추정되는 것이며, 이러한 추정은 지적공부 등의 관리주체인 국가나 지방자치단체가 점유하는 경우에도 마찬가지로 적용된다(대판 2007.12.27, 2007다42112).

04
상**중**하

점유에 관한 설명으로 옳지 않은 것은? (다툼이 있으면 판례에 따름) 제22회

① 과실(過失) 없이 과실(果實)을 수취하지 못한 악의의 점유자는 회복자에 대하여 그 과실(果實)의 대가를 보상하여야 한다.

② 전후 양시에 점유한 사실이 있는 때에는 그 점유는 계속한 것으로 추정한다.

③ 점유자가 점유하고 있는 동산에 대하여 행사하는 권리는 적법하게 보유한 것으로 추정함이 원칙이다.

④ 선의의 점유자라도 본권에 관한 소에 패소한 때에는 그 소가 제기된 때로부터 악의의 점유자로 본다.

⑤ 타주점유자에게도 유익비상환청구권이 인정될 수 있다.

톺아보기

★ 악의의 점유자는 수취한 과실을 반환하여야 하며, 소비하였거나 과실로 훼손 또는 수취하지 못한 경우에는 그 과실의 대가를 보상하여야 한다(제201조 제2항). 따라서 과실(過失) 없이 과실(果實)을 수취하지 못한 악의의 점유자는 회복자에 대하여 그 과실(果實)의 대가를 보상할 필요가 없다.

🖼 더 알아보기

점유자는 선의·악의 또는 소유의 의사 유무를 묻지 않고 비용의 상환을 청구할 수 있다.

05

상 중 하

민법상 상린관계에 관한 설명으로 옳지 않은 것을 모두 고른 것은? (다툼이 있으면 판례에 따름)

제28회

> ㉠ 토지 주변의 소음이 사회통념상 수인한도를 넘지 않은 경우에도 그 토지소유자는 소유권에 기하여 소음피해의 제거를 청구할 수 있다.
>
> ㉡ 토지소유자가 부담하는 자연유수의 승수의무(承水義務)에는 적극적으로 그 자연유수의 소통을 유지할 의무가 포함된다.
>
> ㉢ 경계에 설치된 담이 상린자의 공유인 경우, 상린자는 공유를 이유로 공유물분할을 청구하지 못한다.
>
> ㉣ 분할로 인하여 공로에 통하지 못하는 토지가 있는 때에는 그 토지소유자는 공로에 출입하기 위하여 다른 분할자의 토지를 보상 없이 통행할 수 있다.

① ㉠, ㉡   ② ㉡, ㉢

③ ㉢, ㉣   ④ ㉠, ㉡, ㉣

⑤ ㉠, ㉢, ㉣

톺아보기

㉠ 민법 제217조는 제1항에서 "토지소유자는 매연, 열기체, 액체, 음향, 진동 기타 이에 유사한 것으로 이웃 토지의 사용을 방해하거나 이웃 거주자의 생활에 고통을 주지 아니하도록 적당한 조처를 할 의무가 있다."라고 정하고, 제2항에서 "이웃 거주자는 전항의 사태가 이웃 토지의 통상의 용도에 적당한 것인 때에는 이를 인용할 의무가 있다."라고 정하고 있다. 소음은 이 규정에서 정하는 생활방해에 해당하므로, 제2항에 따라 이웃 거주자는 소음이 이웃 토지의 통상의 용도에 적당한 것인 때에는 이를 인용할 의무가 있다(대판 2016.11.25, 2014다57846).

㉡ 민법 제221조 제1항 소정의 자연유수의 승수의무란 토지소유자는 다만 소극적으로 이웃 토지로부터 자연히 흘러오는 물을 막지 못한다는 것뿐이지 적극적으로 그 자연유수의 소통을 유지할 의무까지 토지소유자로 하여금 부담케 하려는 것은 아니다(대판 1977.11.22, 77다1588).

㉢ 제268조 제3항

㉣ 분할로 인하여 공로에 통하지 못하는 토지가 있는 때에는 그 토지소유자는 공로에 출입하기 위하여 다른 분할자의 토지를 통행할 수 있다. 이 경우에는 보상의 의무가 없다(제220조 제1항).

06
상중 하

부동산 점유취득시효에 관한 설명으로 옳지 않은 것은? (다툼이 있으면 판례에 따름)

제26회

① 부동산에 대한 압류 또는 가압류는 취득시효의 중단사유에 해당하지 않는다.
② 취득시효기간 중 계속해서 등기명의자가 동일한 경우, 점유개시 후 임의의 시점을 시효기간의 기산점으로 삼을 수 있다.
③ 시효완성자는 시효완성 당시의 진정한 소유자에 대하여 채권적 등기청구권을 가진다.
④ 시효완성 후 그에 따른 소유권이전등기 전에 소유자가 부동산을 처분하면 시효완성자에 대하여 채무불이행책임을 진다.
⑤ 시효완성자가 소유자에게 등기이전을 청구하더라도 특별한 사정이 없는 한, 부동산의 점유로 인한 부당이득반환의무를 지지 않는다.

톺아보기

★ 부동산 점유자에게 시효취득으로 인한 소유권이전등기청구권이 있다고 하더라도 이로 인하여 부동산 소유자와 시효취득자 사이에 계약상의 채권·채무관계가 성립하는 것은 아니므로, 그 부동산을 처분한 소유자에게 채무불이행책임을 물을 수 없다(대판 1995.7.11, 94다4509).

정답 | 05 ① 06 ④

07 상중하

부동산 점유취득시효에 관한 설명으로 옳지 않은 것은? (다툼이 있으면 판례에 따름)

제24회

① 취득시효완성 당시에는 일반재산이었으나 취득시효완성 후에 행정재산으로 변경된 경우, 국가를 상대로 소유권이전등기청구를 할 수 없다.

② 점유자가 매매와 같은 자주점유의 권원을 주장하였다가 그 점유권원이 인정되지 않았다는 것만으로는 자주점유의 추정은 번복되지 않는다.

③ 취득시효기간 중 계속해서 등기명의자가 동일한 경우, 점유개시 후 임의의 시점을 시효기간의 기산점으로 삼을 수 있다.

④ 취득시효의 완성을 알고 있는 소유자가 부동산을 선의의 제3자에게 처분하여 소유권이전등기를 마친 경우, 그 소유자는 시효완성자에게 불법행위로 인한 손해배상책임을 진다.

⑤ 취득시효완성 후 그로 인한 등기 전에 소유자가 저당권을 설정한 경우, 특별한 사정이 없는 한 시효완성자는 등기를 함으로써 저당권의 부담이 없는 소유권을 취득한다.

톺아보기

★ 취득시효의 완성 이후 시효취득자로서는 원소유자의 적법한 권리행사로 인한 현상의 변경이나 제한물권의 설정 등이 이루어진 그 토지의 사실상 혹은 법률상 현상 그대로의 상태에서 등기에 의하여 그 소유권을 취득하게 된다(대판 2006.5.12, 2005다75910).

🔎 더 알아보기

부동산 점유취득시효는 원시취득에 해당하므로 특별한 사정이 없는 한 원소유자의 소유권에 가하여진 각종 제한에 의하여 영향을 받지 아니하는 완전한 내용의 소유권을 취득하게 되고, 이와 같은 소유권취득의 반사적 효과로서 그 부동산에 관하여 취득시효의 기간이 진행 중에 체결되어 소유권이전등기청구권가등기에 의하여 보전된 매매예약상의 매수인의 지위는 소멸된다고 할 것이다(대판 2004.9.24, 2004다31463). 그러나 진정한 권리자가 아니었던 채무자 또는 물상보증인이 채무담보의 목적으로 채권자에게 부동산에 관하여 저당권설정등기를 경료해 준 후 그 부동산을 시효취득하는 경우에는, 채무자 또는 물상보증인은 피담보채권의 변제의무 내지 책임이 있는 사람으로서 이미 저당권의 존재를 용인하고 점유하여 온 것이므로, 저당목적물의 시효취득으로 저당권자의 권리는 소멸하지 않는다. 이러한 법리는 부동산 양도담보의 경우에도 마찬가지이다(대판 2015.2.26, 2014다21649).

08

상중하

부동산 점유취득시효에 관한 설명으로 옳지 않은 것은? (다툼이 있으면 판례에 따름) 제25회

① 시효완성자의 시효이익의 포기는 특별한 사정이 없는 한 시효완성 당시의 원인무효인 등기의 등기부상 소유명의자에게 하여도 그 효력이 있다.

② 점유자가 시효완성 후 점유를 상실하였다고 하더라도 이를 시효이익의 포기로 볼 수 있는 경우가 아닌 한, 이미 취득한 소유권이전등기청구권이 즉시 소멸되는 것은 아니다.

③ 시효완성 당시의 점유자로부터 양수하여 점유를 승계한 현(現) 점유자는 전(前) 점유자의 시효완성의 효과를 주장하여 직접 자기에게로 소유권이전등기를 청구할 수 없다.

④ 시효완성 당시의 소유자는 특별한 사정이 없는 한 시효완성자가 등기를 마치지 않았더라도 그에 대하여 부동산의 점유로 인한 부당이득반환청구를 할 수 없다.

⑤ 시효완성 당시의 소유자는 특별한 사정이 없는 한 시효완성자가 등기를 마치지 않았더라도 그에 대하여 불법점유임을 이유로 그 부동산의 인도를 청구할 수 없다.

톺아보기

시효이익의 포기는 달리 특별한 사정이 없는 한 시효취득자가 취득시효완성 당시의 진정한 소유자에 대하여 하여야 그 효력이 발생하는 것이지 원인무효인 등기의 등기부상 소유명의자에게 그와 같은 의사를 표시하였다고 하여 그 효력이 발생하는 것은 아니다(대판 1994.12.23, 94다40734).

🔎 더 알아보기

토지에 대한 취득시효완성으로 인한 소유권이전등기청구권은 그 토지에 대한 점유가 계속되는 한 시효로 소멸하지 아니하고, 여기서 말하는 점유에는 직접점유뿐만 아니라 간접점유도 포함한다(대판 1995.2.10, 94다28468).

공유에 관한 설명으로 옳은 것을 모두 고른 것은? (다툼이 있으면 판례에 따름)

제28회

> ㉠ 공유자의 지분은 특별한 사정이 없는 한 균등한 것으로 추정한다.
> ㉡ 부동산 공유자의 공유지분을 포기에 따른 등기는 해당 지분에 관하여 다른 공유자 앞으로 소유권이전등기를 하는 형태가 되어야 한다.
> ㉢ 공유물을 단독으로 점유하고 있는 소수지분권자는 공유물관리를 위한 과반수지분권자의 공유물인도청구를 공유물의 사용·수익권으로 거부할 수 없다.

① ㉠

② ㉡

③ ㉠, ㉢

④ ㉡, ㉢

⑤ ㉠, ㉡, ㉢

톺아보기

㉠ 공유자의 지분은 균등한 것으로 추정한다(제262조 제2항).

㉡ 민법 제267조는 "공유자가 그 지분을 포기하거나 상속인 없이 사망한 때에는 그 지분은 다른 공유자에게 각 지분의 비율로 귀속한다."라고 규정하고 있다. 여기서 공유지분의 포기는 법률행위로서 상대방 있는 단독행위에 해당하므로, 부동산 공유자의 공유지분 포기의 의사표시가 다른 공유자에게 도달하더라도 이로써 곧바로 공유지분 포기에 따른 물권변동의 효력이 발생하는 것은 아니고, 다른 공유자는 자신에게 귀속될 공유지분에 관하여 소유권이전등기청구권을 취득하며, 이후 민법 제186조에 의하여 등기를 하여야 공유지분 포기에 따른 물권변동의 효력이 발생한다. 그리고 부동산 공유자의 공유지분 포기에 따른 등기는 해당 지분에 관하여 다른 공유자 앞으로 소유권이전등기를 하는 형태가 되어야 한다(대판 2016.10.27, 2015다52978).

㉢ 공유지분 과반수 소유자의 공유물인도청구는 민법 제265조의 규정에 따라 공유물의 관리를 위하여 구하는 것으로서 그 상대방인 타 공유자는 민법 제263조의 공유물의 사용수익권으로 이를 거부할 수 없다(대판 2022.11.17, 2022다253243).

10

공유에 관한 설명으로 옳지 않은 것은? (다툼이 있으면 판례에 따름) 제27회

① 공유자는 그 지분권을 다른 공유자의 동의 없이 담보로 제공할 수 있다.

② 공유자 중 1인이 다른 공유자의 동의 없이 그 공유토지의 특정부분을 매도하여 타인명의로 소유권이전등기가 마쳐졌다면 그 등기는 전부무효이다.

③ 공유자가 1년 이상 그 지분비율에 따른 공유물의 관리비용 등의 의무이행을 지체한 경우, 다른 공유자는 상당한 가액으로 그 지분을 매수할 수 있다.

④ 공유물의 소수지분권자가 다른 공유자와 협의 없이 공유물의 일부를 독점적으로 점유·사용하고 있는 경우, 다른 소수지분권자는 공유물의 보존행위로서 공유물의 인도를 청구할 수 없다.

⑤ 공유자들이 공유물의 무단점유자에게 가지는 차임 상당의 부당이득반환채권은 특별한 사정이 없는 한 가분채권에 해당한다.

톺아보기

★ 공유자 중 1인이 다른 공유자의 동의 없이 그 공유토지의 특정부분을 매도하여 타인명의로 소유권이전등기가 마쳐졌다면, 그 매도부분 토지에 관한 소유권이전등기는 처분공유자의 공유지분 범위 내에서는 실체관계에 부합하는 유효한 등기라고 보아야 한다(대판 1994.12.2, 93다1596).

11

甲, 乙, 丙이 X토지를 같은 지분비율로 공유하고 있는데, 甲은 乙, 丙과 어떠한 합의도 없이 X토지 전부를 독점적으로 점유·사용하고 있다. 이에 관한 설명으로 옳은 것을 모두 고른 것은? (다툼이 있으면 판례에 따름)

상**중** 하

제25회

> ㉠ 乙은 甲에게 공유물의 보존행위로서 X토지의 인도청구를 할 수 있다.
> ㉡ 丙은 甲에게 자신의 공유지분권에 기초하여 X토지에 대한 방해배제청구를 할 수 있다.
> ㉢ 乙은 甲에게 자신의 지분에 상응하는 부당이득반환청구를 할 수 있다.

① ㉠

② ㉡

③ ㉠, ㉢

④ ㉡, ㉢

⑤ ㉠, ㉡, ㉢

톺아보기

㉠ 공유물의 소수지분권자가 다른 공유자와 협의 없이 공유물의 전부 또는 일부를 독점적으로 점유·사용하고 있는 경우 다른 소수지분권자는 공유물의 보존행위로서 그 인도를 청구할 수는 없고, 다만 자신의 지분권에 기초하여 공유물에 대한 방해 상태를 제거하거나 공동점유를 방해하는 행위의 금지 등을 청구할 수 있다(대판 2020.5.21, 2018다287522 전합).

12

공유에 관한 설명으로 옳은 것은? (다툼이 있으면 판례에 따름)

제26회

상**중**하

① 공유자 1인이 무단으로 공유물을 임대하고 보증금을 수령한 경우, 다른 공유자에게 지분비율에 상응하는 보증금액을 부당이득으로 반환하여야 한다.

② 공유자들이 공유물의 무단점유자에게 가지는 차임 상당의 부당이득반환채권은 특별한 사정이 없는 한 불가분채권에 해당한다.

③ 공유물의 소수지분권자가 다른 공유자와 협의 없이 공유물의 일부를 독점적으로 사용하는 경우, 다른 소수지분권자는 공유물에 대한 보존행위로서 공유물의 인도를 청구할 수 있다.

④ 구분소유적 공유관계의 성립을 주장하는 자는 구분소유 약정의 대상이 되는 해당 토지의 위치를 증명하면 족하고, 그 면적까지 증명할 필요는 없다.

⑤ 공유물분할청구의 소가 제기된 경우, 법원은 청구권자가 요구한 분할방법에 구애받지 않고 공유자의 지분비율에 따라 합리적으로 분할하면 된다.

⑤ 공유물분할청구의 소는 형성의 소로서 법원은 공유물분할을 청구하는 원고가 구하는 방법에 구애받지 않고 재량에 따라 합리적 방법으로 분할을 명할 수 있다(대판 2020.8.20, 2018다241410·241427).

오답해설

★ ① 부동산의 일부 지분소유자가 다른 지분소유자의 동의 없이 부동산을 다른 사람에게 임대한 경우, 그 반환 또는 배상의 범위는 부동산 임대차로 인한 차임 상당액이고 부동산의 임대차보증금 자체에 대한 다른 지분소유자의 지분비율 상당액을 구할 수는 없다(대판 2021.4.29, 2018다261889).

★ ② 토지공유자는 특별한 사정이 없는 한 그 지분에 대응하는 비율의 범위 내에서만 그 차임 상당의 부당이득금반환의 청구권을 행사할 수 있다(대판 1979.1.30, 78다2088).

③ 공유물의 소수지분권자가 다른 공유자와 협의 없이 공유물의 전부 또는 일부를 독점적으로 점유·사용하고 있는 경우 다른 소수지분권자는 공유물의 보존행위로서 그 인도를 청구할 수는 없고, 다만 자신의 지분권에 기초하여 공유물에 대한 방해 상태를 제거하거나 공동점유를 방해하는 행위의 금지 등을 청구할 수 있다(대판 2020.5.21, 2018다287522 전합).

④ 구분소유적 공유관계는 어떤 토지에 관하여 그 위치와 면적을 특정하여 여러 사람이 구분소유하기로 하는 약정이 있어야만 적법하게 성립할 수 있다(대판 2023.3.30, 2019다235399).

13 상**중**하

甲(1/3 지분)과 乙(2/3 지분)이 공유하는 X토지를 乙이 단독으로 丙에게 임대한 후 丁과 매매계약을 체결하였으나 丁 명의로의 이전등기는 마쳐지지 않았다. 이에 관한 설명으로 옳지 않은 것은? (다툼이 있으면 판례에 따름)   제22회

① 乙의 丙에 대한 임대행위는 X토지의 관리방법으로 적법하다.

② 丙은 甲에 대하여 X토지의 사용에 따른 부당이득반환의무를 부담하지 아니한다.

③ 乙과 丁 사이의 매매계약은 무효이다.

④ 甲이 X토지에 관한 공유물분할 청구의 소를 제기한 경우, 법원은 甲이 청구한 분할방법에 구애받지 않고 공유자의 지분비율에 따른 합리적인 분할을 하면 된다.

⑤ 甲이 1년 이상 X토지의 관리비용 기타 의무의 이행을 지체한 경우, 乙은 상당한 가액으로 甲의 지분을 매수할 수 있다.

톺아보기

★ 어떤 공유자가 다른 공유자의 동의 없이 공유물을 제3자에게 매도한 경우, 자기의 지분을 넘는 범위에서 타인의 권리매매로서 유효이다(제569조). 따라서 매도한 공유자는 다른 공유자의 지분을 취득하여 매수인에게 이전하여야 한다.

14

공동소유에 관한 설명으로 옳지 않은 것은? (다툼이 있으면 판례에 따름) 제23회

① 합유자는 합유물의 분할을 청구하지 못한다.
② 합유는 조합체의 해산 또는 합유물의 양도로 인하여 종료한다.
③ 총유물의 관리는 특별한 사정이 없는 한 사원 각자 할 수 있다.
④ 공유자의 지분은 특별한 사정이 없는 한 균등한 것으로 추정한다.
⑤ 공유자는 다른 공유자의 동의 없이 공유물을 처분하거나 변경하지 못한다.

톺아보기

총유물의 관리 및 처분은 특별한 사정이 없는 한 사원총회의 결의에 의한다(제276조 제1항).

제4장 / 용익물권

기본서 p.504~543

01 지상권과 관련하여 인정되지 않는 것을 모두 고른 것은? (다툼이 있으면 판례에 따름)

상중하

제27회

> ㉠ 지상물과 지상권의 분리처분
> ㉡ 지료 없는 지상권
> ㉢ 지상권의 법정갱신
> ㉣ 수목의 소유를 위한 구분지상권

① ㉠, ㉡   ② ㉠, ㉣

③ ㉡, ㉢   ④ ㉡, ㉣

⑤ ㉢, ㉣

톺아보기

★ ㉠ 지상권자는 지상권을 유보한 채 지상물소유권만을 양도할 수도 있고, 지상물소유권을 유보한 채 지상권만을 양도할 수도 있는 것이어서 지상권자와 그 지상물의 소유권자가 반드시 일치하여야 하는 것은 아니다(대판 2006.6.15, 2006다6126).

★ ㉡ 토지사용의 대가인 지료의 지급은 지상권의 성립요소는 아니다(제279조). 이 점은 전세권·임대차와 다르다.

㉢ 법정갱신은 지상권에서 인정되지 않으며, 건물전세권에서 인정된다.

㉣ 구분지상권은 건물 또는 공작물의 소유를 위하여 설정할 수 있는 것이며, 수목의 소유를 위하여는 설정할 수 없다.

정답 | 01 ⑤

지상권에 관한 설명으로 옳지 않은 것은? (다툼이 있으면 판례에 따름) 제22회

① 지상권설정등기를 하면서 지료를 등기하지 않은 경우, 지상권설정자는 그 지상권을 양수한 자에게 지료를 청구할 수 없다.

② 1필의 토지의 일부에는 지상권을 설정할 수 없다.

③ 지상권설정등기 후 그 존속기간 중에는 지상물인 건물이 멸실되어도 지상권이 소멸하지 않는다.

④ 하나의 채무를 담보하기 위하여 나대지(裸垈地)에 저당권과 함께 지상권을 설정한 경우, 피담보채권이 소멸하면 그 지상권도 소멸한다.

⑤ 지상권자는 타인에게 그 권리를 양도하거나 그 권리의 존속기간 내에서 그 토지를 임대할 수 있다.

톺아보기

지상권의 객체인 토지는 1필의 토지 전부뿐만 아니라 일부에 대해서도 가능하며, 지표 내지 지상에 한하지 않고, 지하의 사용을 내용으로 할 수도 있다.

더 알아보기

지상권자는 지상권설정자의 동의 없이 타인에게 그 권리를 양도하거나 그 권리의 존속기간 내에 그 토지를 임대할 수 있다(제282조). 이는 편면적 강행규정으로(제289조), 이를 금지하는 특약은 무효이다. 한편, 전세권자는 전세권을 양도 또는 담보로 제공할 수 있다. 그러나 설정행위로써 처분을 금지할 수 있으며(제306조 단서), 이와 같은 처분금지는 등기함으로써 제3자에게 대항할 수 있다(부동산등기법 제72조 제1항).

03 [상]중하

지상권에 관한 설명으로 옳지 않은 것은? (다툼이 있으면 판례에 따름)

① 지상권의 설정은 처분행위이므로 토지소유자가 아니어서 처분권한이 없는 자는 지상권설정계약을 체결할 수 없다.

② 분묘기지권을 시효로 취득한 자는 토지소유자가 지료를 청구한 날로부터 지료지급의무가 있다.

③ 토지와 건물을 함께 매도하였으나 토지에 대해서만 소유권이전등기가 이루어진 경우, 매도인인 건물소유자를 위한 관습법상의 법정지상권은 인정되지 않는다.

④ 동일인 소유에 속하는 토지와 건물이 매매를 이유로 그 소유자를 달리하게 된 경우, 건물의 소유를 위하여 토지에 임대차계약을 체결하였다면 관습법상의 법정지상권은 인정되지 않는다.

⑤ 나대지(裸垈地)에 저당권을 설정하면서 그 대지의 담보가치를 유지하기 위해 무상의 지상권이 설정된 경우, 피담보채권이 시효로 소멸하면 지상권도 소멸한다.

톺아보기

★ 유상계약인 지상권설정계약에도 민법 제569조를 준용하여 부동산의 소유자가 아닌 자라도 향후 해당 부동산에 지상권을 설정하여 줄 것을 내용으로 하는 계약을 체결할 수 있고, 단지 그 계약상 의무자는 향후 처분권한을 취득하거나 소유자의 동의를 얻어 해당 부동산에 지상권을 설정하여 줄 의무를 부담할 뿐이라고 보아야 한다(대판 2018.11.29, 2018다37949·37956).

더 알아보기

자기소유의 토지에 분묘를 설치한 사람이 그 토지를 양도하면서 분묘를 이장하겠다는 특약을 하지 않음으로써 분묘기지권을 취득한 경우, 특별한 사정이 없는 한 분묘기지권자는 분묘기지권이 성립한 때부터 토지소유자에게 그 분묘의 기지에 대한 토지사용의 대가로서 지료를 지급할 의무가 있다(대판 2021.9.16, 2017다271834·271841).

04

상중하

甲은 X토지와 그 지상에 Y건물을 소유하고 있으며, 그중에서 Y건물을 乙에게 매도하고 乙 명의로 소유권이전등기를 마쳐 주었다. 그 후 丙은 乙의 채권자가 신청한 강제경매에 의해 Y건물의 소유권을 취득하였다. 乙과 丙의 각 소유권취득에는 건물을 철거한다는 등의 조건이 없다. 이에 관한 설명으로 옳지 않은 것은? (다툼이 있으면 판례에 따름)　　　　제23회

① 丙은 등기 없이 甲에게 관습상 법정지상권을 주장할 수 있다.

② 甲은 丙에 대하여 Y건물의 철거 및 X토지의 인도를 청구할 수 없다.

③ 丙은 Y건물을 개축한 때에도 甲에게 관습상 법정지상권을 주장할 수 있다.

④ 甲은 법정지상권에 관한 지료가 결정되지 않았더라도 乙이나 丙의 2년 이상 지료 지급 지체를 이유로 지상권소멸을 청구할 수 있다.

⑤ 만일 丙이 관습상 법정지상권을 등기하지 않고 Y건물만을 丁에게 양도한 경우, 丁은 甲에게 관습상 법정지상권을 주장할 수 없다.

톺아보기

★ 법정지상권의 경우 당사자 사이에 지료에 관한 협의가 있었다거나 법원에 의하여 지료가 결정되었다는 아무런 입증이 없다면, 법정지상권자가 지료를 지급하지 않았다고 하더라도 지료 지급을 지체한 것으로는 볼 수 없으므로 법정지상권자가 2년 이상의 지료를 지급하지 아니하였음을 이유로 하는 토지소유자의 지상권소멸을 청구할 수 없다(대판 2001.3.13, 99다17142).

05

상중하

전세권에 관한 설명으로 옳은 것은? (다툼이 있으면 판례에 따름)　　　　제27회

① 전세목적물의 인도는 전세권의 성립요건이다.

② 존속기간의 만료로 토지전세계약이 종료되면 그 계약을 원인으로 한 전세권설정등기절차의 이행청구권은 소멸한다.

③ 전세권이 존속하는 동안 전세권을 존속시키기로 하면서 전세금반환채권만을 전세권과 분리하여 확정적으로 양도하는 것은 허용된다.

④ 전세권이 존속하는 동안 목적물의 소유권이 이전되는 경우, 전세권자와 구 소유자 간의 전세권 관계가 신 소유자에게 이전되는 것은 아니다.

⑤ 전세금은 현실적으로 수수되어야 하므로 임차보증금채권으로 전세금 지급에 갈음할 수 없다.

톺아보기

② 전세계약이 그 존속기간의 만료로 종료되면 위 계약을 원인으로 하는 전세권설정등기절차의 이행청구권도 소멸한다 (대판 1974.4.23, 73다1262).

★ ① 전세권은 설정계약 및 등기에 의하여 취득된다(제186조). 목적부동산의 인도는 전세권설정행위의 성립요건이 아니다(대판 1995.2.10, 94다18508).

★ ③ 전세권이 존속하는 동안은 전세권을 존속시키기로 하면서 전세금반환채권만을 전세권과 분리하여 확정적으로 양도하는 것은 허용되지 않는 것이며, 다만 전세권 존속 중에는 장래에 그 전세권이 소멸하는 경우에 전세금반환채권이 발생하는 것을 조건으로 그 장래의 조건부채권을 양도할 수 있을 뿐이다(대판 2002.8.23, 2001다69122).

④ 전세권이 성립한 후 전세목적물의 소유권이 이전된 경우 목적물의 신 소유자는 구 소유자와 전세권자 사이에 성립한 전세권의 내용에 따른 권리의무의 직접적인 당사자가 되어 전세권이 소멸하는 때에 전세권자에 대하여 전세권설정자의 지위에서 전세금반환의무를 부담하게 된다(대판 2006.5.11, 2006다6072).

⑤ 전세권은 전세금의 지급을 요소로 한다(제303조 제1항). 그렇다고 하여 전세금의 지급이 반드시 현실적으로 수수되어야만 하는 것은 아니고 기존의 채권으로 전세금 지급을 갈음할 수도 있다(대판 1995.2.10, 94다18508).

06

상**중**하

전세권에 관한 설명으로 옳지 않은 것은? (다툼이 있으면 판례에 따름) 제28회

① 전세권자는 목적물의 현상을 유지하고 그 통상의 권리에 속한 수선을 하여야 한다.

② 전세권자는 특별한 사정이 없는 한 전세권설정자의 동의 없이 전세권을 타인에게 양도할 수 없다.

③ 전세목적물의 인도는 전세권의 성립요건이 아니다.

④ 전세목적물에 대한 사용·수익권능을 배제하고 채권담보만을 위해 설정한 전세권설정등기는 무효이다.

⑤ 전세권이 갱신 없이 그 존속기간이 만료되면 전세권의 용익물권적 권능은 전세권설정등기의 말소 없이도 당연히 소멸한다.

톺아보기

전세권자는 전세권을 타인에게 양도 또는 담보로 제공할 수 있고 그 존속기간 내에서 그 목적물을 타인에게 전전세 또는 임대할 수 있다. 그러나 설정행위로 이를 금지한 때에는 그러하지 아니하다(제306조).

07 상**중**하

전세권에 관한 설명으로 옳지 않은 것은? (다툼이 있으면 판례에 따름) 제25회

① 전세권이 갱신 없이 그 존속기간이 만료되면 전세권의 용익물권적 권능은 전세권 설정등기의 말소 없이도 당연히 소멸한다.

② 전세권이 존속하는 동안은 전세권을 존속시키기로 하면서 전세금반환채권만을 전세권과 분리하여 확정적으로 양도하는 것은 허용되지 않는다.

③ 토지임차인의 건물 기타 공작물의 매수청구권에 관한 민법 제643조의 규정은 토지의 전세권에도 유추적용될 수 있다.

④ 전세권이 성립한 후 그 소멸 전에 전세목적물의 소유권이 이전된 경우, 목적물의 구(舊) 소유자는 전세권이 소멸하는 때에 전세권자에 대하여 전세금반환의무를 부담한다.

⑤ 대지와 건물이 동일한 소유자에 속한 경우에 건물에 전세권을 설정한 때에는 그 대지소유권의 특별승계인은 전세권설정자에 대하여 지상권을 설정한 것으로 본다.

톺아보기

★ 전세권이 성립한 후 전세목적물의 소유권이 이전된 경우 목적물의 신 소유자는 구 소유자와 전세권자 사이에 성립한 전세권의 내용에 따른 권리의무의 직접적인 당사자가 되어 전세권이 소멸하는 때에 전세권자에 대하여 전세권설정자의 지위에서 전세금반환의무를 부담하게 된다(대판 2006.5.11, 2006다6072).

더 알아보기

전세권이 존속하는 동안은 전세권을 존속시키기로 하면서 전세금반환채권만을 전세권과 분리하여 확정적으로 양도하는 것은 허용되지 않는 것이며, 다만 전세권 존속 중에는 장래에 그 전세권이 소멸하는 경우에 전세금반환채권이 발생하는 것을 조건으로 그 장래의 조건부채권을 양도할 수 있을 뿐이라 할 것이다(대판 2002.8.23, 2001다69122). 한편, 전세권이 존속기간의 만료로 소멸한 경우이거나 전세계약의 합의해지 또는 당사자간의 특약에 의하여 전세금반환채권의 처분에도 불구하고, 전세권의 처분이 따르지 않는 경우 등의 특별한 사정이 있는 때에는 채권양수인은 담보물권이 없는 무담보의 채권을 양수한 것이 된다(대판 1997.11.25, 97다29790).

08

상**중**하

전세권에 관한 설명으로 옳은 것은? (다툼이 있으면 판례에 따름) 제23회

① 전세목적물의 인도는 전세권의 성립요소이다.

② 전세권설정자가 부속물매수청구권을 행사한 때에도 전세권자는 원칙적으로 부속물을 수거할 수 있다.

③ 전세권자가 목적물의 통상적인 유지 및 관리를 위하여 비용을 지출한 경우, 그 필요비의 상환을 청구할 수 있다.

④ 전세권을 목적으로 한 저당권이 설정된 경우, 전세권의 존속기간이 만료되면 전세권 자체에 대하여 저당권을 실행할 수 없다.

⑤ 당사자는 설정행위로 전세권의 양도나 전세목적물의 임대를 금지하는 약정을 할 수 없다.

톺아보기

★ ④ 전세권의 존속기간이 만료되면 전세권은 소멸하므로 더 이상 전세권 자체에 대하여 저당권을 실행할 수 없다(대판 1999.9.17, 98다31301).

오답해설

① 전세권은 설정계약 및 등기에 의하여 취득된다(제186조). 목적부동산의 인도는 전세권설정행위의 성립요건이 아니다(대판 1995.2.10, 94다18508).

② 전세권이 그 존속기간의 만료로 인하여 소멸한 때에는 전세권자는 그 목적물을 원상에 회복하여야 하며, 그 목적물에 부속시킨 물건은 수거할 수 있다. 그러나 전세권설정자가 그 부속물건의 매수를 청구한 때에는 전세권자는 정당한 이유 없이 거절하지 못한다(제316조 제1항).

★ ③ 전세권자는 목적물의 현상의 유지와 통상의 관리에 속한 수선을 해야 할 의무를 부담한다(제309조). 따라서 전세권자는 목적부동산의 통상적 유지 및 관리를 위하여 필요비를 지출한 경우에도 그 비용의 상환을 청구하지 못한다.

⑤ 전세권자는 전세권을 타인에게 양도 또는 담보로 제공할 수 있고 그 존속기간 내에서 그 목적물을 타인에게 전전세 또는 임대할 수 있다. 그러나 설정행위로 이를 금지한 때에는 그러하지 아니하다(제306조).

09

상중하

甲이 乙 소유의 대지에 전세권을 취득한 후 丙에 대한 채무의 담보로 그 전세권에 저당권을 설정하여 주었다. 이에 관한 설명으로 옳지 않은 것은? (다툼이 있으면 판례에 따름)

제22회

① 甲과 乙은 전세권을 설정하면서 존속기간을 6개월로 정할 수 있다.

② 설정행위로 금지하지 않은 경우, 甲은 전세권의 존속기간 중에 丙에게 전세권을 양도할 수 있다.

③ 전세권의 존속기간 중에 甲은 전세권을 보유한 채, 전세금반환채권을 丙에게 확정적으로 양도할 수 없다.

④ 전세권의 갱신 없이 甲의 전세권의 존속기간이 만료되면, 丙은 甲의 전세권 자체에 대하여 저당권을 실행할 수 없다.

⑤ 존속기간의 만료로 甲의 전세권이 소멸하면 특별한 사정이 없는 한, 乙은 丙에게 전세금을 반환하여야 한다.

톺아보기

전세권저당권이 설정된 경우에도 전세권이 기간만료로 소멸되면 전세권설정자는 전세금반환채권에 대한 제3자의 압류 등이 없는 한 전세권자에 대하여만 전세금반환의무를 부담한다고 보아야 한다(대판 1999.9.17, 98다31301).

기본서 p.550~596

01 상중하

민사유치권에 관한 설명으로 옳지 않은 것은? (다툼이 있으면 판례에 따름) 제26회

① 유치권은 약정담보물권이므로 당사자의 약정으로 그 성립을 배제할 수 있다.

② 유치권의 불가분성은 그 목적물이 분할가능하거나 수개의 물건인 경우에도 적용된다.

③ 유치물의 소유권자는 채무자가 아니더라도 상당한 담보를 제공하고 유치권의 소멸을 청구할 수 있다.

④ 신축건물의 소유권이 수급인에게 인정되는 경우, 그 공사대금의 지급을 담보하기 위한 유치권은 성립하지 않는다.

⑤ 부동산 매도인은 매수인의 매매대금 지급을 담보하기 위하여 매매목적물에 대해 유치권을 행사할 수 없다.

톺아보기

유치권은 채권자의 이익을 보호하기 위한 법정담보물권으로서, 당사자는 미리 유치권의 발생을 막는 특약을 할 수 있고 이러한 특약은 유효하다(대판 2018.1.24, 2016다234043).

🔲 더 알아보기

채권이 목적물 자체로부터 발생한 경우에는 견련관계가 있다. 예컨대 물건의 점유자가 물건에 필요비 또는 유익비를 지출한 경우(대판 1959.8.27, 4291민상672), 점유자가 목적물로부터 손해를 입은 경우[예 타인의 동물로부터 공격을 받아 피해를 입은 경우의 손해배상청구권(제759조)], 도급계약에 기하여 신축된 건물의 소유권이 도급인에게 속한 경우에 수급인이 공사대금채권을 가지고 있는 경우(대판 1995.9.15, 95다16202) 등이다.

정답 | 01 ①

02 상중하

민사유치권에 관한 설명으로 옳지 않은 것은? (다툼이 있으면 판례에 따름) 제28회

① 유치권배제특약에는 조건을 붙일 수 없다.

② 채무자의 직접점유를 통한 채권자의 간접점유는 유치권의 요건으로서의 점유에 해당하지 않는다.

③ 유치권자는 피담보채권을 변제받기 위하여 유치물을 경매할 수 있다.

④ 채무자는 상당한 담보를 제공하고 유치권의 소멸을 청구할 수 있다.

⑤ 유치권의 행사는 피담보채권의 소멸시효의 진행에 영향을 미치지 아니한다.

톺아보기

유치권배제특약에도 조건을 붙일 수 있는데, 조건을 붙이고자 하는 의사가 있는지는 의사표시에 관한 법리에 따라 판단하여야 한다(대판 2018.1.24, 2016다234043).

03 상중하

민법상 유치권에 관한 설명으로 옳지 않은 것은? (다툼이 있으면 판례에 따름)

제25회

① 채권자가 채무자를 직접점유자로 하여 유치물을 간접점유하는 경우, 그 유치물에 대한 유치권은 성립하지 않는다.

② 타인의 물건에 대한 점유가 불법행위로 인한 경우, 그 물건에 대한 유치권은 성립하지 않는다.

③ 유치권배제특약에 따른 효력은 특약의 상대방만 주장할 수 있다.

④ 유치권배제특약에는 조건을 붙일 수 있다.

⑤ 유치권의 행사는 피담보채권의 소멸시효의 진행에 영향을 미치지 않는다.

톺아보기

★ 유치권배제특약이 있는 경우 다른 법정요건이 모두 충족되더라도 유치권은 발생하지 않는데, 특약에 따른 효력은 특약의 상대방뿐 아니라 그 밖의 사람도 주장할 수 있다(대판 2018.1.24, 2016다234043).

유치권에 관한 설명으로 옳은 것은? (다툼이 있으면 판례에 따름)

① 피담보채권의 변제기가 도래하지 않은 동안에는 유치권이 성립하지 아니한다.

② 유치권자가 스스로 유치물인 주택에 거주하며 사용하는 것은 특별한 사정이 없는 한, 유치물의 보존에 필요한 사용에 해당하지 않는다.

③ 유치권자가 채무자의 승낙 없이 채무자 소유인 유치물을 타인에게 대여하면 이로써 즉시 유치권은 소멸한다.

④ 유치권 행사는 피담보채권의 소멸시효 중단사유에 해당한다.

⑤ 유치권에 의한 경매에서 유치권자는 일반채권자보다 우선하여 배당을 받는다.

톺아보기

★ ① 채권이 변제기에 도달하기 전에는 유치권은 성립하지 않는다. 유익비상환청구권에 관하여 법원이 상당한 상환기간을 허여하면(제203조 제3항, 제310조 제2항, 제626조 제2항), 유치권이 소멸된다.

오답해설

★ ② 유치권을 행사하는 자가 스스로 유치물인 주택에 거주하며 사용하는 것은 특별한 사정이 없는 한 유치물인 주택의 보존에 도움이 되는 행위로서 유치물의 보존에 필요한 사용에 해당한다(대판 2009.9.24, 2009다40684).

③ 유치권자는 채무자의 승낙 없이 유치물의 사용·대여 또는 담보제공을 하지 못한다(제324조 제2항). 위반한 때에는 채무자는 유치권의 소멸을 청구할 수 있다(제324조 제3항). 소멸청구권은 일종의 형성권이며, 소멸청구의 의사표시만으로 효력이 생긴다.

④ 유치권의 행사는 채권의 소멸시효의 진행에 영향을 미치지 아니한다(제326조).

⑤ 유치권자는 원칙적으로 우선변제권을 갖지 못한다.

05

상중**하**

유치권에 관한 설명으로 옳지 않은 것은?

제23회

① 유치권은 점유의 상실로 인하여 소멸한다.

② 유치권자는 채권의 변제를 받기 위하여 유치물을 경매할 수 없다.

③ 유치권의 행사는 채권의 소멸시효의 진행에 영향을 미치지 않는다.

④ 채무자는 상당한 담보를 제공하고 유치권의 소멸을 청구할 수 있다.

⑤ 유치권자가 유치물에 관하여 필요비를 지출할 때에는 소유자에게 그 상환을 청구할 수 있다.

톺아보기

유치권자는 채권의 변제를 받기 위하여 유치물을 경매할 수 있다(제322조 제1항).

06

상중 하

甲 소유 X주택의 공사수급인 乙이 공사대금채권을 담보하기 위하여 X에 관하여 적법하게 유치권을 행사하고 있다. 이에 관한 설명으로 옳지 않은 것은? (다툼이 있으면 판례에 따름)

제27회

① 乙이 X에 계속 거주하며 사용하는 것은 특별한 사정이 없는 한 적법하다.

② 乙은 X에 관하여 경매를 신청할 수 있으나 매각대금으로부터 우선변제를 받을 수는 없다.

③ 甲의 X에 관한 소유물반환청구의 소에 대하여 乙이 유치권의 항변을 하는 경우, 법원은 상환이행판결을 한다.

④ 乙이 X의 점유를 침탈당한 경우, 1년 내에 점유회수의 소를 제기하여 승소하면 점유를 회복하지 않더라도 유치권은 회복된다.

⑤ 乙이 X의 점유를 침탈당한 경우, 점유침탈자에 대한 유치권 소멸을 원인으로 한 손해배상청구권은 점유를 침탈당한 날로부터 1년 내에 행사할 것을 요하지 않는다.

톺아보기

★ 점유를 침탈당한 경우에도 같지만 점유물반환청구권에 의하여 점유를 회복한 때에는 점유를 상실하지 않았던 것이 되므로(제192조 제2항 단서), 유치권도 처음부터 소멸하지 않았던 것이 된다.

07

질권에 관한 설명으로 옳지 않은 것은? (다툼이 있으면 판례에 따름)　　제24회

① 타인의 채무를 담보하기 위하여 질권을 설정한 자는 채무자에 대한 사전구상권을 갖는다.

② 선의취득에 관한 민법 제249조는 동산질권에 준용한다.

③ 양도할 수 없는 채권은 질권의 목적이 될 수 없다.

④ 임대차보증금채권에 질권을 설정할 경우, 임대차계약서를 교부하지 않더라도 채권질권은 성립한다.

⑤ 채권질권의 설정자가 그 목적인 채권을 양도하는 경우, 질권자의 동의는 필요하지 않다.

톺아보기

★ 원칙적으로 수탁보증인의 사전구상권(제442조)은 물상보증인에게 적용되지 아니하고 물상보증인은 사전구상권을 행사할 수 없다(대판 2009.7.23, 2009다19802·19819).

08

저당권의 객체가 될 수 없는 것은?　　제26회

① 광업권　　　　　　　　② 지상권

③ 지역권　　　　　　　　④ 전세권

⑤ 등기된 입목

톺아보기

★ 지상권 또는 전세권은 저당권의 목적으로 할 수 있으나(제371조 제1항), 지역권은 요역지와 분리하여 양도하거나 다른 권리의 목적(예 저당권 설정)으로 하지 못하기 때문에 저당권의 객체가 될 수 없다(제292조 제2항).

🗊 더 알아보기

저당권은 등기·등록할 수 있는 것만이 그 객체로 될 수 있다. 등기된 선박(상법 제871조), 광업권(광업법 제13조), 어업권(수산업법 제15조), 댐사용권, 공장재단, 광업재단, 자동차, 항공기, 건설기계, 입목등기가 이루어진 입목은 저당권의 객체가 되나, 명인방법에 의한 수목의 집단은 저당권의 객체가 아니다.

09

상중**하**

저당권에 관한 설명으로 옳지 않은 것은? (다툼이 있으면 판례에 따름) 제25회

① 지상권은 저당권의 목적으로 할 수 없다.

② 등록된 자동차는 저당권의 목적물이 될 수 있다.

③ 저당권자는 피담보채권의 변제를 받기 위해 저당물의 경매를 청구할 수 있다.

④ 저당부동산의 제3취득자는 그 부동산에 대한 저당권 실행을 위한 경매절차에 매수인이 될 수 있다.

⑤ 저당목적물을 권한 없이 멸실·훼손하거나 담보가치를 감소시키는 행위는 특별한 사정이 없는 한 불법행위가 될 수 있다.

톺아보기

민법이 인정하는 저당권의 객체는 원칙적으로 부동산(제356조)이다. 예외적으로 지상권·전세권(제371조)도 저당권을 설정할 수 있다.

10

상**중**하

저당권에 관한 설명으로 옳지 않은 것은? (다툼이 있으면 판례에 따름) 제23회

① 저당권의 효력은 원칙적으로 저당부동산에 부합된 물건과 종물에 미친다.

② 물상보증인은 수탁보증인과 마찬가지로 원칙적으로 채무자에게 사전구상권을 행사할 수 있다.

③ 저당권의 효력은 저당부동산에 대한 압류 이후의 저당권설정자의 저당부동산에 관한 차임채권에도 영향을 미친다.

④ 저당부동산에 대하여 전세권을 취득한 제3자는 저당권자에게 그 부동산으로 담보된 채권을 변제하고 저당권의 소멸을 청구할 수 있다.

⑤ 저당권은 그 담보한 채권과 분리하여 타인에게 양도하거나 다른 채권의 담보로 하지 못한다.

톺아보기

★ 수탁보증인의 사전구상권에 관한 민법 제442조는 물상보증인에게 적용되지 아니하고 물상보증인은 사전구상권을 행사할 수 없다(대판 2009.7.23, 2009다19802·19819).

11 상**중**하

저당권의 효력이 미치는 피담보채권의 범위에 속하는 것은? (근저당은 고려하지 않고, 이해관계 있는 제3자가 존재함) 제27회

① 등기된 금액을 초과하는 원본
② 저당물의 보존비용
③ 저당물의 하자로 인한 손해배상
④ 등기된 손해배상예정액
⑤ 원본의 이행기일 경과 후 1년분을 넘는 지연배상

톺아보기

④ 위약금의 약정이 있으면, 그것이 손해배상액의 예정이든 위약벌이든 관계없이 등기하여야 저당권에 의하여 담보된다.

오답해설

① 담보되는 원본의 금액과 변제기·지급장소는 등기하여야 한다(부동산등기법 제75조 제1항). 따라서 등기된 금액을 초과하는 원본은 저당권의 피담보채권의 범위에 속하지 않는다.

②③ 저당물의 보존비용, 저당물의 하자로 인한 손해배상은 저당권의 피담보채권의 범위에 속하지 않는다.

⑤ 채무불이행으로 인한 손해배상, 즉 지연배상도 저당권에 의하여 담보되나 원본의 이행기일을 경과한 후의 1년분에 한한다(제360조 단서).

정답 | 09 ① 10 ② 11 ④

저당권에 관한 설명으로 옳은 것은? (다툼이 있으면 판례에 따름)

① 근저당권을 설정한 이후 피담보채권이 확정되기 전에 근저당설정자와 근저당권자의 합의로 채무자를 추가할 경우에는 특별한 사정이 없는 한, 이해관계인의 승낙을 받아야 한다.

② 저당권으로 담보된 채권에 질권을 설정하였다면 특별한 사정이 없는 한, 저당권은 질권의 목적이 될 수 없다.

③ 무담보채권에 질권이 설정된 이후 그 채권을 담보하기 위하여 저당권이 설정되었다면 특별한 사정이 없는 한, 저당권은 질권의 목적이 될 수 없다.

④ 저당부동산의 제3취득자는 저당권설정자의 의사에 반하여 피담보채무를 변제하고 저당권의 소멸을 청구할 수는 없다.

⑤ 저당권설정자로부터 저당토지에 대해 용익권을 설정받은 자가 그 지상에 건물을 신축한 후 저당권설정자가 그 건물의 소유권을 취득한 경우, 저당권자는 토지와 건물에 대해 일괄경매를 청구할 수 있다.

톺아보기

오답해설

★ ① 후순위저당권자 등 이해관계인은 근저당권의 채권최고액에 해당하는 담보가치가 근저당권에 의하여 이미 파악되어 있는 것을 알고 이해관계를 맺었기 때문에 이러한 변경으로 예측하지 못한 손해를 입었다고 볼 수 없으므로, 피담보채무의 범위 또는 채무자를 변경할 때 이해관계인의 승낙을 받을 필요가 없다(대판 2021.12.16, 2021다255648).

②③ 저당권에 의하여 담보되는 채권을 입질하면 부종성에 의하여 그 저당권도 당연히 권리질권의 목적이 된다. 공시의 원칙을 관철하기 위하여, 그 저당권등기에 질권의 부기등기를 하여야 효력이 저당권에 미치는 것으로 규정한다(제348조). 한편 판례는 "담보가 없는 채권에 질권을 설정한 다음 그 채권을 담보하기 위해 저당권이 설정되었더라도, 민법 제348조가 유추적용되어 저당권설정등기에 질권의 부기등기를 하지 않으면 질권의 효력이 저당권에 미친다고 볼 수 없다."고 한다(대판 2020.4.29, 2016다235411).

④ 저당부동산에 대하여 소유권, 지상권 또는 전세권을 취득한 제3자는 저당권자에게 그 부동산으로 담보된 채권을 변제하고 저당권의 소멸을 청구할 수 있다(제364조).

13

상**중**하

저당권에 관한 설명으로 옳지 않은 것은? (다툼이 있으면 판례에 따름) 제28회

① 건물에 대한 저당권의 효력은 특별한 사정이 없는 한 그 건물에 종된 권리인 건물의 소유를 목적으로 하는 지상권에도 미친다.

② 저당권은 피담보채권과 분리하여 타인에게 양도할 수 없다.

③ 저당권자는 피담보채권의 변제를 받기 위하여 저당물의 경매를 청구할 수 있다.

④ 저당물의 소유권을 취득한 제3자는 그 저당물의 경매에서 경매인이 될 수 없다.

⑤ 저당권으로 담보한 채권이 시효의 완성으로 소멸한 때에는 저당권도 소멸한다.

톺아보기

저당물의 소유권을 취득한 제3자도 경매인이 될 수 있다(제363조 제2항).

14

상**중**하

甲이 5,000만원의 채권을 담보하기 위해, 채무자 乙 소유의 X부동산과 물상보증인 丙 소유의 Y부동산에 각각 1번 저당권을 취득하였다. 그 후 丁이 4,000만원의 채권으로 X부동산에, 戊가 3,000만원의 채권으로 Y부동산에 각각 2번 저당권을 취득하였다. 甲이 X부동산과 Y부동산에 대하여 담보권 실행을 위한 경매를 신청하여 X부동산은 6,000만원, Y부동산은 4,000만원에 매각되어 동시에 배당하는 경우, 이자 및 경매비용 등은 고려하지 않는다면 甲이 Y부동산의 매각대금에서 배당받을 수 있는 금액은? (다툼이 있으면 판례에 따름) 제23회

① 0원

② 1,000만원

③ 2,000만원

④ 3,000만원

⑤ 4,000만원

톺아보기

공동저당권이 설정되어 있는 수개의 부동산 중 일부는 채무자 소유이고 일부는 물상보증인의 소유인 경우 각 부동산의 경매대가를 동시에 배당하는 때에는, 경매법원으로서는 채무자 소유부동산의 경매대가에서 공동저당권자에게 우선적으로 배당을 하고, 부족분이 있는 경우에 한하여 물상보증인 소유부동산의 경매대가에서 추가로 배당을 하여야 한다(대판 2010.4.15, 2008다41475). 따라서 채무자 乙 소유의 X부동산 매각대금 6,000만원으로부터 甲은 5,000만원 전액을 배당받을 수 있으므로 Y부동산의 매각대금에서 배당받을 것은 없다.

정답 | 12 ⑤ 13 ④ 14 ①

15

상 중 **하**

근저당권에 관한 설명으로 옳은 것은? (다툼이 있으면 판례에 따름) 제22회

① 저당권과 달리 근저당권은 채권최고액을 정하여 등기하여야 한다.

② 피담보채무의 이자는 채권최고액에서 제외된다.

③ 피담보채권의 확정 전에 발생한 원본채권에 관하여 그 확정 후에 발생한 이자채권은 피담보채권의 범위에 속하지 않는다.

④ 채권자는 피담보채권이 확정되기 전에 그 채권의 일부를 양도하여 근저당권의 일부양도를 할 수 있다.

⑤ 확정된 피담보채무액이 채권최고액을 초과하더라도 근저당권설정자인 채무자는 채권최고액을 변제하고 근저당권의 말소를 청구할 수 있다.

톺아보기

① 근저당권 등기에는 근저당이라는 취지, 채권의 최고액 및 채무자를 등기하여야 한다.

오답해설

② 채무의 이자는 최고액 중에 산입한 것으로 본다(제357조 제2항).

★ ③ 근저당권의 피담보채권이 확정되었을 경우, 확정 이후에 새로운 거래관계에서 발생한 원본채권은 그 근저당권에 의하여 담보되지 아니하지만, 확정 전에 발생한 원본채권에 관하여 확정 후에 발생하는 이자나 지연손해금채권은 채권최고액의 범위 내에서 근저당권에 의하여 담보된다(대판 2007.4.26, 2005다38300).

★ ④ 근저당 거래관계가 계속 중인 경우, 즉 근저당권의 피담보채권이 확정되기 전에 그 채권의 일부를 양도하거나 대위변제한 경우 근저당권이 양수인이나 대위변제자에게 이전할 여지는 없다(대판 2002.7.26, 2001다53929).

⑤ 근저당권은 원본, 이자, 위약금, 채무불이행으로 인한 손해배상 및 근저당권의 실행비용을 담보하는 것이며, 이것이 근저당에 있어서의 채권최고액을 초과하는 경우에 근저당권자로서는 그 채무자 겸 근저당권설정자와의 관계에 있어서는 그 채무의 일부인 채권최고액과 지연손해금 및 집행비용만을 받고 근저당권을 말소시켜야 할 이유는 없을 뿐 아니라, 채무금 전액에 미달하는 금액의 변제가 있는 경우에 이로써 우선 채권최고액 범위의 채권에 변제충당한 것으로 보아야 한다는 이유도 없으니 채권 전액의 변제가 있을 때까지 근저당의 효력은 잔존채무에 여전히 미친다고 할 것이다(대판 2010.5.13, 2010다3681).

house.Hackers.com

3개년 출제비중분석

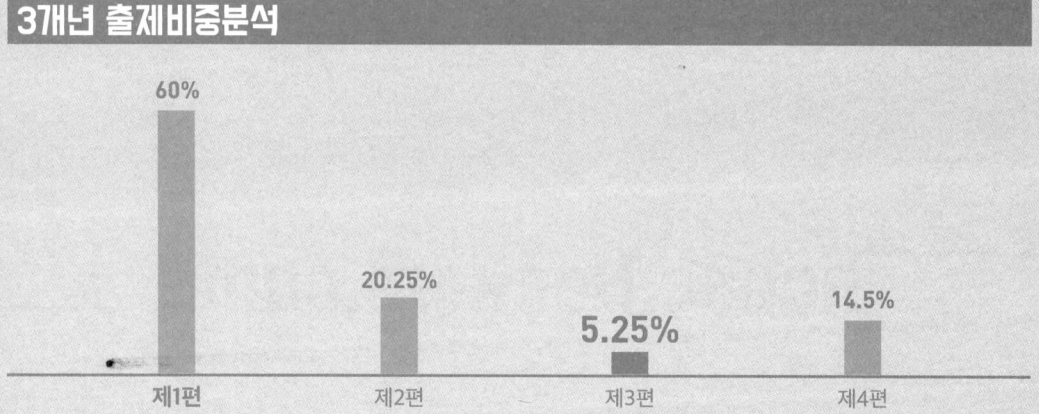

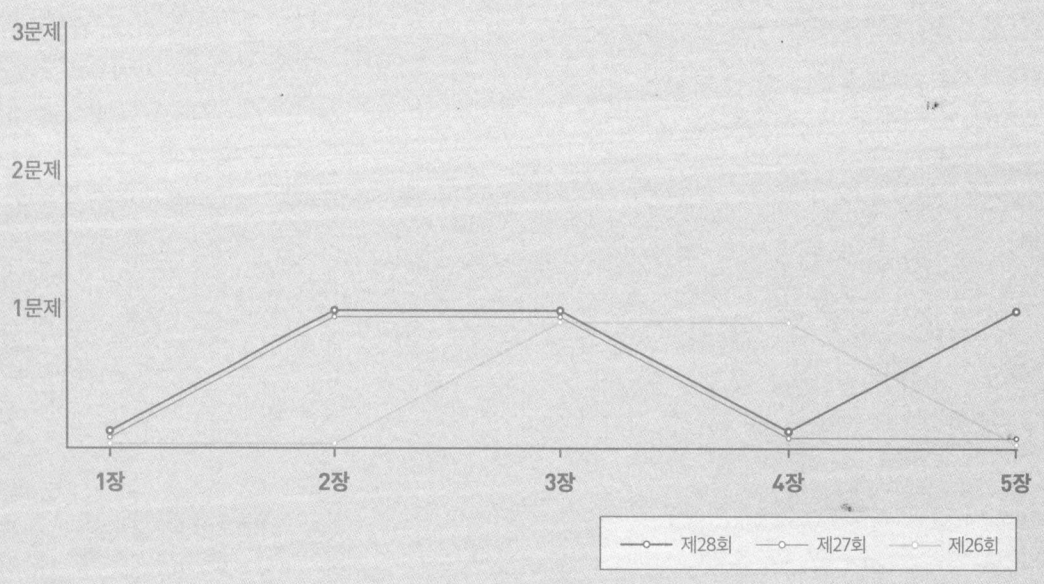

제3편

채권총론

제1장 / 채권의 목적

기본서 p.610~620

01
상**중**하

선택채권에 관한 설명으로 옳은 것은? (다툼이 있으면 판례에 따름) 제25회

① 선택권에 관하여 법률의 규정이나 당사자의 약정이 없으면 선택권은 채권자에게 있다.

② 선택권 행사의 기간이 있는 경우, 선택권자가 그 기간 내에 선택권을 행사하지 않으면 즉시 상대방에게 선택권이 이전된다.

③ 제3자가 선택권을 행사하기로 하는 당사자의 약정은 무효이다.

④ 선택채권의 소멸시효는 선택권을 행사한 때부터 진행한다.

⑤ 채권의 목적으로 선택할 여러 개의 행위 중에 당사자의 과실 없이 처음부터 불능한 것이 있으면 채권의 목적은 잔존한 것에 존재한다.

톺아보기

★ ⑤ 채권의 목적으로 선택할 수개의 행위 중에 처음부터 불능한 것이나 또는 후에 이행불능하게 된 것이 있으면 채권의 목적은 잔존한 것에 존재한다(제385조 제1항).

[오답해설]

★ ① 채권의 목적이 수개의 행위 중에서 선택에 좇아 확정될 경우에 다른 법률의 규정이나 당사자의 약정이 없으면 선택권은 채무자에게 있다(제380조).

② 선택권 행사의 기간이 있는 경우에 선택권자가 그 기간 내에 선택권을 행사하지 아니하는 때에는 상대방은 상당한 기간을 정하여 그 선택을 최고할 수 있고, 선택권자가 그 기간 내에 선택하지 아니하면 선택권은 상대방에게 있다(제381조 제1항).

③ 당사자의 약정에 의하여 제3자도 선택권자가 될 수 있다.

④ 선택채권의 소멸시효는 선택권을 행사할 수 있을 때부터 진행한다.

제2장 / 채권의 효력

기본서 p.624~662

01 상**중**하

쌍무계약상 채무이행이 불능인 경우에 관한 설명으로 옳지 않은 것은? 제23회

① 계약이 원시적·객관적 전부불능인 경우, 그 계약은 무효이다.
② 채무자의 책임 있는 사유로 후발적 이행불능이 된 경우, 채권자는 최고 없이 계약을 해제할 수 있다.
③ 채무자의 책임 있는 사유로 후발적 불능이 발생한 경우, 채권자는 그로 인해 발생한 손해의 배상을 청구할 수 있다.
④ 채권자의 수령지체 중에 당사자 쌍방의 책임 없는 사유로 채무자의 이행이 불능이 된 경우, 채무자는 채권자에게 이행을 청구할 수 있다.
⑤ 채권자가 이행불능을 이유로 계약을 해제한 경우, 그는 이행불능으로 인한 손해의 배상을 청구할 수 없다.

톺아보기

★ 계약의 해지 또는 해제는 손해배상의 청구에 영향을 미치지 아니한다(제551조). 따라서 계약을 해제하여도 이행불능으로 인한 손해배상을 청구할 수 있다.

정답 | 01 ⑤

02 채무불이행에 따른 손해배상에 관한 설명으로 옳은 것은? (다툼이 있으면 판례에 따름)

상**중**하

제24회

① 채무불이행을 이유로 계약을 해제하면 별도로 손해배상을 청구하지 못한다.
② 채무불이행에 관해 채권자에게 과실이 있는 경우, 법원은 채무자의 주장에 의해 손해배상의 책임 및 그 금액을 정함에 이를 참작할 수 있다.
③ 채권자가 그 채권의 목적인 물건의 가액 일부를 손해배상으로 받은 경우, 채무자는 그 물건의 소유권을 취득한다.
④ 지연손해배상액을 예정한 경우, 채권자는 예정배상액의 청구와 함께 본래의 급부이행을 청구할 수 있다.
⑤ 금전채무불이행의 경우, 채무자는 과실 없음을 항변할 수 있다.

톺아보기

오답해설

① 계약의 해지 또는 해제는 손해배상의 청구에 영향을 미치지 아니한다(제551조). 따라서 계약을 해제하여도 손해배상을 청구할 수 있다.
★ ② 채무불이행에 관하여 채권자에게 과실이 있는 때에는 법원은 직권으로 손해배상의 책임 및 그 금액을 정함에 이를 참작하여야 한다(제396조).
③ 채권자가 그 채권의 목적인 물건 또는 권리의 가액 전부를 손해배상으로 받은 때에는 채무자는 그 물건 또는 권리에 관하여 당연히 채권자를 대위한다(제399조).
★ ⑤ 금전채무불이행의 경우, 손해배상에 관하여는 채권자는 손해의 증명을 요하지 아니하고 채무자는 과실 없음을 항변하지 못한다(제397조 제2항).

03 상중하

채권의 효력에 관한 설명으로 옳지 않은 것은?

① 채무자는 귀책사유가 없으면 민법 제390조의 채무불이행에 따른 손해배상책임을 지지 않는다.

② 채무자의 법정대리인이 채무자를 위하여 채무를 이행하는 경우, 법정대리인의 고의나 과실은 채무자의 고의나 과실로 본다.

③ 채무이행의 불확정한 기한이 있는 경우에는 채무자는 기한이 도래함을 안 때로부터 지체책임이 있다.

④ 특별한 사정으로 인한 손해는 채무자가 그 사정을 알았거나 알 수 있었을 때에 한하여 배상의 책임이 있다.

⑤ 채무가 채무자의 법률행위를 목적으로 한 경우, 채무자가 이를 이행하지 않으면 채권자는 채무자의 비용으로 제3자에게 이를 하게 할 것을 법원에 청구할 수 있다.

톺아보기

채무가 법률행위를 목적으로 한 때에는 채무자의 의사표시에 갈음할 재판을 청구할 수 있다(제389조 제2항).

04 상중하

채권자대위권에 관한 설명으로 옳은 것은? (다툼이 있으면 판례에 따름)　제23회

① 채권자는 자신의 채권을 보전하기 위하여 채무자의 제3자에 대한 채권자취소권을 대위행사할 수 없다.
② 이혼으로 인한 재산분할청구권은 그 구체적 내용이 심판에 의해 명확하게 확정되었더라도 피보전채권이 될 수 없다.
③ 채무자가 자신의 제3채무자에 대한 권리를 이미 재판상 행사하였더라도 채권자는 그 권리를 대위행사할 수 있다.
④ 채권자는 피보전채권의 이행기가 도래하기 전이라도 피대위채권의 시효중단을 위해서 채무자를 대위하여 제3채무자에게 이행청구를 할 수 있다.
⑤ 채권자가 채무자에 대한 소유권이전등기청구권을 보전하기 위하여 채무자의 제3자에 대한 소유권이전등기청구권을 대위행사하는 경우에도 채무자의 무자력을 그 요건으로 한다.

톺아보기

④ 채무자의 피대위채권이 시효로 소멸하려 할 때 시효중단을 위해서 채권자는 피보전채권의 이행기가 도래하기 전이라도 채권자대위권을 행사할 수 있다.

오답해설

★ ① 채권자취소권은 채권자가 채무자를 대위하여 행사하는 것이 가능하다(대판 2001.12.27, 2000다73049).
★ ② 이혼으로 인한 재산분할청구권은 협의 또는 심판에 의하여 그 구체적 내용이 형성되기 전에는 피보전채권이 될 수 없다(대판 1999.4.9, 98다58016).
③ 채무자가 이미 소를 제기하고 있는 때는 물론이고(대판 1970.4.28, 69다1311), 설사 부적당한 소송으로 패소한 때에도 대위권은 인정되지 않는다(대판 1993.3.26, 92다32876).
⑤ 보전하려는 채권이 소유권이전등기청구권 등 특정의 채권인 때에는 일정한 요건이 구비되어 있는 한 채무자의 무자력은 그 요건이 아니다.

05

채권자취소권에 관한 설명으로 옳은 것을 모두 고른 것은? (다툼이 있으면 판례에 따름)

제22회

> ㉠ 채권자취소권은 상대방에 대한 의사표시로 행사할 수 있다.
> ㉡ 채무자를 상대로 채권자취소권을 행사할 수 없다.
> ㉢ 채권자취소권 행사에 따른 원상회복은 가액반환이 원칙이다.

① ㉠ 　　　　　　　　　　② ㉡

③ ㉠, ㉢ 　　　　　　　　④ ㉡, ㉢

⑤ ㉠, ㉡, ㉢

톺아보기

㉠ 채무자가 채권자를 해함을 알고 재산권을 목적으로 한 법률행위를 한 때에는 채권자는 그 취소 및 원상회복을 법원에 청구할 수 있다(제406조 제1항).

㉢ 채권자는 원칙적으로 목적물 자체의 반환을 청구하여야 하며, 예외적으로 거래관념상 원물반환이 불가능하거나 현저히 곤란한 경우에는 가액을 반환하여야 한다(대판 2007.7.26, 2007다29119).

제3장 / 다수당사자의 채권관계

기본서 p.668~693

□□□
01
상중하

불가분채무에 해당하지 않는 것은? (다툼이 있으면 판례에 따름)　　　제27회

① 건물을 공동으로 상속한 상속인들의 건물철거의무
② 자동차를 공유하는 매도인들의 매수인에 대한 자동차인도의무
③ 임대목적물을 공유하고 있는 공동임대인의 보증금반환채무
④ 공동임차인의 임대인에 대한 임차물반환의무
⑤ 공유토지에 수목이 부합되어 이익을 얻은 토지공유자들의 제3자에 대한 부당이득반환채무

톺아보기

★ ④ 공동임차인의 임대인에 대한 임차물반환의무는 연대채무이다(제654조, 제616조).

오답해설
　① 공동상속인들의 건물철거의무는 그 성질상 불가분채무라고 할 것이고, 각자 그 지분의 한도 내에서 건물 전체에 대한 철거의무를 진다(대판 1980.6.24, 80다756).
　② 자동차를 공유하는 매도인들의 매수인에 대한 자동차인도의무는 성질상 불가분채무이다.
★ ③ 건물의 공유자가 공동으로 건물을 임대하고 보증금을 수령한 경우, 특별한 사정이 없는 한 그 임대는 각자 공유지분을 임대한 것이 아니고 임대목적물을 다수의 당사자로서 공동으로 임대한 것이므로 그 보증금반환채무는 성질상 불가분채무에 해당된다(대판 1998.12.8, 98다43137).
　⑤ 공유자가 공유물에 대한 관계에서 부당이득을 한 경우 그 이득을 상환하는 의무는 불가분적 채무이다(대판 1992.9.22, 92누2202).

02 상중하

보증채무에 관한 설명으로 옳은 것은? (다툼이 있으면 판례에 따름) 제26회

① 장래의 채무에 대한 보증계약은 효력이 없다.

② 주채무자에 대한 시효의 중단은 보증인에 대하여 그 효력이 없다.

③ 보증인은 그 보증채무에 관한 위약금 기타 손해배상액을 예정할 수 없다.

④ 보증인의 보증의사를 표시하기 위한 '기명날인'은 보증인이 직접 하여야 하고 타인이 이를 대행하는 방법으로 할 수 없다.

⑤ 채무자의 부탁으로 보증인이 된 자의 구상권은 면책된 날 이후의 법정이자 및 피할 수 없는 비용 기타 손해배상을 포함한다.

톺아보기

★ ⑤ 수탁보증인의 구상권의 범위는 연대채무자와 같으며, 면책된 날 이후의 법정이자 및 피할 수 없는 비용 기타의 손해배상을 포함한다(제441조 제2항, 제425조 제2항).

오답해설

① 보증은 장래의 채무에 대하여도 할 수 있다(제428조 제2항).

② 주채무자에 대한 시효중단은 보증인에 대하여도 효력이 있다(제440조).

③ 보증인은 그 보증채무에 관한 위약금 기타 손해배상액을 예정할 수 있다(제429조 제2항).

★ ④ 보증은 그 의사가 보증인의 기명날인 또는 서명이 있는 서면으로 표시되어야 효력이 발생한다. '보증인의 서명'은 원칙적으로 보증인이 직접 자신의 이름을 쓰는 것을 의미하므로 타인이 보증인의 이름을 대신 쓰는 것은 이에 해당하지 않지만, '보증인의 기명날인'은 타인이 이를 대행하는 방법으로 하여도 무방하다(대판 2019.3.14, 2018다282473).

03

상중하

보증채무에 관한 설명으로 옳은 것을 모두 고른 것은?

제28회

> ㉠ 보증인의 보증채무는 주채무의 위약금이나 손해배상을 포함하지 않는다.
> ㉡ 주채무자의 항변포기는 보증인에게 효력이 없다.
> ㉢ 보증인은 주채무자의 채권에 의한 상계로 채권자에게 대항할 수 있다.
> ㉣ 주채무자에 대한 시효의 중단은 보증인에 대하여 효력이 없다.

① ㉠, ㉡

② ㉡, ㉢

③ ㉢, ㉣

④ ㉠, ㉡, ㉢

⑤ ㉡, ㉢, ㉣

톺아보기

㉠ 보증채무는 주채무의 이자, 위약금, 손해배상 기타 주채무에 종속한 채무를 포함한다(제429조 제1항).

㉡ 제433조 제2항

㉢ 제434조

㉣ 주채무자에 대한 시효의 중단은 보증인에 대하여 그 효력이 있다(제440조).

제4장 / 채권양도와 채무인수

기본서 p.698~713

01 甲이 乙에 대한 매매대금채권을 丙에게 양도하였다. 이에 관한 설명으로 옳지 않은 것을 모두 고른 것은? (다툼이 있으면 판례에 따름)   제26회

ㄱ 채권양도의 통지는 양도인이 해야 하므로 丙이 甲의 대리인으로서 채권양도의 통지에 관한 위임을 받았더라도 丙에 의한 양도통지는 효력이 없다.

ㄴ 甲이 乙과의 양도금지특약에 반하여 매매대금채권을 양도하였는데, 丙이 그 특약을 경과실로 알지 못하였다면 丙은 乙을 상대로 그 양수금의 지급을 청구할 수 있다.

ㄷ 乙이 채권양도에 관하여 이의를 보류하지 않고 승낙하였으나 그 전에 甲의 매매대금채권과 상계적상에 있는 채권을 가지고 있었다면, 이러한 사정을 알고 있었던 丙의 양수금지급청구에 대하여 乙은 상계로 대항할 수 있다.

---

① ㄱ   ② ㄷ

③ ㄱ, ㄴ   ④ ㄴ, ㄷ

⑤ ㄱ, ㄴ, ㄷ

톺아보기

ㄱ 양수인에 의한 통지는 대항력을 갖지 않으며, 양수인이 채권자대위권을 행사하여 통지할 수 없다. 그러나 양수인은 양도인으로부터 수권을 받아 통지를 대리하거나 사자로서 통지할 수는 있다(대판 2004.2.13, 2003다43490).

02

매도인 甲은 매수인 乙에 대한 매매대금채권 전부를 丙에게 즉시 양도하기로 丙과 합의하였다. 이에 관한 설명으로 옳지 않은 것은? (다툼이 있으면 판례에 따름)

제25회

① 甲의 매매대금채권은 그 성질상 원칙적으로 양도가 가능하다.
② 채권의 양도통지는 甲이 乙에게 직접 해야 하며 丙에게 이를 위임할 수 없다.
③ 乙이 채권의 양도통지만을 받은 경우, 그 통지 전에 乙이 甲에게 일부 변제한 것이 있으면 乙은 이를 가지고 丙에게 대항할 수 있다.
④ 甲이 乙에게 채권의 양도통지를 한 경우, 甲은 丙의 동의가 없으면 그 통지를 철회하지 못한다.
⑤ 만일 甲이 乙과의 양도금지특약에 반하여 매매대금채권을 양도하였고, 丙이 그 특약을 과실 없이 알지 못하였다면, 위 채권양도는 유효하다.

톺아보기

★ 민법 제450조에 의한 채권양도통지는 양도인이 직접 하지 아니하고 사자를 통하여 하거나 대리인으로 하여금 하게 하여도 무방하고, 채권의 양수인도 양도인으로부터 채권양도통지 권한을 위임받아 대리인으로서 그 통지를 할 수 있다 (대판 2004.2.13, 2003다43490).

기본서 p.718~746

01
상 중 **하**

변제에 관한 설명으로 옳지 않은 것은? (다툼이 있으면 판례에 따름) 제24회

① 법률상 이해관계 없는 제3자는 채무자의 의사에 반하여 변제할 수 없다.
② 지명채권증서의 반환과 변제는 동시이행관계에 있다.
③ 채권의 준점유자에 대한 변제는 변제자가 선의이며 과실 없는 때에 한하여 효력이 있다.
④ 채무자가 채무의 변제로 인도한 타인의 물건을 채권자가 선의로 소비한 경우에 채권은 소멸한다.
⑤ 영수증 소지자가 변제를 받을 권한이 없음을 변제자가 알면서도 변제한 경우에는 변제로서의 효력이 없다.

톺아보기

★ 변제와 채권증서의 반환은 동시이행관계가 아니며, 변제가 선이행되어야 한다(대판 2005.8.19, 2003다22042).

더 알아보기

변제와 영수증 교부는 동시이행관계에 있다.

정답 | 01 ②

변제에 관한 설명으로 옳은 것은?

① 특정물의 인도는 특별한 사정이 없는 한 채권자의 현주소에서 하여야 한다.
② 변제는 채무자에게 이익이 되므로, 이해관계 없는 제3자라도 채무자의 의사에 반하여 변제할 수 있다.
③ 변제할 정당한 이익이 있는 자는 채권자의 승낙을 얻어야만 변제로 채권자를 대위할 수 있다.
④ 채권의 준점유자에 대한 변제는 변제자가 선의이며 과실 없는 때에 한하여 효력이 있다.
⑤ 변제충당은 원본, 이자, 비용의 순서에 의한다.

톺아보기

오답해설

① 채무의 성질 또는 당사자의 의사표시로 변제장소를 정하지 아니한 때에는 특정물의 인도는 채권성립 당시에 그 물건이 있던 장소에서 하여야 한다(제467조 제1항).
② 이해관계 없는 제3자는 채무자의 의사에 반하여 변제하지 못한다(제469조 제2항).
③ 변제할 정당한 이익이 있는 자는 변제로 당연히 채권자를 대위한다(제481조).
⑤ 채무자가 1개 또는 수개의 채무의 비용 및 이자를 지급할 경우에 변제자가 그 전부를 소멸하게 하지 못한 급여를 한 때에는 비용, 이자, 원본의 순서로 변제에 충당하여야 한다(제479조 제1항).

03 상중하

변제에 관한 설명으로 옳은 것은? (다툼이 있으면 판례에 따름) 제22회

① 특정물의 인도가 채권의 목적인 때에는 채무자는 채권발생 당시의 현상대로 그 물건을 인도하여야 한다.

② 채무의 변제로 타인의 물건을 인도한 채무자는 채권자에게 손해를 배상하고 물건의 반환을 청구할 수 있다.

③ 채무자가 채권자의 승낙 없이 본래의 채무이행에 갈음하여 동일한 가치의 물건으로 급여한 때에는 변제와 같은 효력이 있다.

④ 채무의 성질 또는 당사자의 의사표시로 변제장소를 정하지 아니한 경우 특정물의 인도는 채권자의 현주소에서 하여야 한다.

⑤ 법률상 이해관계 있는 제3자는 특별한 사정이 없는 한, 채무자의 의사에 반하여 변제할 수 있다.

톺아보기

★ ⑤ 이해관계 없는 제3자는 채무자의 의사에 반하여 변제하지 못한다(제469조 제2항). 그러나 연대채무자·보증인·물상보증인·저당부동산의 제3취득자(대판 1995.3.24, 94다44620) 등과 같이 채무의 변제에 대하여 법률상 이해관계를 가지는 자는 채무자의 의사에 반해서도 변제할 수 있다.

오답해설

★ ① 특정물의 인도가 채권의 목적인 때에는 채무자는 이행기의 현상대로 그 물건을 인도하여야 한다(제462조).

② 채무의 변제로 타인의 물건을 인도한 채무자는 다시 유효한 변제를 하지 아니하면 그 물건의 반환을 청구하지 못한다(제463조).

③ 채무자가 채권자의 승낙을 얻어 본래의 채무이행에 갈음하여 다른 급여를 한 때에는 변제와 같은 효력이 있다(제466조).

④ 채무의 성질 또는 당사자의 의사표시로 변제장소를 정하지 아니한 때에는 특정물의 인도는 채권성립 당시에 그 물건이 있던 장소에서 하여야 한다(제467조 제1항).

3개년 출제비중분석

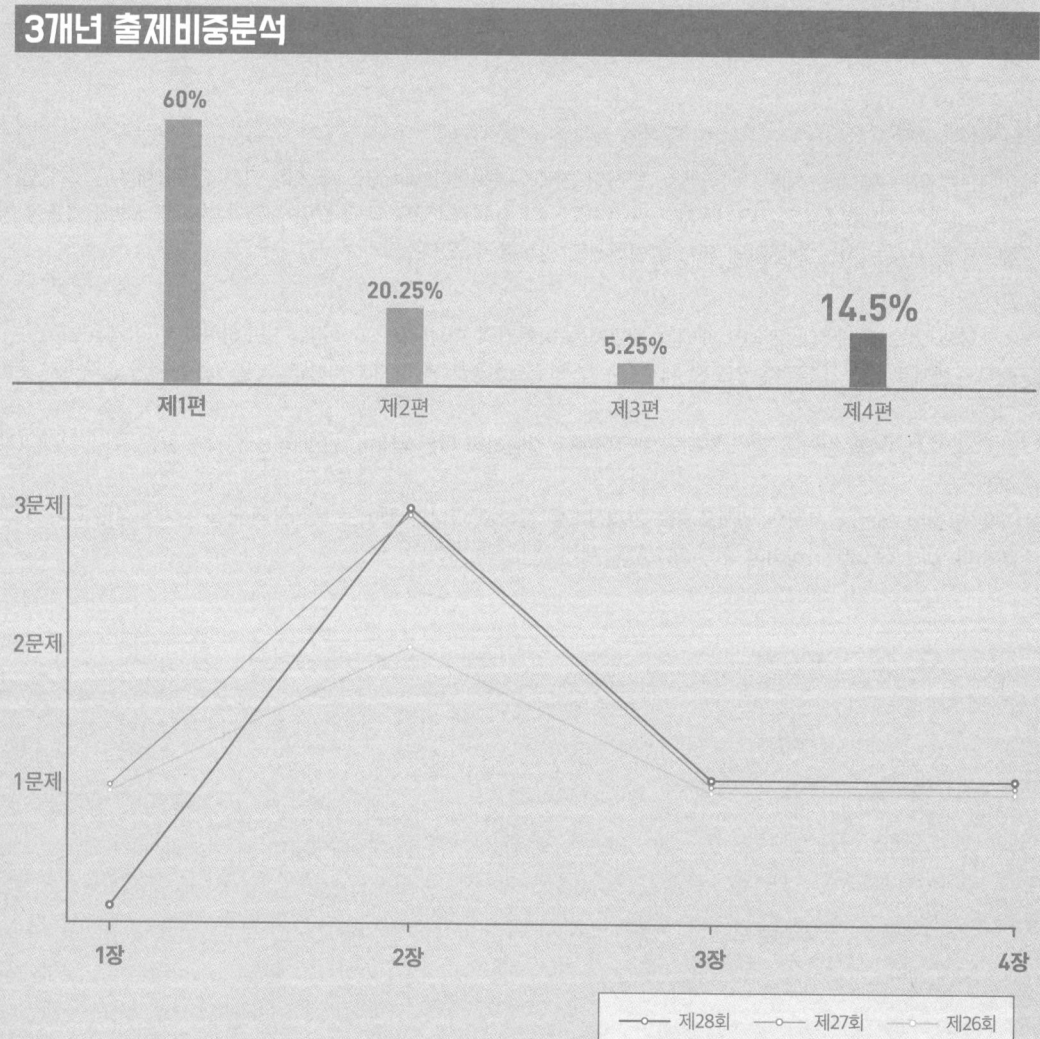

제4편

채권각론

___

제1장 / 계약총론

기본서 p.754~787

□□□ 01

상 중 **하**

민법이 규정하고 있는 전형계약이 아닌 것은?　　　제24회

① 부당이득
② 위임
③ 도급
④ 증여
⑤ 매매

톺아보기

부당이득이란 법률상 원인 없이 타인의 재산 또는 노무로 인하여 얻은 이익을 가리킨다(제741조). 부당이득은 사무관리·불법행위와 더불어 법정채권의 발생원인이다.

□□□ 02

상 **중** 하

계약의 성립에 관한 설명으로 옳지 않은 것은?　　　제24회

① 승낙기간이 정해진 경우에 승낙의 통지가 그 기간 내에 도달하지 않으면 특별한 사정이 없는 한 계약은 성립하지 않는다.
② 격지자간의 계약은 승낙의 통지가 도달한 때에 성립한다.
③ 청약이 상대방에게 도달하여 그 효력이 발생하면 청약자는 임의로 이를 철회하지 못한다.
④ 청약자의 의사표시에 의하여 승낙의 통지가 필요 없는 경우, 계약은 승낙의 의사표시로 인정되는 사실이 있는 때에 성립한다.
⑤ 당사자간에 동일한 내용의 청약이 상호교차된 경우에는 양청약이 상대방에게 도달한 때에 계약이 성립한다.

톺아보기

★ 격지자간의 계약은 승낙의 통지를 발송한 때에 성립한다(제531조).

청약과 승낙에 관한 설명으로 옳지 않은 것은? 제22회

① 승낙기간을 정한 청약은 청약자가 그 기간 내에 승낙의 통지를 받지 못한 때에는 그 효력을 잃는다.

② 승낙의 연착통지를 하여야 할 청약자가 연착의 통지를 하면 계약이 성립한다.

③ 청약자는 연착된 승낙을 새로운 청약으로 볼 수 있다.

④ 당사자간에 동일한 내용의 청약이 상호교차된 경우에는 양청약이 상대방에게 도달한 때에 계약이 성립한다.

⑤ 관습에 의하여 승낙의 통지가 필요 없는 경우, 계약은 승낙의 의사표시로 인정되는 사실이 있는 때에 성립한다.

톺아보기

승낙의 통지가 기간 후에 도착하였더라도 통상적인 경우라면 그 기간 내에 도달할 수 있었을 경우에는 청약자는 지체없이 상대방에게 그 연착을 통지함으로써 계약이 성립되지 않았음을 알려야 한다(제528조 제2항). 즉 계약은 성립하지 않는다.

04 2020년 3월 2일 甲은 乙에게 자신의 X토지를 1억원에 매도하겠다는 뜻과 함께
승낙기간을 2020년 3월 10일로 정한 내용의 서면을 발송하였고, 위 서면이 2020년
3월 4일 乙에게 도달하였다. 이에 관한 설명으로 옳은 것은? 제23회

상중하

① 甲은 2020년 3월 10일 오전 0시에 청약을 원칙적으로 철회할 수 없다.

② 乙이 발송한 승낙통지가 2020년 3월 9일 甲에게 도달한 경우, 계약은 2020년
3월 10일에 성립한다.

③ 乙이 2020년 3월 12일 계약내용에 변경을 가하여 승낙한 경우, 甲이 이를 곧바
로 승낙하여도 계약은 성립하지 않는다.

④ 乙이 2020년 3월 9일 발송한 승낙통지가 2020년 3월 11일 甲에게 도달한 경우,
甲이 이를 곧바로 승낙하여도 계약은 성립하지 않는다.

⑤ 만일 乙이 甲에게 X토지를 2020년 3월 3일 1억원에 매수하겠다는 서면을 발송
하여 2020년 3월 6일에 도달하였다면 계약은 2020년 3월 4일 성립한다.

톺아보기

① 계약의 청약은 이를 임의로 철회하지 못한다(제527조). 즉 甲의 청약이 2020년 3월 4일 乙에게 도달한 후에는 철회하
지 못한다.

오답해설

② 乙이 발송한 승낙통지가 2020년 3월 9일 甲에게 도달한 경우, 계약은 乙이 승낙의 통지를 발송한 때에 성립한다(제
531조).

③ 乙이 2020년 3월 12일 계약내용에 변경을 가하여 승낙한 경우, 그 청약의 거절과 동시에 새로 청약한 것으로 본다(제
534조). 따라서 甲이 이를 승낙하면 계약은 성립한다.

④ 乙이 2020년 3월 9일 발송한 승낙통지가 2020년 3월 11일 甲에게 도달한 경우, 연착된 승낙이므로 청약자가 이를
새청약으로 볼 수 있다(제530조). 따라서 甲이 이를 승낙하면 계약은 성립한다.

⑤ 만일 乙이 甲에게 X토지를 2020년 3월 3일 1억원에 매수하겠다는 서면을 발송하여 2020년 3월 6일에 도달한 경우
는 교차청약이다. 즉 당사자간에 동일한 내용의 청약이 상호교차된 경우에는 양청약이 상대방에게 도달한 2020년 3
월 6일 계약이 성립한다.

05

상중 하

동시이행의 관계에 있는 것을 모두 고른 것은? (다툼이 있으면 판례에 따름)

제23회

> ㉠ 가압류등기가 있는 부동산매매에서 매도인의 소유권이전등기의무 및 가압류등기의 말소의무와 매수인의 대금지급의무
> ㉡ 주택 임대인과 임차인 사이의 임대차보증금 반환의무와 임차권등기명령에 의해 마쳐진 임차권등기의 말소의무
> ㉢ 채권담보의 목적으로 마쳐진 가등기의 말소의무와 피담보채무의 변제의무

① ㉠
② ㉢
③ ㉠, ㉡
④ ㉡, ㉢
⑤ ㉠, ㉡, ㉢

톺아보기

㉠ 부동산의 매매계약이 체결된 경우에는 매도인의 소유권이전등기의무, 인도의무와 매수인의 잔대금지급의무는 동시이행의 관계에 있는 것이 원칙이고, 이 경우 매도인은 특별한 사정이 없는 한 제한이나 부담이 없는 소유권이전등기의무를 지는 것이므로 매매목적부동산에 지상권이 설정되어 있고 가압류등기가 되어 있는 경우에는 비록 매매가액에 비하여 소액인 금원의 변제로써 언제든지 말소할 수 있는 것이라 할지라도 매도인은 이와 같은 등기를 말소하여 완전한 소유권이전등기를 해주어야 한다(대판 1991.9.10, 91다6368).

★ ㉡ 주택 임대인의 임대차보증금의 반환의무가 임차인의 임차권등기 말소의무보다 먼저 이행되어야 할 의무이다(대판 2005.6.9, 2005다4529).

★ ㉢ 채무담보의 목적으로 경료된 채권자명의의 소유권이전등기나 그 청구권 보전의 가등기의 말소를 구하려면 먼저 채무를 변제하여야 하고, 피담보채무의 변제와 교환적으로 말소를 구할 수는 없다(대판 1984.9.11, 84다카781).

06 甲은 그 소유의 X주택을 乙에게 매도하기로 약정하였는데, 인도와 소유권이전등기를 마치기 전에 X주택이 소실되었다. 이에 관한 설명으로 옳지 않은 것은? (다툼이 있으면 판례에 따름) 제24회

① X주택이 불가항력으로 소실된 경우, 甲은 乙에게 대금지급을 청구할 수 없다.
② X주택이 甲의 과실로 소실된 경우, 乙은 甲에게 이행불능에 따른 손해배상을 청구할 수 있다.
③ X주택이 乙의 과실로 소실된 경우, 甲은 乙에게 대금지급을 청구할 수 있다.
④ 乙의 수령지체 중에 X주택이 甲과 乙에게 책임 없는 사유로 소실된 경우, 甲은 乙에게 대금지급을 청구할 수 없다.
⑤ 乙이 이미 대금을 지급하였는데 X주택이 불가항력으로 소실된 경우, 乙은 甲에게 부당이득을 이유로 대금의 반환을 청구할 수 있다.

톺아보기

쌍무계약의 당사자 일방의 채무가 채권자의 책임 있는 사유로 이행할 수 없게 된 때에는 채무자는 상대방의 이행을 청구할 수 있다. 채권자의 수령지체 중에 당사자 쌍방의 책임 없는 사유로 이행할 수 없게 된 때에도 같다(제538조 제1항). 따라서 乙의 수령지체 중에 X주택이 甲과 乙에게 책임 없는 사유로 소실된 경우, 甲은 乙에게 대금지급을 청구할 수 있다.

07 해제에 관한 설명으로 옳지 않은 것은? (다툼이 있으면 판례에 따름) 제27회

① 매도인의 소유권이전등기의무가 매수인의 귀책사유에 의해 이행불능이 된 경우, 매수인은 이를 이유로 계약을 해제할 수 있다.
② 부수적 채무의 불이행을 이유로 계약을 해제하기 위해서는 그로 인하여 계약의 목적을 달성할 수 없거나 특별한 약정이 있어야 한다.
③ 소제기로써 계약해제권을 행사한 경우 나중에 그 소송을 취하한 때에도 그 행사의 효력에는 영향이 없다.
④ 당사자의 일방 또는 쌍방이 수인인 경우, 해제권이 당사자 1인에 대하여 소멸한 때에는 다른 당사자에 대하여도 소멸한다.
⑤ 일방 당사자의 계약위반을 이유로 계약이 해제된 경우, 계약을 위반한 당사자도 당해 계약이 상대방의 해제로 소멸되었음을 들어 그 이행을 거절할 수 있다.

톺아보기

★ 이행불능을 이유로 계약을 해제하기 위해서는 그 이행불능이 채무자의 귀책사유에 의한 경우여야만 한다(제546조). 따라서 매도인의 매매목적물에 관한 소유권이전의무가 이행불능이 되었다고 할지라도, 그 이행불능이 매수인의 귀책사유에 의한 경우에는 매수인은 그 이행불능을 이유로 계약을 해제할 수 없다(대판 2002.4.26, 2000다50497).

08 □□□
상 중 하

채무자의 이행지체로 인한 계약해제에 관한 설명으로 옳은 것은? (다툼이 있으면 판례에 따름)   제28회

① 정기행위의 경우, 채권자는 이행의 최고 없이 계약을 해제할 수 있다.
② 확정기한부 채무의 경우, 채무자는 이행청구를 받은 때부터 지체책임을 지게 된다.
③ 채권자는 채무자에게 도달한 계약해제의 의사표시를 철회할 수 있다.
④ 계약해제로 채권자가 받은 금전을 반환해야 할 경우, 채권자는 그 원금만 반환하면 족하다.
⑤ 채권자가 매매계약을 해제하면 그 계약은 장래에 향하여 효력을 잃는다.

톺아보기

① 계약의 성질 또는 당사자의 의사표시에 의하여 일정한 시일 또는 일정한 기간 내에 이행하지 아니하면 계약의 목적을 달성할 수 없을 경우에 당사자 일방이 그 시기에 이행하지 아니한 때에는 상대방은 최고를 하지 아니하고 계약을 해제할 수 있다(제545조).

오답해설
② 채무이행의 확정한 기한이 있는 경우에는 채무자는 기한이 도래한 때로부터 지체책임이 있다(제387조 제1항).
③ 해제의 의사표시는 철회하지 못한다(제543조 제2항).
④ 계약해제로 채권자가 받은 금전을 반환해야 할 경우, 반환할 금전에는 받은 날로부터 이자를 가산하여야 한다(제548조 제2항).
⑤ 계약을 해제하면 직접적으로 계약이 소급하여 소멸하는 효과가 발생한다(대판 1983.5.24, 82다카1667).

09

상중**하**

계약의 해제에 관한 설명으로 옳지 않은 것은? (다툼이 있으면 판례에 따름)

제23회

① 해제의 의사표시에는 원칙적으로 조건과 기한을 붙이지 못한다.
② 계약의 해제로 인한 원상회복청구권의 소멸시효는 해제한 때부터 진행한다.
③ 해제로 인한 원상회복의무는 부당이득반환의무의 성질을 가지고, 그 반환의무의 범위는 선의·악의를 불문하고 특단의 사유가 없는 한 받은 이익 전부이다.
④ 합의해제의 경우, 손해배상에 대한 특약 등의 사정이 없더라도 채무불이행으로 인한 손해배상을 청구할 수 있다.
⑤ 매도인은 매매계약에 의하여 채무자의 책임재산이 된 부동산을 계약해제 전에 가압류한 채권자에 대하여 해제의 소급효로 대항할 수 없다.

톺아보기

★ 계약이 합의해제된 경우에는 그 해제시에 당사자 일방이 상대방에게 손해배상을 하기로 특약하거나 손해배상청구를 유보하는 의사표시를 하는 등 다른 사정이 없는 한 채무불이행으로 인한 손해배상을 청구할 수 없다(대판 1989.4.25, 86다카1147·1148).

🗔 더 알아보기

계약의 해제는 제3자의 권리를 해하지 못하는데(제548조 제1항 단서), 이것은 합의해제의 경우에도 마찬가지이다(대판 1991.4.12, 91다2601).

10

상**중**하

계약의 해제에 관한 설명으로 옳지 않은 것은? (다툼이 있으면 판례에 따름)

제22회

① 당사자 일방이 이행을 제공하더라도 상대방이 그 채무를 이행하지 아니할 것이 객관적으로 명백한 경우, 그 일방은 이행의 제공 없이 계약을 해제할 수 있다.
② 매도인의 매매목적물에 관한 소유권이전의무가 매수인의 귀책사유만으로 이행불능이 된 경우, 매수인은 그 이행불능을 이유로 계약을 해제할 수 없다.
③ 계약의 목적달성에 영향을 미치지 않는 부수적 채무의 불이행을 이유로 계약을 해제할 수 없다.
④ 당사자 일방이 이행지체를 이유로 적법하게 계약을 해제한 경우, 상대방은 계약을 이행할 책임을 면한다.
⑤ 계약이 해제된 경우, 그 원상회복의 범위를 정함에 있어서는 과실상계가 적용된다.

과실상계는 본래 채무불이행 또는 불법행위로 인한 손해배상책임에 대하여 인정되는 것이고, 매매계약이 해제되어 소급적으로 효력을 잃은 결과 원상회복의무의 이행으로서 이미 지급한 매매대금 기타의 급부의 반환을 구하는 경우에는 적용되지 아니한다(대판 2014.3.13, 2013다34143).

□□□
11
상**중**하

계약의 해제와 해지에 관한 설명으로 옳은 것은? (다툼이 있으면 판례에 따름)

제26회

① 해지의 의사표시는 도달되더라도 철회할 수 있으나 해제의 의사표시는 철회할 수 없다.

② 채무불이행을 원인으로 계약을 해제하면 그와 별도로 손해배상을 청구하지 못한다.

③ 당사자의 일방이 2인인 경우, 특별한 사정이 없는 한 그중 1인의 해제권이 소멸하더라도 다른 당사자의 해제권은 소멸하지 않는다.

④ 당사자 사이에 별도의 약정이 없는 한 합의해지로 인하여 반환할 금전에는 그 받은 날로부터 이자를 더하여 지급할 의무가 없다.

⑤ 소유권이전등기의무의 이행불능을 이유로 매매계약을 해제하기 위해서는 그와 동시이행관계에 있는 잔대금지급의무의 이행제공이 필요하다.

★ ④ 합의해지 또는 해지계약의 효력은 그 합의의 내용에 의하여 결정되고 여기에는 해제, 해지에 관한 민법 제548조 제2항의 규정은 적용되지 아니하므로, 당사자 사이에 약정이 없는 이상 합의해지로 인하여 반환할 금전에 그 받은 날로부터의 이자를 가하여야 할 의무가 있는 것은 아니다(대판 2003.1.24, 2000다5336 · 5343).

오답해설

① 해지 또는 해제의 의사표시는 상대방에게 도달하여 그 효력이 발생한 뒤에는 철회할 수 없다(제543조 제2항).

② 계약의 해지 또는 해제는 손해배상의 청구에 영향을 미치지 아니한다(제551조).

③ 해지나 해제의 권리가 당사자 1인에 대하여 소멸한 때에는 다른 당사자에 대하여도 소멸한다(제547조 제2항).

★ ⑤ 채무자의 채무가 상대방의 채무와 동시이행관계에 있다고 하더라도 그 이행의 제공을 할 필요가 없다(대판 1977. 9.13, 77다918).

계약의 합의해제에 관한 설명으로 옳지 않은 것은? (다툼이 있으면 판례에 따름)

제25회

① 일부 이행된 계약의 묵시적 합의해제가 인정되기 위해서는 그 원상회복에 관하여도 의사가 일치되어야 한다.

② 당사자 일방이 합의해제에 따른 원상회복 및 손해배상의 범위에 관한 조건을 제시한 경우, 그 조건에 관한 합의까지 이루어져야 합의해제가 성립한다.

③ 계약이 합의해제된 경우, 원칙적으로 채무불이행에 따른 손해배상을 청구할 수 있다.

④ 계약의 해제에 관한 민법 제543조 이하의 규정은 합의해제에는 원칙적으로 적용되지 않는다.

⑤ 매매계약이 합의해제된 경우, 원칙적으로 매수인에게 이전되었던 매매목적물의 소유권은 당연히 매도인에게 복귀한다.

톺아보기

제551조에 따라 합의해제시에 당사자 일방이 상대방에게 손해배상을 하기로 특약하거나 손해배상청구를 유보하는 의사표시를 하는 등 다른 사정이 없는 한 채무불이행으로 인한 손해배상을 청구할 수 없다(대판 1989.4.25, 86다카1147·1148).

정답 | 12 ③

제2장 / 계약각론

기본서 p.794~848

□□□
01
상**중**하

매매의 예약에 관한 설명으로 옳지 않은 것은? (다툼이 있으면 판례에 따름)

제27회

① 매매의 일방예약은 예약완결권자가 매매를 완결할 의사를 표시하는 때에 매매의 효력이 생긴다.

② 예약목적물인 부동산을 인도받은 경우, 예약완결권은 제척기간의 경과로 인하여 소멸하지 않는다.

③ 예약완결권을 재판상 행사하는 경우, 그 의사표시가 담긴 소장부본이 제척기간 내에 상대방에게 송달되면 적법하게 예약완결권을 행사하였다고 볼 수 있다.

④ 매매예약완결의 의사표시 전에 목적물이 멸실된 경우, 매매예약완결의 의사표시를 하여도 매매의 효력은 발생하지 않는다.

⑤ 예약완결권의 제척기간 도과 여부는 법원이 직권으로 조사하여 재판에 고려하여야 한다.

톺아보기

★ 예약완결권의 제척기간이 지난 때에는 상대방이 예약목적물인 부동산을 인도받은 경우라도 예약완결권은 제척기간의 경과로 인하여 소멸한다(대판 1997.7.25, 96다47494).

더 알아보기

매매예약의 완결권은 일종의 형성권으로서 당사자 사이에 행사기간을 약정한 때에는 그 기간 내에, 약정이 없는 때에는 예약이 성립한 때부터 10년 내에 이를 행사하여야 하고, 그 기간이 지난 때에는 예약완결권은 제척기간의 경과로 소멸한다(대판 2018.11.29, 2017다247190).

정답 | 01 ②

계약금에 관한 설명으로 옳은 것은? (다툼이 있으면 판례에 따름) 제23회

① 계약금계약은 하나의 독립한 요물계약으로서 주계약이 취소되더라도 그 효력에 영향이 없다.

② 위약벌의 성질을 가지는 계약금이 부당하게 과도한 경우, 법원은 손해배상액의 예정에 관한 규정을 유추적용하여 그 액을 감액할 수 있다.

③ 당사자가 계약금의 전부를 나중에 지급하기로 약정한 경우, 교부자가 이를 지급하지 않으면 상대방은 채무불이행을 이유로 계약금약정을 해제할 수 있다.

④ 토지거래허가를 받지 않아 유동적 무효 상태인 매매계약은 특별한 사정이 없는 한 해약금에 관한 규정에 의해 해제할 수 없다.

⑤ 해약금에 관한 규정에 의해 계약을 해제한 경우, 당사자 상호간에는 그 해제에 따른 손해배상의무를 부담한다.

톺아보기

③ 당사자가 계약금의 일부만을 먼저 지급하고 잔액은 나중에 지급하기로 약정하거나 계약금 전부를 나중에 지급하기로 약정한 경우, 교부자가 계약금의 잔금이나 전부를 약정대로 지급하지 않으면 상대방은 계약금 지급의무의 이행을 청구하거나 채무불이행을 이유로 계약금약정을 해제할 수 있고, 나아가 위 약정이 없었더라면 주계약을 체결하지 않았을 것이라는 사정이 인정된다면 주계약도 해제할 수도 있다(대판 2008.3.13, 2007다73611).

오답해설

★ ① 계약금계약은 주된 계약에 부수하여 행해지는 종된 계약이다. 따라서 주된 계약이 무효·취소되거나 채무불이행을 이유로 해제된 때에는, 계약금계약은 무효이고 계약금은 부당이득으로서 반환하여야 한다.

② 위약벌약정이 손해배상액의 예정과 일부 유사한 점이 있다고 하여 위약벌에 민법 제398조 제2항을 유추적용하지 않으면 과다한 위약벌에 대한 현실적인 법적 분쟁을 해결할 수 없다거나 사회적 정의관념에 현저히 반하게 되는 결과가 초래된다고 볼 수 없어, 유추적용이 정당하다고 평가하기 어렵다(대판 2022.7.21, 2018다248855·248862 전합).

★ ④ 특별한 사정이 없는 한 국토이용관리법상의 토지거래허가를 받지 않아 유동적 무효 상태인 매매계약에 있어서도 당사자 사이의 매매계약은 매도인이 계약금의 배액을 상환하고 계약을 해제함으로써 적법하게 해제된다(대판 1997.6.27, 97다9369).

⑤ 해약금에 의해 유보된 해제권이 행사됨으로써 나타나는 해제의 효과는 채무불이행을 전제로 하는 법정해제와는 다르다. 즉, 해제에 의한 손해배상청구권도 생기지 않는다(제565조 제2항).

03 상중하

甲은 乙 소유의 X토지를 3억원에 매수하면서 계약금으로 3천만원을 乙에게 지급하기로 약정하고, 그 즉시 계약금 전액을 乙의 계좌로 입금하였다. 이에 관한 설명으로 옳지 않은 것은? (다툼이 있으면 판례에 따름) 제25회

① 甲과 乙의 계약금계약은 요물계약이다.

② 甲과 乙 사이에 다른 약정이 없는 한 계약금은 해약금의 성질을 갖는다.

③ 乙에게 지급된 계약금은 특약이 없는 한 손해배상액의 예정으로 볼 수 없다.

④ 만약 X토지가 토지거래허가구역 내의 토지이고 甲과 乙이 이행에 착수하기 전에 관할관청으로부터 토지거래허가를 받았다면, 甲은 3천만원을 포기하고 매매계약을 해제할 수 있다.

⑤ 乙이 甲에게 6천만원을 상환하고 매매계약을 해제하려는 경우, 甲이 6천만원을 수령하지 않는 때에는 乙은 이를 공탁해야 유효하게 해제할 수 있다.

톺아보기

★ 매도인이 계약금의 배액을 상환하고 계약을 해제하려면 계약해제 의사표시 이외에 계약금 배액의 이행 제공이 있으면 족하고 상대방이 이를 수령하지 아니한다 하여 공탁하여야 유효한 것은 아니다(대판 1992.5.12, 91다2152).

04

상 중 **하**

매매에 관한 설명으로 옳지 않은 것은?

제28회

① 매매목적물에 하자가 있다는 사실을 과실로 알지 못한 매수인은 매도인에 대하여 하자담보책임을 물을 수 있다.

② 매매계약에 관한 비용은 당사자 쌍방이 균분하여 부담한다.

③ 매매목적물의 인도와 동시에 대금을 지급할 경우에는 그 인도장소에서 이를 지급하여야 한다.

④ 매매의 목적이 된 권리가 타인에게 속한 경우에는 매도인은 그 권리를 취득하여 매수인에게 이전하여야 한다.

⑤ 매매의 당사자 일방에 대한 의무이행의 기한이 있는 때에는 상대방의 의무이행에 대하여도 동일한 기한이 있는 것으로 추정한다.

톺아보기

매매목적물에 하자가 있다는 사실을 매수인이 알았거나 과실로 인하여 이를 알지 못한 때에는 하자담보책임을 물을 수 없다(제580조 제1항 단서).

05

상 중 하

甲이 乙에게 X토지 1천m²를 10억원에 매도하였는데, 그중 200m²가 丙 소유에 속하였고 이를 乙에게 이전할 수 없게 되었으며 乙은 이러한 사실을 모르고 있었다. 이에 관한 설명으로 옳은 것을 모두 고른 것은? (다툼이 있으면 판례에 따름)

제24회

> ㉠ 乙은 X토지 중에서 그 200m²의 비율에 따라 대금감액을 청구할 수 있다.
> ㉡ 乙은 잔존한 800m² 부분만이면 X토지를 매수하지 아니하였을 때에는 계약 전부를 해제할 수 있다.
> ㉢ 乙은 대금감액청구와 함께 손해배상청구도 할 수 있다.
> ㉣ 乙은 단순히 그 200m² 부분이 丙에게 속한 사실을 안 날로부터 1년 내에 손해배상청구권을 행사하여야 한다.

① ㉠, ㉡

② ㉡, ㉢

③ ㉢, ㉣

④ ㉠, ㉡, ㉢

⑤ ㉡, ㉢, ㉣

톺아보기

㉣ 매수인의 권리는 매수인이 선의이면 사실을 안 날로부터 1년, 악의인 경우에는 계약한 날로부터 1년 내에 행사하여야 한다(제573조). '그 사실을 안 날'이란, 단순히 권리의 일부가 타인에게 속한 사실을 안 날이 아니라 그 때문에 매도인이 이를 취득하여 매수인에게 이전할 수 없게 되었음이 확실하게 된 사실을 안 날을 의미한다(대판 1991.12.10, 91다27396).

06

매도인의 담보책임에 관한 설명으로 옳은 것을 모두 고른 것은? (다툼이 있으면 판례에 따름)

제26회

상**중**하

> ㉠ 변제기에 이르지 않은 채권의 매도인이 채무자의 자력을 담보한 경우, 변제기의 자력을 담보한 것으로 추정한다.
> ㉡ 매매의 목적부동산에 설정된 저당권 행사로 매수인이 그 소유권을 취득할 수 없는 경우, 저당권설정 사실에 관하여 악의의 매수인은 그 입은 손해의 배상을 청구할 수 없다.
> ㉢ 매매의 목적이 된 권리가 타인에게 속하여 매도인이 그 권리를 취득한 후 매수인에게 이전할 수 없는 때에는 매수인이 계약 당시 그 권리가 매도인에게 속하지 아니함을 알았더라도 손해배상을 청구할 수 있다.

① ㉠
② ㉡
③ ㉢
④ ㉠, ㉡
⑤ ㉡, ㉢

톺아보기

㉠ 변제기에 도달하지 아니한 채권의 매도인이 채무자의 자력을 담보한 때에는 변제기의 자력을 담보한 것으로 추정한다(제579조 제2항).

★ ㉡ 매매의 목적부동산에 설정된 저당권 행사로 매수인이 그 소유권을 취득할 수 없거나 취득한 소유권을 잃게 되는 경우에 매수인은 선·악에 관계없이 계약을 해제(대판 1996.4.12, 95다55245)할 수 있으며, 손해배상을 청구할 수 있다.

㉢ 매매의 목적이 된 권리가 타인에게 속하여 매도인이 그 권리를 취득한 후 매수인에게 이전할 수 없는 때에는 선의의 매수인은 해제와 더불어 손해배상을 청구할 수 있다(제570조 단서).

07 매도인의 담보책임에 관한 설명으로 옳지 않은 것은? (다툼이 있으면 판례에 따름)

상**중**하

제22회

① 특정물매매의 경우 목적물에 하자가 있더라도 악의의 매수인은 계약을 해제할 수 없다.

② 변제기에 도달한 채권의 매도인이 채무자의 자력을 담보한 때에는 매매계약 당시의 자력을 담보한 것으로 추정한다.

③ 무효인 강제경매절차를 통하여 하자 있는 권리를 경락받은 자는 경매의 채무자나 채권자에게 담보책임을 물을 수 없다.

④ 매매계약 내용의 중요부분에 착오가 있는 경우, 매수인은 매도인의 하자담보책임이 성립하는지와 상관없이 착오를 이유로 그 매매계약을 취소할 수 있다.

⑤ 종류매매의 경우 인도된 목적물에 하자가 있는 때에는 선의의 매수인은 하자 없는 물건을 청구하는 동시에 손해배상을 청구할 수 있다.

톺아보기

종류매매에서 선의·무과실의 매수인은 계약의 해제 또는 손해배상을 청구하지 않고 하자 없는 물건의 급부를 청구할 수도 있다(제581조 제2항).

08

乙은 건물 소유의 목적으로 甲 소유 X토지를 10년간 연차임 2백만원에 임차한 후, X토지에 Y건물을 신축하여 자신의 명의로 보존등기를 마쳤다. 이에 관한 설명으로 옳지 <u>않은</u> 것은? 　　　　제25회

① 甲은 다른 약정이 없는 한 임대기간 중 X토지를 사용·수익에 필요한 상태로 유지할 의무를 부담한다.

② X토지에 대한 임차권등기를 하지 않았다면 특별한 사정이 없는 한 乙은 X토지에 대한 임차권으로 제3자에게 대항하지 못한다.

③ 甲이 X토지의 보존을 위한 행위를 하는 경우, 乙은 특별한 사정이 없는 한 이를 거절하지 못한다.

④ 乙이 6백만원의 차임을 연체하고 있는 경우에 甲은 임대차계약을 해지할 수 있다.

⑤ 甲이 변제기를 경과한 최후 2년의 차임채권에 의하여 Y건물을 압류한 때에는 저당권과 동일한 효력이 있다.

톺아보기

건물의 소유를 목적으로 한 토지임대차는 이를 등기하지 아니한 경우에도 임차인이 그 지상건물을 등기한 때에는 제3자에 대하여 임대차의 효력이 생긴다(제622조 제1항). 따라서 X토지에 대한 임차권등기를 하지 않았더라도 乙은 Y건물의 보존등기를 마쳤으므로 X토지에 대한 임차권으로 제3자에게 대항할 수 있다.

제4편 채권각론

2장

乙은 사과나무를 식재하여 과수원을 운영할 목적으로 甲 소유의 X임야에 대해 甲과 존속기간을 10년으로 하는 임대차계약을 체결하였다. 이에 관한 설명으로 옳은 것은?

제22회

① 차임지급시기에 대한 관습 또는 다른 약정이 없으면 乙은 甲에게 매월 말에 차임을 지급하여야 한다.

② 산사태로 X임야가 일부 유실되어 복구가 필요한 경우, 乙은 甲에게 그 복구를 청구할 수 없다.

③ 甲이 X임야에 산사태 예방을 위해 필요한 옹벽설치공사를 하려는 경우, 乙은 과수원 운영을 이유로 이를 거부할 수 없다.

④ 乙이 X임야에 대하여 유익비를 지출하여 그 가액이 증가된 경우, 甲에게 임대차 종료 전에도 그 상환을 청구할 수 있다.

⑤ 임대차가 존속기간의 만료로 종료되는 경우, 乙이 식재한 사과나무들이 존재하는 때에도 乙은 甲에게 갱신을 청구할 수 없다.

톺아보기

③ 임대인이 임대물의 보존에 필요한 행위를 하는 때에는 임차인은 이를 거절하지 못한다(제624조).

오답해설

① 차임지급의 시기에 관하여 특약이 없는 경우에 토지임대차에서는 매년 말에 차임을 지급하여야 한다(제633조).

② 임대인의 임차목적물의 사용·수익상태 유지의무는 임대인 자신에게 귀책사유가 있어 하자가 발생한 경우는 물론, 자신에게 귀책사유가 없이 하자가 발생한 경우에도 면해지지 아니한다. 또한 임대인이 그와 같은 하자 발생 사실을 몰랐다거나 반대로 임차인이 이를 알거나 알 수 있었다고 하더라도 마찬가지이다(대판 2021.4.29, 2021다 202309).

★ ④ 임차인이 유익비를 지출한 경우에는 임대인은 임대차종료시에 그 가액의 증가가 현존한 때에 한하여 임차인의 지출한 금액이나 그 증가액을 상환하여야 한다. 이 경우에 법원은 임대인의 청구에 의하여 상당한 상환기간을 허여할 수 있다(제626조 제2항).

★ ⑤ 건물 기타 공작물의 소유 또는 식목, 채염, 목축을 목적으로 한 토지임대차의 기간이 만료한 경우에 건물, 수목 기타 지상시설이 현존한 때에는 토지임차인은 1차로 임대인을 상대로 계약의 갱신을 청구할 수 있고(제283조 제1항), 임대인이 이를 거절한 때에는 2차로 임차인은 상당한 가액으로 그 지상시설의 매수를 청구할 수 있다(제283조 제2항).

10

상 중 **하**

민법상 건물의 소유를 목적으로 한 토지임차인이 토지소유자인 임대인에게 행사할 수 있는 권리가 아닌 것은?

제28회

① 비용상환청구권　　② 차임감액청구권　　③ 부속물매수청구권
④ 계약갱신청구권　　⑤ 건물매수청구권

톺아보기

건물 기타 공작물의 임차인이 그 사용의 편익을 위하여 임대인의 동의를 얻어 이에 부속한 물건이 있는 때에는 임대차의 종료시에 임대인에 대하여 그 부속물의 매수를 청구할 수 있다(제646조).

11

상 중 하

임대인의 동의가 있는 전대차에 관한 설명으로 옳지 않은 것은? (다툼이 있으면 판례에 따름)

제27회

① 전차인은 전대차계약으로 전대인에 대하여 부담하는 의무 이상으로 임대인에게 의무를 지지 않고 동시에 임대차계약으로 임차인이 임대인에 대하여 부담하는 의무 이상으로 임대인에게 의무를 지지 않는다.
② 전차인은 전대차의 차임지급시기 이후 전대인에게 차임을 지급한 것으로 임대인에게 대항할 수 있다.
③ 전차인이 전대차의 차임지급시기 이전에 전대인에게 차임을 지급한 경우, 임대인의 차임청구 전에 그 차임지급시기가 도래한 때에는 임대인에게 대항할 수 있다.
④ 건물전차인은 임대차 및 전대차의 기간이 동시에 만료되고 건물이 현존하는 경우, 특별한 사정이 없는 한 임대인에 대하여 이전 전대차와 동일한 조건으로 임대할 것을 청구할 수 있다.
⑤ 임대차계약이 해지의 통고로 인하여 종료된 경우, 임대인은 전차인에 대하여 그 사유를 통지하지 아니하면 해지로써 전차인에게 대항하지 못한다.

톺아보기

★ 건물 기타 공작물의 소유 또는 식목, 채염, 목축을 목적으로 한 토지임차인이 적법하게 그 토지를 전대한 경우에 임대차 및 전대차의 기간이 동시에 만료되고 건물, 수목 기타 지상시설이 현존한 때에는 전차인은 임대인에 대하여 이전 전대차와 동일한 조건으로 임대할 것을 청구할 수 있다(제644조 제1항). 즉 건물전차인에게는 임대청구권·지상물매수청구권이 인정되지 않는다.

정답 | 09 ③　　10 ③　　11 ④

도급계약에 관한 설명으로 옳지 않은 것은? (다툼이 있으면 판례에 따름) 제25회

① 부대체물을 제작하여 공급하기로 하는 계약은 도급의 성질을 갖는다.

② 당사자 사이의 특약 등 특별한 사정이 없는 한 수급된 자신이 직접 일을 완성해야 하는 것은 아니다.

③ 도급계약의 보수(報酬) 일부를 선급하기로 하는 특약이 있는 경우, 수급인은 그 제공이 있을 때까지 일의 착수를 거절할 수 있다.

④ 제작물공급계약에서 완성된 목적물의 인도와 동시에 보수(報酬)를 지급해야 하는 경우, 특별한 사정이 없는 한 목적물의 인도는 단순한 점유의 이전만으로 충분하다.

⑤ 완성된 목적물에 중요하지 않은 하자가 있고 그 보수(補修)에 과다한 비용이 필요한 경우, 도급인은 특별한 사정이 없는 한 그 하자의 보수(補修)를 청구할 수 없다.

톺아보기

제작물공급계약에서 보수의 지급시기에 관하여 당사자 사이의 특약이나 관습이 없으면 도급인은 완성된 목적물을 인도받음과 동시에 수급인에게 보수를 지급하는 것이 원칙이고, 이때 목적물의 인도는 완성된 목적물에 대한 단순한 점유의 이전만을 의미하는 것이 아니라 도급인이 목적물을 검사한 후 그 목적물이 계약 내용대로 완성되었음을 명시적 또는 묵시적으로 시인하는 것까지 포함한다(대판 2006.10.13, 2004다21862).

☞ 더 알아보기

당사자의 일방이 상대방의 주문에 따라 자기소유의 재료를 사용하여 만든 물건을 공급하기로 하고 상대방이 대가를 지급하기로 약정하는 이른바 제작물공급계약은, 계약에 의하여 제작·공급하여야 할 물건이 대체물인 경우에는 매매에 관한 규정이 적용되지만, 물건이 특정의 주문자의 수요를 만족시키기 위한 부대체물인 경우에는 당해 물건의 공급과 함께 그 제작이 계약의 주목적이 되어 도급의 성질을 띠게 된다(대판 2006.10.13, 2004다21862).

13

상**중**하

도급에 관한 설명으로 옳지 않은 것은? (다툼이 있으면 판례에 따름)   제27회

① 공사도급계약의 경우, 특별한 사정이 없는 한 수급인은 제3자를 사용하여 일을 완성할 수 있다.

② 수급인이 완공기한 내에 공사를 완성하지 못한 채 완공기한을 넘겨 도급계약이 해제된 경우, 그 지체상금의 발생시기는 완공기한 다음 날이다.

③ 도급인이 파산선고를 받은 때에는 파산관재인은 도급계약을 해제할 수 있다.

④ 보수 일부를 선급하기로 하는 특약이 있는 경우, 도급인이 선급금 지급을 지체한 기간만큼은 수급인이 지급하여야 하는 지체상금의 발생기간에서 공제된다.

⑤ 하자확대손해로 인한 수급인의 손해배상채무와 도급인의 공사대금채무는 동시이행관계가 인정되지 않는다.

톺아보기

★ 하자확대손해로 인한 수급인의 손해배상채무와 도급인의 공사대금채무도 동시이행관계에 있는 것으로 보아야 한다(대판 2005.11.10, 2004다37676).

14 도급계약에 관한 설명으로 옳지 않은 것은?

상 중 **하**

① 목적물의 인도를 요하지 않는 경우, 보수(報酬)는 수급인이 일을 완성한 후 지체 없이 지급하여야 한다.

② 하자보수에 관한 담보책임이 없음을 약정한 경우에는 수급인이 하자에 관하여 알고서 고지하지 아니한 사실에 대하여 담보책임이 없다.

③ 수급인이 일을 완성하기 전에는 도급인은 손해를 배상하고 계약을 해제할 수 있다.

④ 완성된 목적물의 하자가 중요하지 않은 경우, 그 보수(補修)에 과다한 비용을 요할 때에는 하자의 보수(補修)를 청구할 수 없다.

⑤ 부동산공사의 수급인은 보수(報酬)에 관한 채권을 담보하기 위하여 그 부동산을 목적으로 한 저당권설정청구권을 갖는다.

톺아보기

담보책임면책특약이 있더라도 알고 고지하지 아니한 사실에 대하여는 그 책임을 면하지 못한다(제672조).

---

15 도급에 관한 설명으로 옳지 않은 것은? (다툼이 있으면 판례에 따름)

상 중 **하**

① 특별한 사정이 없는 한 수급인은 제3자를 사용하여 일을 완성할 수 있다.

② 완성된 주택을 도급인이 원시취득한 경우, 수급인은 보수를 지급받을 때까지 그 주택에 대하여 유치권을 행사할 수 있다.

③ 도급인의 파산선고로 수급인이 계약을 해제한 경우, 수급인은 도급인에 대하여 계약해제로 인한 손해배상을 청구할 수 있다.

④ 수급인이 일을 완성하기 전에는 도급인은 수급인이 입게 될 손해를 배상하고 계약을 해제할 수 있다.

⑤ 완성된 주택의 하자로 인하여 계약의 목적을 달성할 수 없더라도 도급인은 계약을 해제할 수 없다.

톺아보기

도급인의 파산선고로 수급인이 계약을 해제한 경우, 수급인은 도급인에 대하여 계약해제로 인한 손해의 배상을 청구하지 못한다(제674조 제2항).

16 상중하

위임계약에 관한 설명으로 옳지 않은 것은?

① 수임인은 보수의 약정이 없는 경우에도 선량한 관리자의 주의의무를 진다.

② 위임인은 수임인이 위임사무의 처리에 필요한 비용을 미리 청구한 경우 이를 지급하여야 한다.

③ 무상위임의 수임인이 위임사무의 처리를 위하여 과실 없이 손해를 받은 때에는 위임인에 대하여 그 배상을 청구할 수 있다.

④ 수임인이 부득이한 사정에 의해 위임사무를 처리할 수 없게 된 경우, 제3자에게 그 사무를 처리하게 할 수 있다.

⑤ 수임인이 위임인의 승낙을 얻어서 제3자에게 위임사무를 처리하게 한 경우, 위임인에 대하여 그 선임감독에 관한 책임이 없다.

톺아보기

수임인은 위임인에 대하여 복수임인의 선임감독에 관한 책임을 진다.

더 알아보기

수임인은 위임이 유상·무상에 관계없이 기본채무로써 선량한 관리자의 주의의무를 부담한다(제681조).

17

민법상 위임에 관한 설명으로 옳은 것은?

① 위임인은 수임인에 대하여 보수를 지급하여야 함이 원칙이다.
② 위임사무의 처리에 비용을 요하는 때에는 위임인은 수임인의 청구에 의하여 이를 선급하여야 한다.
③ 수임인은 자기재산과 동일한 주의로 위임사무를 처리하여야 한다.
④ 위임인의 승낙이나 부득이한 사유가 없더라도 수임인은 제3자로 하여금 자기에 갈음하여 위임사무를 처리하게 할 수 있다.
⑤ 수임인은 위임인의 불리한 시기에 위임계약을 해지하지 못한다.

톺아보기

② 위임사무의 처리에 비용을 요하는 때에는 위임인은 수임인의 청구에 의하여 이를 선급하여야 한다(제687조).

오답해설
① 수임인은 특별한 약정이 없으면 위임인에 대하여 보수를 청구하지 못한다(제686조 제1항).
③ 수임인은 위임의 본지에 따라 선량한 관리자의 주의로써 위임사무를 처리하여야 한다(제681조).
④ 수임인은 위임인의 승낙이나 부득이한 사유 없이 제3자로 하여금 자기에 갈음하여 위임사무를 처리하게 하지 못한다(제682조 제1항).
⑤ 위임계약은 각 당사자가 언제든지 해지할 수 있다. 당사자 일방이 부득이한 사유없이 상대방의 불리한 시기에 계약을 해지한 때에는 그 손해를 배상하여야 한다(제689조).

기본서 p.856~866

01

상 중 하

부당이득에 관한 설명으로 옳지 않은 것은? (다툼이 있으면 판례에 따름) 제25회

① 채무자가 피해자로부터 횡령한 금전을 자신의 채권에 대한 변제에 사용한 경우, 채권자가 변제를 수령할 때 횡령사실을 알았던 때에도 채권자의 금전취득은 피해자에 대한 관계에서 법률상 원인이 있다.

② 연대보증인이 있는 주채무를 제3자가 변제하여 주채무가 소멸한 경우, 그 제3자는 연대보증인에게 부당이득반환을 청구할 수 없다.

③ 임차인이 임대차계약이 종료한 후 임차건물을 계속 점유하였더라도 이익을 얻지 않았다면 임차인은 그로 인한 부당이득반환의무를 지지 않는다.

④ 과반수지분의 공유자로부터 제3자가 공유물의 사용·수익을 허락받아 그 공유물을 점유하고 있는 경우, 소수지분권자는 그 제3자에게 점유로 인한 부당이득반환청구를 할 수 없다.

⑤ 변제자가 채무 없음을 알고 있었지만 자기의 자유로운 의사에 반하여 변제를 강제당한 경우, 변제자는 부당이득반환청구권을 상실하지 않는다.

톺아보기

★ 채무자가 피해자로부터 횡령한 금전을 그대로 채권자에 대한 채무변제에 사용하는 경우 피해자의 손실과 채권자의 이득 사이에 인과관계가 있음이 명백하고, 한편 채무자가 횡령한 금전으로 자신의 채권자에 대한 채무를 변제하는 경우 채권자가 그 변제를 수령함에 있어 악의 또는 중대한 과실이 있는 경우에는 채권자의 금전취득은 피해자에 대한 관계에 있어서 법률상 원인을 결여한 것으로 봄이 상당하다(대판 2003.6.13, 2003다8862).

📖 더 알아보기

과반수지분권을 가진 자는 공유물의 관리에 관한 사항을 단독으로 결정할 수 있다. 다만, 소수지분공유자는 그로 인한 손해에 대해 과반수지분권자에게 부당이득반환청구를 할 수 있을 뿐이다(대판 2002.5.14, 2002다9738).

정답 | 01 ①

02 甲, 乙, 丙은 X건물을 각 1/4, 1/2 1/4씩 공유하고 있다. 甲은 다른 공유자의 동의 없이 丁에게 X건물의 창호공사를 도급하였고, 丁이 약정기간 내에 위 공사를 완료 하였으나, 공사대금을 전혀 지급받지 못했다. 이 공사로 인하여 X건물의 가치가 크게 증가하였다. 이에 관한 설명으로 옳지 않은 것을 모두 고른 것은? (다툼이 있으면 판례에 따름)

제28회

> ㉠ 丁은 乙과 丙에 대하여 부당이득반환을 청구할 수 있다.
> ㉡ 丁은 乙과 丙에 대하여 점유자와 회복자의 관계에 기한 유익비상환을 청구할 수 있다.
> ㉢ 乙과 丙은 각자의 지분에 상응하여 도급계약에 따른 공사대금을 丁에게 지급하여야 한다.

① ㉠
② ㉠, ㉡
③ ㉠, ㉢
④ ㉡, ㉢
⑤ ㉠, ㉡, ㉢

톺아보기

㉠㉡ 계약상의 급부가 계약의 상대방뿐만 아니라 제3자의 이익으로 된 경우에 급부를 한 계약당사자가 계약 상대방에 대하여 계약상의 반대급부를 청구할 수 있는 이외에 그 제3자에 대하여 직접 부당이득반환청구를 할 수 있다고 보면, 자기 책임하에 체결된 계약에 따른 위험부담을 제3자에게 전가시키는 것이 되어 계약법의 기본원리에 반하는 결과를 초래할 뿐만 아니라, 채권자인 계약당사자가 채무자인 계약 상대방의 일반채권자에 비하여 우대받는 결과가 되어 일반 채권자의 이익을 해치게 되고, 수익자인 제3자가 계약 상대방에 대하여 가지는 항변권 등을 침해하게 되어 부당하므로, 위와 같은 경우 계약상의 급부를 한 계약당사자는 이익의 귀속 주체인 제3자에 대하여 직접 부당이득반환을 청구할 수는 없다고 보아야 한다(대판 2002.8.23, 99다66564 · 66571). 따라서 수급인 丁은 도급인 갑에게 보수를 청구할 수 있고, 乙과 丙에 대하여 부당이득반환을 청구하거나 유익비상환을 청구할 수 없다.

㉢ 도급계약에 따른 공사대금을 甲이 丁에게 지급하여야 한다. 乙과 丙은 각자의 지분에 상응하여 공유물의 관리비용 기타 의무를 부담한다(제266조 제1항).

03

상**중**하

부당이득에 관한 설명으로 옳은 것은? (다툼이 있으면 판례에 따름)   제27회

① 불법도박채무에 대하여 양도담보의 명목으로 소유권이전등기를 해주는 것은 불법원인급여에 해당하지 않는다.

② 부당이득반환채무는 이행의 기한이 없는 채무로서 이행청구 후 상당한 기간이 경과하면 지체책임이 있다.

③ 수익자가 부당이득을 얻기 위하여 비용을 지출한 경우, 그 비용은 수익자가 반환하여야 할 이득의 범위에서 공제되지 않는다.

④ 채무 없는 자가 착오로 인하여 변제한 경우에 그 변제가 도의관념에 적합한 때에도 그 반환을 청구할 수 있다.

⑤ 불법원인급여가 인정되어 부당이득반환청구가 불가능한 경우, 특별한 사정이 없는 한 그 불법의 원인에 가공한 상대방에게 불법행위에 의한 손배배상청구권도 행사할 수 없다.

톺아보기

오답해설

① 도박채무가 불법무효로 존재하지 않는다는 이유로 양도담보조로 이전해 준 소유권이전등기의 말소를 청구하는 것은 허용되지 않는다(대판 1989.9.29, 89다카5994).

★ ② 부당이득반환의무는 이행기한의 정함이 없는 채무이므로 그 채무자는 이행청구를 받은 때에 비로소 지체책임을 진다(대판 2010.1.28, 2009다24187 · 24194).

★ ③ 일반적으로 수익자가 법률상 원인 없이 이득한 재산을 처분함으로 인하여 원물반환이 불가능한 경우에 있어서 반환하여야 할 가액은 특별한 사정이 없는 한 그 처분 당시의 대가이나, 이 경우에 수익자가 그 법률상 원인 없는 이득을 얻기 위하여 지출한 비용은 수익자가 반환하여야 할 이득의 범위에서 공제되어야 한다(대판 1995.5.12, 94다25551).

④ 채무 없는 자가 착오로 인하여 변제한 경우에 그 변제가 도의관념에 적합한 때에는 그 반환을 청구하지 못한다(제744조).

부당이득에 관한 설명으로 옳지 않은 것은? (다툼이 있으면 판례에 따름) 제26회

① 채무자가 채무 없음을 알고 변제한 때에는 원칙적으로 그 반환을 청구하지 못한다.

② 채무자가 변제기에 있지 아니한 채무자를 변제한 때에는 특별한 사정이 없는 한 그 반환을 청구하지 못한다.

③ 악의의 수익자는 그 받은 이익에 이자를 붙여 반환하고 손해가 있으면 이를 배상하여야 한다.

④ 수익자가 이익을 받은 후 법률상 원인 없음을 안 때에는 이익을 받은 때부터 악의의 수익자로서 이익반환의 책임이 있다.

⑤ 불법의 원인으로 인하여 재산을 급여하거나 노무를 제공한 경우, 특별한 사정이 없는 한 그 이익의 반환을 청구하지 못한다.

톺아보기

수익자가 이익을 받은 후 법률상 원인 없음을 안 때에는 그때부터 악의의 수익자로서 이익반환의 책임이 있다(제749조 제1항).

05
상**중**하

부당이득에 관한 설명으로 옳지 않은 것은? (다툼이 있으면 판례에 따름) 제23회

① 채무 없음을 알고 이를 변제한 때에는 원칙적으로 그 반환을 청구하지 못한다.

② 부당이득반환에 있어 수익자가 악의라는 점에 대하여는 이를 주장하는 측에서 증명책임을 진다.

③ 계약상 급부가 계약의 상대방뿐만 아니라 제3자의 이익으로 된 경우, 급부를 한 계약당사자는 제3자에 대하여 직접 부당이득반환청구를 할 수 있다.

④ 채무 없는 자가 착오로 인하여 변제한 경우, 그 변제가 도의관념에 적합한 때에는 그 반환을 청구하지 못한다.

⑤ 타인의 토지를 점유함으로 인한 부당이득반환채무는 그 이행청구를 받은 때부터 지체책임을 진다.

톺아보기

★ 계약상 급부가 계약의 상대방뿐만 아니라 제3자의 이익으로 된 경우, 계약당사자는 이익의 귀속주체인 제3자에 대하여 직접 부당이득반환청구를 할 수는 없다(대판 2002.8.23, 99다66564).

01 불법행위에 관한 설명으로 옳은 것을 모두 고른 것은? (다툼이 있으면 판례에 따름)

제25회

상**중**하

> ㉠ 과실로 인하여 스스로 심신상실을 초래하고 그 상태에서 타인에게 위법하게 손해를 가한 자는 손해배상책임을 진다.
> ㉡ 도급인은 도급 또는 지시에 관하여 중대한 과실이 있는 경우, 수급인이 그 일에 관하여 제3자에게 가한 손해를 배상할 책임이 있다.
> ㉢ 제3자의 행위와 공작물의 설치 또는 보존상의 하자가 공동원인이 되어 발생한 손해는 공작물의 설치 또는 보존상의 하자에 의하여 발생한 것이라고 볼 수 없다.

① ㉠   ② ㉢
③ ㉠, ㉡   ④ ㉡, ㉢
⑤ ㉠, ㉡, ㉢

톺아보기

㉢ 공작물의 설치 또는 보존상의 하자로 인한 사고는 공작물의 설치 또는 보존상의 하자만이 손해발생의 원인이 되는 경우만을 말하는 것이 아니고, 공작물의 설치 또는 보존상의 하자가 사고의 공동원인의 하나가 되는 이상 사고로 인한 손해는 공작물의 설치 또는 보존상의 하자에 의하여 발생한 것이라고 보아야 한다(대판 2015.2.12, 2013다61602).

📟 더 알아보기

도급인과 수급인 사이에 사용관계가 인정되는 때에는 도급인은 제756조에 의하여 사용자책임을 진다(대판 1993.5.27, 92다48109). 따라서 도급인이 수급인에 대하여 특정한 행위를 지휘하거나 특정한 사업을 도급시킨 경우와 같은 이른바 노무도급의 경우에는 비록 도급인이라 하더라도 사용자책임이 있다(대판 2005.10.10, 2004다37676). 그러나 도급인이 수급인에 대하여 감리적인 감독을 하는 데 지나지 않을 때에는 사용관계를 인정할 수 없다(대판 1983.11.22, 83다카1153).

02
상 중 하

甲이 자신의 과실 없음을 스스로 증명하여 불법행위책임을 면할 수 있는 경우를 모두 고른 것은? (다툼이 있으면 판례에 따름)   제24회

⊙ 甲의 보호·감독을 받는 심신상실자가 매장에서 물건을 파손하여 타인에게 손해를 입힌 경우
ⓒ 피자집 사장 甲의 종업원이 배달 중 행인에게 손해를 입힌 경우
ⓒ 甲이 소유한 공작물에 대한 보존의 하자로 인하여 공작물의 임차인이 손해를 입힌 경우

① ㉠
② ㉢
③ ㉠, ㉡
④ ㉡, ㉢
⑤ ㉠, ㉡, ㉢

톺아보기

㉠ 행위자가 책임능력이 없어서 불법행위책임을 지지 않는 경우에 '책임무능력자를 감독할 법정의무 있는 자'와 '감독의무자에 갈음하여 책임이 없는 사람을 감독하는 자'는 그가 감독의무를 게을리하지 않았음을 증명하지 못하면 배상책임을 지게 되는데(제755조), 이를 책임무능력자의 감독자책임이라고 한다.

★ ㉡ 타인을 사용하여 어느 사무에 종사하게 한 자는 피용자가 그 사무집행에 관하여 제3자에게 가한 손해를 배상할 책임이 있다. 그러나 사용자가 피용자의 선임 및 그 사무감독에 상당한 주의를 한 때 또는 상당한 주의를 하여도 손해가 있을 경우에는 그러하지 아니하다(제756조 제1항). 사용자책임은 과실책임과 무과실책임의 중간적 책임이다.

★ ㉢ 공작물 등의 점유자·소유자의 책임은 공작물 또는 수목의 하자로 인하여 타인에게 손해를 가한 때에 제1차로 점유자, 제2차로 소유자가 지는 책임이다(제758조 제1항). 공작물 점유자의 책임은 중간적 책임이나, 소유자의 경우에는 무과실책임이다. 甲은 소유자로서 무과실책임을 부담한다.

03

상중**하**

불법행위에 관한 설명으로 옳지 않은 것은? (다툼이 있으면 판례에 따름) 제22회

① 사용자가 피용자의 선임 및 그 사무감독에 상당한 주의를 한 때에는 피용자가 그 사무집행에 관하여 제3자에게 가한 손해를 배상할 책임이 없다.

② 도급인은 도급 또는 지시에 관하여 중대한 과실이 있는 경우, 수급인이 그 일에 관하여 제3자에게 가한 손해를 배상할 책임이 있다.

③ 공작물의 설치 또는 보존의 하자로 인하여 타인이 손해를 입은 경우, 1차적으로 공작물의 소유자가 배상책임을 진다.

④ 교사자나 방조자도 공동행위자로서 공동불법행위책임을 질 수 있다.

⑤ 대리감독자인 교사의 보호·감독책임은 소속학교에서의 교육활동 및 이와 밀접 불가분의 관계에 있는 생활관계에 한하여 인정된다.

톺아보기

공작물 등의 점유자·소유자의 책임은 공작물 또는 수목의 하자로 인하여 타인에게 손해를 가한 때에 제1차로 점유자, 제2차로 소유자가 지는 책임이다(제758조 제1항). 공작물 점유자의 책임은 중간적 책임이나, 소유자의 경우에는 무과실 책임이다.

04

상중하

A회사에서 근무하는 책임능력이 있는 미성년자 甲은 퇴근 후 함께 사는 아버지 乙의 오토바이를 몰래 타고 친구를 만나러 가던 중 신호를 위반하여 丙을 치어 즉사하게 하였다. 이에 관한 설명으로 옳지 않은 것은? (다툼이 있으면 판례에 따름)

제28회

① 甲은 丙의 사망에 대하여 불법행위책임을 진다.

② 丙의 사망으로 인한 손해발생과 乙의 감독의무 위반이 상당인과관계가 있으면 乙은 일반불법행위책임을 진다.

③ A는 甲과 연대하여 丙에게 사용자책임을 진다.

④ 丙의 배우자는 재산상의 손해가 없어도 甲에 대하여 위자료를 청구할 수 있다.

⑤ 위 사고와 관련하여 丙에게 과실이 있는 경우, 특별한 사정이 없는 한 과실상계에 관한 민법의 규정이 적용된다.

민법 제756조에 규정된 사용자책임의 요건인 사무집행에 관하여라는 뜻은 피용자의 불법행위가 외형상 객관적으로 사용자의 사업활동 내지 사무집행행위 또는 그와 관련된 것이라고 보여질 때에는 행위자의 주관적 사정을 고려함이 없이 이를 사무집행에 관하여 한 행위로 본다(대판 1988.11.22, 86다카1923). 甲은 퇴근 후 함께 사는 아버지 乙의 오토바이를 몰래 타고 친구를 만나러 가던 중 신호를 위반하여 丙을 치어 즉사하게 하였으므로 사용자책임은 성립하지 않는다(제756조 제1항).

□□□
05
상**중**하

공동불법행위에 관한 설명으로 옳은 것을 모두 고른 것은? (다툼이 있으면 판례에 따름)
제23회

> ㉠ 공동불법행위가 성립하기 위해서는 행위자 사이에 행위공동의 인식이 전제되어야 한다.
> ㉡ 공동불법행위자 중 1인에 대한 상계는 다른 공동불법행위자에게 공동면책의 효력이 없다.
> ㉢ 공동불법행위자 중 1인에 대하여 구상의무를 부담하는 다른 공동불법행위자가 여럿인 경우, 특별한 사정이 없는 한 그들의 구상권자에 대한 채무는 분할채무이다.

① ㉠
② ㉢
③ ㉠, ㉡
④ ㉡, ㉢
⑤ ㉠, ㉡, ㉢

★ ㉠ 행위의 관련·공동성의 의미에 관하여, 다수설·판례(대판 1988.4.12, 87다카2951)는 공동불법행위자 상호간에 의사의 공통이나 공동의 인식이 필요하지 아니하고 객관적으로 그들의 각 행위에 관련 공동성이 있으면 족하다고 한다(객관적 공동설).

★ ㉡ 부진정연대채무자 중 1인의 상계로 인한 채무소멸의 효력은 소멸한 채무 전액에 관하여 다른 부진정연대채무자에 대하여도 미친다고 보아야 한다. 이는 부진정연대채무자 중 1인이 채권자와 상계계약을 체결한 경우에도 마찬가지이다(대판 2010.9.16, 2008다97218 전합).

甲 소유의 X창고에 몰래 들어가 함께 놀던 책임능력 있는 17세 동갑인 乙, 丙, 丁이 공동으로 X에 부설된 기계를 고장 냈으며, 그에 따라 甲에게 300만원의 손해가 발생하였다. 이에 관한 설명으로 옳은 것은? (다툼이 있으면 판례에 따름) 제27회

① 乙, 丙, 丁이 甲에 대한 손해배상채무를 면하려면 스스로 고의나 과실이 없다는 것을 증명해야 한다.

② 과실비율이 50%인 乙이 甲에게 300만원을 배상한 경우, 乙은 丙과 丁에게 구상권을 행사할 수 없다.

③ 乙, 丙, 丁의 과실비율이 동일한 경우, 丙은 甲에게 100만원의 손해배상채무만을 부담한다.

④ 甲이 丁의 친권자 A의 丁에 대한 감독의무 위반과 甲의 손해 사이에 상당인과관계를 증명하면, 甲은 A에 대해 일반불법행위에 따른 손해배상책임을 물을 수 있다.

⑤ 甲의 부주의를 이용하여 乙, 丙, 丁이 고의로 기계를 고장 낸 경우, 甲의 부주의를 이유로 한 과실상계가 적용된다.

톺아보기

★ ④ 미성년자가 책임능력이 있어 그 스스로 불법행위책임을 지는 경우에도 그 손해가 당해 미성년자의 감독의무자의 의무위반과 상당인과관계가 있으면 감독의무자는 일반불법행위자로서 손해배상책임이 있고 이 경우에 그러한 감독의무위반사실 및 손해발생과의 상당인과관계의 존재는 이를 주장하는 자가 입증하여야 한다(대판 1994.2.8, 93다13605 전합).

오답해설

① 수인이 공동하여 타인에게 손해를 가하는 민법 제760조 제1항의 공동불법행위가 성립하려면 각 행위가 독립하여 불법행위의 요건을 갖추고 있으면서 객관적으로 관련되고 공동하여 위법하게 피해자에게 손해를 가한 것으로 인정되어야 한다(대판 2023.6.1, 2020다9268). 甲 소유의 X창고에 몰래 들어가 함께 놀던 책임능력 있는 17세 동갑인 乙, 丙, 丁이 공동으로 X에 부설된 기계를 고장 낸 것은 협의의 공동불법행위에 해당하여 면책될 것이 아니다.

★ ② 공동불법행위자 중 1인이 자기의 부담부분 이상을 변제하여 공동면책을 얻은 경우에 그는 다른 공동불법행위자에 대하여 구상할 수 있다(대판 1992.2.3, 91다33070 전합).

③ 공동불법행위책임은 가해자 각 개인의 행위에 대하여 개별적으로 그로 인한 손해를 구하는 것이 아니라 그 가해자들이 공동으로 가한 불법행위에 대하여 그 책임을 추궁하는 것이므로, 공동불법행위로 인한 손해배상책임의 범위는 피해자에 대한 관계에서 가해자들 전원의 행위를 전체적으로 함께 평가하여 정하여야 하고, 그 손해배상액에 대하여는 가해자 각자가 그 금액의 전부에 대한 책임을 부담한다(대판 2005.11.10, 2003다66066).

⑤ 피해자의 부주의를 이용하여 고의로 불법행위를 저지른 자가 바로 그 피해자의 부주의를 이유로 자신의 책임을 감하여 달라고 주장하는 것은 허용될 수 없다(대판 2005.11.10, 2003다66066).

甲의 고의와 乙의 과실이 경합한 공동불법행위로 丙에게 1억원의 손해가 발생하였는데, 甲과 乙에 대한 丙의 과실이 각각 10%와 50%가 인정되었고 甲이 丙의 부주의를 이용한 사실이 밝혀졌다. 그 후 甲이 丙에게 3천만원을 변제하였다. 이에 관한 설명으로 옳지 않은 것을 모두 고른 것은? (이자나 지연배상금은 고려하지 않고, 다툼이 있으면 판례에 따름) 제26회

> ㉠ 甲의 손해배상액을 산정할 때 丙의 과실을 참작해야 한다.
> ㉡ 乙의 손해배상액을 산정할 때 丙의 과실을 참작해야 한다.
> ㉢ 甲의 丙에 대한 잔존 손해배상채무는 7천만원이다.
> ㉣ 乙의 丙에 대한 잔존 손해배상채무는 2천만원이다.

① ㉠

② ㉠, ㉢

③ ㉠, ㉣

④ ㉡, ㉢

⑤ ㉡, ㉣

톺아보기

★ ㉠㉡ 피해자의 부주의를 이용하여 고의로 불법행위를 저지른 사람이 바로 피해자의 부주의를 이유로 자신의 책임을 줄여 달라고 주장하는 것은 허용될 수 없다. 그러나 이는 그러한 사유가 있는 자에게 과실상계의 주장을 허용하는 것이 신의칙에 반하기 때문이므로, 불법행위자 중의 일부에게 그러한 사유가 있다고 하여 그러한 사유가 없는 다른 불법행위자까지도 과실상계의 주장을 할 수 없다고 해석할 것은 아니다(대판 2018.2.13, 2015다242429).

★ ㉢㉣ 금액이 다른 채무가 서로 부진정연대관계에 있을 때 다액채무자가 일부 변제를 하는 경우 변제로 인하여 먼저 소멸하는 부분은 당사자의 의사와 채무 전액의 지급을 확실히 확보하려는 부진정연대채무제도의 취지에 비추어 볼 때 다액채무자가 단독으로 채무를 부담하는 부분으로 보아야 한다(대판 2018.3.22, 2012다74236 전합). 따라서 甲이 丙에게 3천만원을 변제하여, 甲의 丙에 대한 잔존 손해배상채무는 7천만원이지만, 乙의 丙에 대한 잔존 손해배상채무는 5천만원이다.

해커스 합격 선배들의
생생한 합격 후기!

전국 최고 점수로 8개월 초단기합격
해커스 커리큘럼을 똑같이 따라가면 자동으로 반복학습을 하게 되는데요. 그러면서 **자신의 부족함을 캐치하고 보완**할 수 있었습니다. 또한 해커스 무료 **모의고사로 실전 경험을 쌓는** 것이 많은 도움이 되었습니다.

전국 수석합격생
최*석 님

해커스는 교재가 **단원별로 핵심 요약정리**가 참 잘되어 있습니다. 또한 커리큘럼도 매우 좋았고, 교수님들의 강의가 제가 생각할 때는 **국보급 강의**였습니다. 교수님들이 시키는 대로, 강의가 진행되는 대로만 공부했더니 고득점이 나왔습니다. 한 2~3개월 정도만 들어보면, 여러분들도 충분히 고득점을 맞을 수 있는 실력을 갖추게 될 거라고 판단됩니다.

해커스 합격생
권*섭 님

해커스는 주택관리사 커리큘럼이 되게 잘 되어있습니다. 저같이 처음 공부하시는 분들도 입문과정, 기본과정, 심화과정, 모의고사, 마무리 특강까지 이렇게 최소 5회독 반복하시면 처음에 몰랐던 것도 알 수 있을 것입니다. 모의고사와 기출문제 풀이가 도움이 많이 되었는데, **실전 모의고사를 실제 시험 보듯이 시간을 맞춰 연습하니 실전에서 도움이 많이 되었습니다.**

해커스 합격생
전*미 님

해커스 주택관리사가 **기본 강의와 교재가 매우 잘되어 있다**고 생각했습니다. 가장 좋았던 점은 가장 기본인 기본서를 뽑고 싶습니다. 다른 학원의 기본서는 너무 어렵고 복잡했는데, 그런 부분을 다 빼고 **엑기스만 들어있어 좋았고** 교수님의 강의를 충실히 따라가니 공부하는 데 큰 어려움이 없었습니다.

해커스 합격생
김*수 님